FRANÇOIS GUYET

Coulommiers. — Imp. P. BRODARD et GALLOIS.

FRANÇOIS GUYET

(1575 — 1655)

D'APRÈS DES DOCUMENTS INÉDITS

THÈSE DE DOCTORAT

PRÉSENTÉE A LA FACULTÉ DES LETTRES DE PARIS

PAR

ISAAC URI

ANCIEN ÉLÈVE DE LA FACULTÉ DES LETTRES DE PARIS
AGRÉGÉ DE L'UNIVERSITÉ

> Ingenio felix, arte, Guyete, potens.
> (Menagius *ad Paulum Gondium,*
> *Card. Radesium.*)

PARIS

LIBRAIRIE HACHETTE ET Cⁱᵉ

79, BOULEVARD SAINT-GERMAIN, 79

1886

A MON CHER MAITRE

Monsieur Eugène BENOIST

MEMBRE DE L'INSTITUT

PROFESSEUR DE POÉSIE LATINE A LA FACULTÉ DES LETTRES DE PARIS

Hommage respectueux

de mon affection et de ma reconnaissance.

Isaac Uri.

AVANT-PROPOS

On s'est très peu occupé jusqu'à présent de l'histoire
de la philologie en France. — Il ne faut donc pas
s'étonner qu'on connaisse si peu François Guyet. C'est
à peine si son nom se trouve dans quelques diction-
naires biographiques, le plus souvent il en est rayé.

C'est sur les conseils de notre éminent maître,
M. Eugène Benoist, que nous avons entrepris de faire
revivre ce savant dont il a été jusqu'ici plus souvent
question à l'étranger qu'en France, et qui est plus
d'une fois cité par les philologues allemands. Mais
parler de François Guyet seul, ce serait faire une œuvre
incomplète. Il était de notre devoir de le replacer dans
la société où il a vécu, et qu'il a « régentée ». On ne
sera donc pas surpris que la société savante du xvii⁰ siècle ait attiré tout d'abord notre attention. Nous nous
y sommes arrêté d'autant plus volontiers que nous
avons rencontré là un coin absolument inexploré de
l'histoire de l'érudition en France. Nous avons donc
cru devoir consacrer au premier cercle savant du
xvii⁰ siècle une partie importante de notre livre. Faire
le portrait des principaux membres de cette assemblée,

c'était, à notre avis, jeter de la lumière sur l'ensemble même de notre travail, car Guyet ne peut pas se séparer de la société savante de son temps. Nous avons essayé de le faire connaître, tel que ses œuvres si diverses nous le présentent, et dans un appendice nous avons réuni les pièces qui peuvent le mieux mettre en lumière son véritable mérite. D'un autre côté, notre index bibliographique montrera combien nous avons dépouillé d'ouvrages imprimés ou de manuscrits, et quelles recherches nous avons dû faire pour compléter la liste des travaux de François Guyet dont un petit nombre seulement avait été cité jusqu'à présent.

Mais nous avons eu le bonheur d'être guidé par les conseils si bienveillants de M. Benoist, à qui nous devons une si profonde reconnaissance, et les avis de M. Alfred Croiset, qui a droit à toute notre gratitude. Nous n'aurions garde d'oublier M. Omont, M. Deprez, de la Bibliothèque nationale, M. Gouget, archiviste de la Gironde, M. Giry, le savant professeur de l'école des Chartes, M. Célestin Port, M. Tamizey de Larroque, MM. Dardenne et Henry Céard, de la préfecture de la Seine, M. Lecoq, professeur de l'Université, notre camarade Fleurot dont le concours nous a été si précieux.

Puissions-nous avoir réussi dans une œuvre pour laquelle nous avons dû faire appel à l'obligeance de nos maîtres, et de tous ceux qui s'intéressent au sujet que nous avons choisi !

I. U.

INDEX BIBLIOGRAPHIQUE

IMPRIMÉS

A. Ouvrages généraux.

BAYLE : *Dictionnaire historique et critique.* 5ᵉ édition. Bâle, 1738, 4 vol. in-fᵒ.

Biographie générale depuis les temps les plus reculés jusqu'à nos jours, publiée par Firmin Didot sous la direction de Hœfer. Paris, Didot, 1862, 46 vol. in-8ᵒ. *Articles relatifs aux érudits cités dans l'introduction.*

CHAUFEPIÉ : *Dictionnaire historique et critique pour servir de supplément ou de continuation au dictionnaire de Bayle.* 1750-1756. Amsterdam-La Haye, 4 vol. in-fᵒ.

DU PIN : *Bibliothèque des auteurs ecclésiastiques.* 1686 et suiv., 61 vol. in-8ᵒ. Articles relatifs au P. Petau, au P. Sirmond, etc.

GOUJET : *Bibliothèque française.* 1740-1756, 18 vol. in-12.

JOLY : *Remarques critiques sur le dictionnaire de Bayle.* 1748, Paris-Dijon, in-fol.

LA CROIX DU MAINE : *Bibliothèque française,* nouv. éd. par Rigoley de Juvigny. 1772-1773, 6 vol. in-4.

P. JACQUES LE LONG : *Bibliothèque historique de la France.* 2ᵉ éd. par Fevret de Fontette, 1768-1778, 5 vol. in-fol.

MICHAUD : *Biographie universelle.* 2ᵉ éd., 1842-1865, 45 gr. in-8ᵒ. *Articles relatifs aux érudits cités dans l'introduction.*

MICHAULT : *Mélanges historiques et philologiques.* II, p. 197, art. IV. Paris, 1770, 2 vol. in-12.

MORERI : *Grand dictionnaire historique,* revu par Drouet. Paris, 1759, 10 vol. in-fol.

NICERON : *Mémoires pour l'histoire des hommes illustres.* 1725-1745, 44 vol. in-12.

CÉLESTIN PORT : *Dictionnaire historique, géographique et biographique de Maine-et-Loire.* T. II, p. 338, 339.

B. Ouvrages particuliers.

Archives curieuses de l'histoire de France depuis Louis XI jusqu'à Louis XVIII, par A. Danjou et L. Cimber. 2ᵉ série, t. XI, p. 34.

Baillet : *Jugements des savants sur les principaux ouvrages des auteurs.* Paris, 1722. 8 vol. in-4.

Balzac : *Œuvres complètes.* 2 vol. in-fol. 1665.

Balzac : *Lettres inédites*, publiées par Tamizey de Larroque. Collect. des documents inédits de l'histoire de France. Paris. Imprimerie nationale, 1873.

Benfey : *Geschichte der Sprachwissenschaft und orientalischen Philologie in Deutschland.* München, 1869.

Bernays : *Joseph-Justus Scaliger*, 1855.

Bernhardy : *Grundriss der Griechischen Literatur. — Vierte Bearbeitung.* 3 vol., Halle, 1876.

Bernhardy : *Grundriss der Römischen Literatur.* 5 Bearbeitung, Braunschweig, 1872.

Boivin : *Mémoires de littérature*, tirés des registres de l'anc. Acad. des inscriptions et belles-lettres, tome II, p. 261.

Bulletin du bouquiniste : 1876.

Burmann : *Sylloge epistolarum.* 1727, Leyde, 5 vol. in-4°.

Conrad Bursian : *Geschichte der classischen Philologie in Deutschland.* München und Leipsig, 2 vol. 1883.

Jean Chapelain : *Lettres inédites*, publiées par Tamizey de Larroque. 2 vol. Coll. des doc. inédits de l'histoire de France. Paris. Imprimerie nationale, 1880.

Curtius : *Grundzüge der Griechischen Etymologie.* 5e éd., 1879, .p. 8 sqq.

Léopold Delisle : Cabinet des Manuscrits de la Bibliothèque nationale. 3 vol. in-fol., 1874.

E. Egger : *Histoire de l'Hellénisme en France.* 1869, 2 vol. in-8°.

Félibien et Lobineau : *Histoire de Paris.* Paris, 1755, 5 vol. in-fol. — Tome III, 633, 634, 757, 793, 802, 812, 845.

L. Feugère : *Etude sur Du Cange.* 1852, in-8°.

Gassendi : Œuvres complètes, éd. de Lyon, 1658, 6 vol in-fol.

Gruppe : *Æacus. Uber die interpolationen in den Römischen Dichtern mit besonderer Rücksicht auf Horaz.* Berlin, 1872.

Gruppe : *Minos. Uber die interpolationen in den Römischen Dichtern mit besonderer Rücksicht auf Horaz, Virgil u. Ovid.* Leipzig, Teubner, 1859.

Gui-Patin : *Lettres*, éd. Reveillé-Parise, 1846, 3 vol. in-8.

G. Hermann : *Opuscula.* Lipsiæ, 1851, 8 vol. in-8°.

Huetiana. Amsterdam, 1823.

Huet : *Commentarius de rebus ad eum pertinentibus.* Amstelodami. 1718, in-12.

P. Louis Jacob : *Traicté des plus belles bibliothèques publiques et particulières* qui ont esté et qui sont à présent dans le monde. Paris, Rolet-le-Duc, 1644.

Jacobs : *Animadversiones in epigrammata Anthologiæ Græcæ secundum ordinem Analectorum Brunckii.* Lipsiæ, 1798.

Jahrbücher für classische Philologie. 1863.

Ch. Jourdain : *Histoire de l'Université de Paris au XVIIe et au XVIIIe siècle.* Paris, 1862, in-fol.

Journal des Savants. 1692.

LEBEUF : *Histoire de la ville et de tout le diocése de Paris.* Nouv. éd. annotée et continuée jusqu'à nos jours, par H. Cocheris, 5 vol. in-12, Tome III, p. 36, 311, 313; 38, 316.

A. LENNEP : *Etymologicum linguæ græcæ*, editionem curavit Everardus Scheidius cujus præmissa sunt Prolegomena de lingua latina ope linguæ Græcæ illustranda. 1790.

MADVIG : *Adversaria critica ad scriptores græcos et latinos.* 2 vol., 1871.

MICHEL DE MAROLLES : *Mémoires.* Paris, 1656, 1 vol. in-fol.

ALFRED MAURY : *L'ancienne Académie des Inscriptions et Belles-lettres.* Paris, Didier,

MÉNAGE : *Vitæ Petri Ærodii et Guillelmi Menagii.* Parisiis, 1675, in-4°.

MÉNAGE : *Dictionnaire étymologique de la langue française.* 1650, in-4°.

Menagiana. Nouv. éd. par La Monnoye. 1715-1729, 4 vol. in-12.

LUCIEN MÜLLER : *Geschichte der Klassischen Philologie in den Niederlanden.* Leipzig, 1869.

CHARLES NISARD : *Triumvirat littéraire au xvi° siécle.* 1852, in-8°.

NODIER : *Mélanges historiques tirés d'une petite bibliothèque.* 1829-1843, 2 vol. in-8.

J. QUESNEL : *Catalogus bibliothecæ Thuanæ.* 1679.

Recueil de belles-lettres contenant des discours et prix de l'Académie française. 1692-1748. (NICAISE : *Les Sirénes.* Paris, 1691).

RIGAULT (NICOLAS) : *Vita Petri Puteani.* Paris, 1652.

RITSCHL : *Opuscula philologica.* Tome II, Lipsiæ, 1868.

RITSCHELII : *Prolegomena.* Lipsiæ, Teubner, 1880.

RITSCHELII : *Parergon Plautinorum Terentianorumque.* Vol. I, Lipsiæ, 1845.

RUHNKENII : *Opuscula varii argumenti.* II, Lugd. Batav, 1823.

SAUMAISE : *Lettres inédites* (Correspondants de Peiresc, V), publiées par Tamizey de Larroque. Dijon, 1882.

JOSEPH SCALIGER : *Lettres françaises inédites*, publiées et annotées par Tamizey de Larroque. Agen, Paris, 1881.

SCÉVOLE DE SAINTE-MARTHE : *Gallorum doctrina illustrum elogia*, éd. lat. 1722, in-8°.

SCHŒMANN : *Opuscula Academica.* Vol. II, Berolini, 1856.

STRUVE : *Acta literaria ex Manuscriptis eruta.* Iéna, 2 vol. in-8°.

TALLEMANT DES RÉAUX : *Historiettes.* Nouv. éd. par Paris et Monmerqué, 1853-1860, 9 vol. in-8°.

TILLADET : *Dissertations sur différents sujets de religion et de philologie* par Huet. La Haye, 1720. 2 vol. in-12.

VIGNEUL-MARVILLE : *Mélanges d'histoire et de littérature*, 3 vol. in-12. 1725.

Abbé VISSAC : *Etude sur l'histoire de la poésie latine en France au siécle de Louis XIV.* 1852.

G. J. VOSSIUS : *Etymologicon linguæ latinæ.* Præfigitur ejusdem de literarum permutatione tractatus. Amstelodami, 1662, in-fol.

MANUSCRITS

Bibliothèque nationale.

Fonds latin :

11432-11433. Recueil des lettres de Huet, copie corrigée par l'auteur. 2 vol.

Nouveau fonds latin.

17712, 17713, 18350. Salmasii Vita. Scripsit Ph. Delamarre.

Fonds français :

3934. Lettres de Jacques Du Puy à Saumaise (1633-1634).

Fonds du Puy :

Vol. 16. Lettres diverses.
    18. Lettres de Boulliau à Du Puy.
    19. Lettres de Daniel Heinsius.
    490. Lettres originales.
    580. Lettres de M. de la Rivière à J. Du Puy.
    583. Hugonis Grotii epistolæ.
    630. Lettres de Saumaise à Sarrau.
    663. Lettres de Scaliger et autres.
    675. Lettres latines, italiennes, françaises.
    699, 700. Lettres diverses.
    713. Lettres de Saumaise.
    781-784. Lettres de Rigault à Du Puy.
    785. Lettres de Bouchard et Naudé à Du Puy.
    786-787. Lettres de La Hoguette à Du Puy.
    788-789. Lettres de Saumaise à Du Puy.
    803. Lettres à de Thou.
    898. Lettres de Saumaise à Du Puy.

Fonds Boulliau :

13030. Lettres de M. de Valois à M. Boulliau. 1 vol. in-4°.

13041. Correspondance d'Ismaël Bouillaud avec M. Albert Portner. 1 vol. in-fol.

13042. Lettres à Ismaël Boulliau par Lullier, d'Ablancourt, Lavière, etc.

13050. Lettres à Ismaël Boulliau par M. et Mme de Thou, Lavière, H. Smith, Ménage, etc. 1 vol. in-fol.

13051. Catalogue des pièces trouvées dans les manuscrits de M. Bouillaud, secrétaire de M. de Thou. 1 vol. in-fol.

Archives nationales.

M. 107. Statuts du collège de Bourgogne.
S. 6382-6389. Titres de propriétés du collège de Bourgogne.
S. 6384-6385. Comptes du collège de Bourgogne.

Archives d'Angers.

Ms. 1068. Pocquet de Livonnière, *Les Illustres*.
    870, fol. 1141. Bruneau de Tartifume, *Philander*.
Série BB 27, fol. 59. Archives anciennes de la mairie d'Angers.

British Museum.

Additional Ms. 16912. Ismaelis Bullialdi adversaria literaria.

FRANÇOIS GUYET

INTRODUCTION

UN CERCLE SAVANT AU XVIIe SIÈCLE

La société polie et la société savante au xviie siècle. — Les principaux
philologues jusqu'au xviie siècle, en Italie, en France. — Un cercle
savant au xviie siècle. — Le cabinet Du Puy. — Jacques de Thou. —
Claude Du Puy. — Les frères Du Puy. — La bibliothèque du président
de Thou. — La bibliothèque des frères Du Puy. — Une lettre de
Rolandus Paludanus. — Personnes admises au Cabinet des frères Du
Puy. — Bossuet chez les Du Puy. — Les gens de lettres, les philosophes, les mathématiciens, les jurisconsultes, les philologues, les théologiens au Cabinet Du Puy. — Relations du Cabinet Du Puy avec les
savants étrangers. — Réflexions générales sur cette société.

Quand on parle de la société française du xviie siècle, l'attention se porte naturellement sur cette société
élégante et polie qui exerça une influence si puissante
sur la langue et sur la littérature. On se représente cet
hôtel de Rambouillet, ces salons de Mme de Sablé et de
Mlle de Scudéry, tous ces hôtels de Rambouillet « au
petit pied », où venaient se réunir princes et princesses du
sang royal, glorieux capitaines, grands seigneurs, grandes
dames, écrivains et poètes, tout ce qu'il y eut de 1620
à 1650 de distingué par la naissance et par le talent. C'est
cette société à laquelle on pense quand on parle du
xviie siècle, à laquelle on pensera « tant que le goût des
choses de l'esprit restera en France [1] ».

1. Cousin, *Société française au XVIIe siècle*, II, p. 282.
Uri. 1

Mais on oublie souvent une autre société qui, au grand siècle, joua un rôle moins brillant. C'est la société savante, formée d'érudits, de philologues.

Qui parle en effet des philologues du xviie siècle, de ces hommes qui s'étaient consacrés à l'étude de l'antiquité, au moment même où se façonnaient les plus beaux monuments de la littérature française? N'est-il pas permis de leur appliquer cette pensée qu'inspirait à Sainte-Beuve l'oubli dans lequel est tombé un de leurs contemporains, on peut dire un de leurs collaborateurs, l'évêque d'Avranches, Huet : « Soyez donc la plume la plus savante de l'Europe, l'homme de la plus vaste lecture qui fut jamais, le dernier de cette forte race de savants du xve et du xvie siècle..., pour que, sitôt après vous, on ne sache plus que votre nom, et qu'on n'y rattache qu'une idée vague, un sourire né d'une plaisanterie! Ah! que le sage Huet avait raison quand il démontrait presque géométriquement quelle vanité et quelle extravagance c'est de croire qu'il y a une réputation qui nous appartienne après notre mort [1]. »

Tout cela n'est que trop vrai pour la plupart des érudits de la première moitié du xviie siècle. Mais cette ingratitude de la postérité peut s'expliquer, si l'on nous permet de rappeler, aussi brièvement que possible, de quelle façon la philologie s'est formée et développée. On se rendra compte en même temps de la décadence dont elle fut frappée en France au xviie siècle, décadence plus apparente que réelle.

I

La philologie est née en Italie au xive siècle. On sait avec quel enthousiasme la renaissance des lettres fut

---

1. Sainte-Beuve, *Causeries du Lundi*, II, p. 164.

accueillie sur la terre de l'ancienne Rome, avec quelle ardeur chacun se mit à l'œuvre pour découvrir des textes inconnus jusqu'alors, pour les répandre par l'imprimerie, ou bien pour les étudier [1]. Assurément, dans ce travail, il y en eut comme Lorenzo Valla [2], comme Politien [3], comme Carlo Sigonio [4], comme Pietro Vettori [5] qui firent œuvre d'érudits consciencieux et scrupuleux. Mais la plupart des lettrés italiens étudièrent les textes par amour du beau et non par amour du vrai, et l'on peut dire que les Pétrarque [6], les Boccace [7], les Pogge [8], les Jean de Ravenne [9], les Filelfo [10], les Pomponio Læto [11], les Sabellico [12] ont aimé l'antiquité, à peu près comme un peintre aime la nature.

C'est en France surtout que l'antiquité fut l'objet d'une étude approfondie et raisonnée [13].

1. Voir sur l'humanisme en Italie quelques pages fort intéressantes et écrites avec beaucoup de précision dans BERNHARDY, *Grundriss der Römischen Litteratur*, 5e édition, 1872, p. 101-118.

2. LORENZO VALLA (1407-1457), auteur d'un important traité : *Elegantiarum linguæ latinæ libri VI* (Venise, 1499, in-fol.), et traducteur en prose latine de l'*Iliade* (Venise, 1502, in-fol.), des *Fables* d'Ésope (Venise, 1519, in-4), d'Hérodote (Paris, 1510, in-4), de Thucydide (Lyon, 1543, in-4).

3. ANGELO POLIZIANO (1454-1494), traducteur en latin élégant d'Hérodien et de divers auteurs grecs, auteur de *Miscellanea* témoignant d'une vaste érudition.

4. CARLO SIGONIO (1524-1584), commentateur de Cicéron et de Tite-Live, et auteur de nombreux travaux d'antiquités.

5. PIETRO VETTORI (1499-1585), connu surtout pour son édition des œuvres de Cicéron (Venise, 1534-37, 4 vol. in-fol.), commentateur remarquable de la *Rhétorique*, de la *Poétique*, de la *Politique* et de la *Morale* d'Aristote.

6. PÉTRARQUE (1304-1374) découvrit une partie de la correspondance et des discours de Cicéron, et écrivit de nombreuses poésies latines.

7. BOCCACE (1313-1375) fit venir à ses frais de Grèce les premières copies de l'*Iliade* et de l'*Odyssée* et écrivit en latin plusieurs traités.

8. LE POGGE (Poggio Bracciolini, 1380-1459) rechercha surtout les monuments de la littérature romaine.

9. JEAN DE RAVENNE (1350-1420), disciple de Pétrarque, enseigna à Bellune, Udine et Florence.

10. FILELFO (1398-1481) traduisit la *Rhétorique* d'Aristote, la *Cyropédie* et les *Opuscules* de Xénophon, plusieurs *Vies* de Plutarque.

11. POMPONIO LÆTO (1425-1497) écrivit plusieurs ouvrages en latin et commenta Virgile, Quintilien, Columelle, Varron.

12. SABELLICO (1436-1506) commenta aussi des écrivains latins, principalement *Tite-Live* et *Horace*.

13. E. EGGER, *L'hellénisme en France.*, Paris 1869, tome I, p. 163. — Qu'il

C'est avec Budé, avec Turnèbe ensuite, qu'elle commença à se faire une méthode, « qu'elle eut conscience d'elle-même, de ses devoirs, de sa haute destinée ». Dans la personne de ces deux érudits, ce fut l'hellénisme qui compta des représentants. Avec Denis Lambin vont paraître de savantes éditions d'auteurs latins. Le *Cicéron*, le *Lucrèce*, le *Plaute* de Lambin sont restés des modèles du genre. Mais nulle édition de ce philologue n'exerça une plus puissante influence que celle d'Horace [1]. Cette influence fut telle que le nom de Lambin est devenu inséparable du nom du poète latin.

Cependant, quelle que soit l'importance de l'œuvre accomplie par les Budé, les Turnèbe, les Lambin, on ne trouve pas encore en eux cette puissance qu'on nomme le génie.

Elle apparaîtra chez Joseph-Juste Scaliger, qui, avec raison, mais non sans orgueil, a pu dire de lui-même : « Il n'y a homme qui se puisse vanter d'avoir plus avancé les lettres que j'ai faict [2]. » Grâce à la hardiesse de son génie jointe à un coup d'œil critique d'une sûreté vraiment remarquable, Scaliger mérite d'être regardé comme « l'oracle de la philologie », comme le prince des critiques de la Renaissance [3]. Dans tous ses travaux, il était sou-

---

nous soit permis de rendre ici un hommage respectueux à la mémoire du savant maître dont nous avons eu l'honneur de suivre autrefois les belles leçons. Son souvenir restera gravé dans l'esprit de tous ceux qui l'ont connu et vénéré.

1. *Journal des Savants*, février 1884. — Dans un remarquable article, M. E. Benoist a écrit à propos de cette édition d'Horace : « Première récension sérieuse faite à l'aide de onze manuscrits pour la première édition, de six nouveaux pour la seconde, en tout de dix-sept, accompagnée d'un riche commentaire à la fois abondant, clair et bien ordonné, la leçon de Lambin devient le fond de toutes les éditions subséquentes,..... et elle finit par être la Vulgate qui s'imposa à tout le xviie siècle. »

2. Bibl. nat., vol. 838, fonds Du Puy, fol. 38 (*lettre à de Thou*).

3. Ce sont surtout les étrangers qui ont rendu hommage à la science incontestable de J.-J. Scaliger. Jacob Bernays lui a consacré une mono-

tenu par cette passion du vrai, qui faisait le fond de son caractère. La vérité, il la cherchait partout, et sa raison n'était satisfaite que quand il l'avait découverte. Aussi a-t-il soumis les textes qu'il examine à un travail approfondi. « La plupart n'étaient, comme le dit J. Bernays, qu'un monceau de fautes de copistes. » Ces fautes disparaissent sous la plume sévère de Scaliger. « Ce qui n'était qu'un *sterquilinium* se changea en or. » Toutes les éditions qui sont dues au grand savant du xvie siècle, les éditions de Varron, des petits poèmes de Virgile, de Catulle, de Properce, d'Ausone, de Manilius et de Festus, mettent en évidence l'habileté et aussi la hardiesse, quelquefois excessive, avec lesquelles Scaliger savait reconstituer les textes qui lui paraissaient altérés ou interpolés. Ajoutons que de cette étude des textes anciens Scaliger tirait aussi d'autres enseignements. C'est ainsi que son *Manilius* servit de point de départ à ce travail *De emendatione temporum*, qui consacra sa gloire et attira sur lui l'attention de tous les savants de l'Europe.

Telle est l'œuvre de Scaliger. D'un mot, il est permis de dire que toute la philologie du xvie siècle se résume en lui, qu'il en est le maître, et que nul savant ne peut alors lui être comparé.

graphie; Bernhardy dans sa *Littérature romaine*, et Bursian dans son histoire de la philologie classique en Allemagne (*Geschichte der classischen Philologie in Deutschland von den Anfängen bis zur Gegenwart*, München u. Leipzig, 1883), ont mis en lumière avec une impartialité qu'il faut reconnaître les éminentes qualités du philologue français. Bursian, en particulier, dit de Scaliger (ouvr. cité, I, p. 262) : « L'étude de l'antiquité fut portée à son plus haut degré de perfection par Joseph-Justus Scaliger, cet aigle qui plane dans les nues, comme l'appelèrent ses contemporains dans un élan d'enthousiasme..., homme d'un esprit grandiose, qui, grâce à sa connaissance extraordinaire des langues classiques, en particulier du latin, et grâce à sa hardiesse naturelle, jointe à une méthode sévère de critique pour la restitution des textes, et par ses travaux de chronologie, a établi une base solide pour l'étude de l'histoire ancienne grecque et romaine. »

Scaliger eut des disciples[1]. Parmi eux, le plus capable de nous intéresser est Isaac Casaubon. Il sut mériter de son maître, d'ailleurs si sévère et si difficile, ce magnifique éloge : « Je ne scache aujourd'hui, écrit Scaliger à M. Du Pui, aulcun qui ait pénétré si avant en ceste langue (la langue grecque) que le seul Monsieur Casaubon. C'est la vérité qui me le fait dire et non affection qui me transporte, car je sai bien ce que je di. Aussi puis-je dire que, quand il mourra, la perfection de cette langue mourra avec lui [2]. » Comme helléniste, Casaubon fut en effet le modèle des critiques et des commentateurs. Il n'a pas interprété moins habilement les écrivains latins, et, pour tout dire en un mot, ses commentaires sont une mine inépuisable d'érudition. Scaliger a dit du *Perse* de Casaubon « que la sauce en valait mieux que le poisson » ; cela est peut-être vrai de la plupart des œuvres de critique de ce grand érudit. Il lui manquait cependant et la vigueur et le génie de Scaliger.

Dans ce tableau rapide de l'histoire de la philologie en France, nous nous sommes arrêté surtout aux grands noms, à Budé, Turnèbe et Casaubon pour le grec, à Lambin et Scaliger pour le latin. Autour de ces princes de l'érudition viennent se grouper les Estienne, qui sont pour la France ce que les Manuce ont été pour l'Italie, Daurat et Passerat, qui sont des lettrés fins et délicats, Pierre

---

1. Scaliger n'eut pas seulement des disciples en France. Il en eut aussi à l'étranger, parmi lesquels il faut citer surtout Janus Gruter, qui, sous la direction de Scaliger, fit une collection d'inscriptions (*Inscriptiones antiquæ totius orbis Romani in corpus absolutissimum redactæ ingenio ac cura Jani Gruteri : auspiciis Josephi Scaligeri ac Marci Velseri; ex officina Commeliniana*, 1602). Scaliger était plein de complaisance pour ceux qui travaillaient. Aussi a-t-il pu dire : *Meum fatum est, non mihi sed omnibus nato esse.* Voir ses *Epistolæ*, 1627. Voir aussi Lucien Müller, *Geschichte der classischen Philologie in den Niederlanden*, Leipzig 1839, p. 36.

2. *Lettres inédites de J.-J. Scaliger*, publiées par Ph. Tamizey de Larroque, p. 382.

Pithou et Cujas, à qui la philologie doit autant que la jurisprudence.

A voir tant de savants nés dans un même siècle, n'est-on pas convaincu que l'érudition a compté là la plus brillante période de son histoire, et que l'antiquité renaissante a enivré alors tous les esprits, rempli les cœurs d'un véritable enthousiasme? L'enthousiasme pouvait-il durer?

Faut-il s'étonner qu'au xviie siècle la philologie semble s'éteindre [1]? Faut-il s'étonner surtout qu'au moment où l'enseignement des jésuites, rétabli en France en 1603, allait nuire à l'étude scientifique de l'antiquité, où Galilée, Harvey et Newton attiraient vers les sciences proprement dites l'attention des esprits les plus distingués, où enfin les Descartes, les Pascal, les Corneille, les Racine, les Bossuet allaient créer les plus remarquables chefs-d'œuvre de la littérature française, qu'à ce moment, dis-je, la philologie semble perdre et son rang et son importance?

Est-ce à dire pour cela qu'au xviie siècle la philologie soit morte?

En montrant ce que fut un cercle savant à cette époque, nous prouverons qu'il s'est encore rencontré, dans la première moitié du siècle de Louis XIV, des hommes qui ont su poursuivre l'œuvre entreprise par les grands érudits du xvie siècle, et que la France est restée assez longtemps

---

1. Scaliger écrivait déjà à de Thou le 9 septembre 1598 (vol. 838, fonds Du Puy, fol. 39) : « ... Le mespris des lettres croist de jour à aultre, la présomption et ignorance accompagnée d'orgueil intolérable et aultres telles traverses seront cause que les hommes de bien ne se rompront plus la teste après des choses qui demandent aultre siècle que celui-ci. Notre France en a bien sa part et en monstre le chemin aux aultres païs. » Déjà, le 12 mai 1587, il écrivait (vol. 838, fonds Du Puy, fol. 94) : « Pour estre estimé savant aujourd'hui, il ne fault prendre aultre juge qu'un courtisan ou une femme. »

encore le foyer de cette vie philologique qui s'était con-
centrée tout entière en elle à l'époque de la Renaissance.

II

Comme la société élégante et polie, la société savante
du xvii* siècle avait ses lieux de réunion; comme elle,
elle tenait des séances, où se discutaient toutes les questions qui se rattachent à l'érudition, à l'antiquité.

De toutes ces assemblées, il n'en est pas de plus importante par le rôle qu'elle a joué, par l'influence qu'elle a
exercée, que celle qui fut connue sous le nom de *Cabinet*.
Elle est pour la société savante ce que l'hôtel de Rambouillet fut pour la société élégante du xvii* siècle, et,
comme ce salon, elle a servi de modèle à tous les petits
cercles d'érudits qui se sont constitués autour d'elle.

C'est à l'hôtel du président de Thou, dans la rue des
« Poictevins » [1], que se forma cette assemblée savante qui
nous occupe. Là vivaient, au commencement du xvii* siècle,
Jacques-Auguste de Thou, Pierre Du Puy et Jacques
Du Puy. A ces trois personnages revient l'honneur d'avoir
entretenu cette passion d'érudition qui avait illustré les
hommes du xvi* siècle.

Jacques de Thou appartenait à cette famille de magistrats qui ont su si bien allier les devoirs de leurs charges
avec le culte des lettres. Comme ses *Mémoires* nous le
montrent, il aimait la science avec passion. Mais, dit-il,
« il avait plus d'inclination pour les sciences que de force
d'esprit et de mémoire pour les apprendre; aussi profita-
t-il davantage par son assiduité et par le commerce des

1. Cet hôtel a été occupé autrefois par la librairé Panckoucke.

gens de lettres que par un grand travail... Ce grand
amour pour les sciences en fit naître un pareil dans son
cœur pour tous les savants dont le nom ou les écrits
étaient en réputation dans l'Europe. Il se proposa de les
voir et de les entretenir [1]. » De là ces nombreux voyages
qui occupèrent toute son existence, ces conversations
avec Adrien Turnèbe, Denis Lambin, Pierre Pithou, François Pithou, Scaliger, Casaubon, et les frères de Sainte-
Marthe, et ces visites chez les savants italiens dont il
fouilla les bibliothèques. Il rapporta de toutes ces excursions un vrai butin historique et scientifique, et les matériaux de sa grande histoire.

Auprès de lui vivaient Pierre et Jacques Du Puy,
partageant avec lui cette existence de travail, dont
ils devaient donner l'exemple aux autres érudits du
XVII⁰ siècle.

Pierre et Jacques Du Puy étaient les fils de Claude
du Puy.

Comme si la passion pour tout ce qui touche à l'érudition était héréditaire, ils vouaient à l'antiquité le culte
que leur père lui avait consacré.

Conseiller au Parlement de Paris, Claude Du Puy
(1545-1594) joignait en effet à la connaissance profonde
du droit une science non moins profonde de l'antiquité.
Grand homme de bien, « accompli de vertus et de toutes
bonnes qualités », il avait étudié les lettres sous Turnèbe,
Daurat et Lambin; sous leur direction s'était développé
en lui cet amour de l'antiquité qui le poussa à voyager
et à rechercher en Italie l'amitié des savants. S'il fallait
prouver combien l'intéressait tout ce qui touche à l'érudition, il suffirait de lire la correspondance de Claude

---

1. Voir *Mémoires relatifs à l'Histoire de France* (collection Michaud et
Poujoulat), tome XI, p. 273.

Du Puy et de Scaliger[1]. Elle montre que, de tous ceux qui au xvie siècle se consacraient à la philologie naissante, nul n'était, au jugement de Scaliger, plus érudit que Claude Du Puy. Pour Scaliger, il était un « patronus », comme il le dit; c'était à son examen que le grand philologue tenait à soumettre ses œuvres[2]. Car, entre tous les critiques de son temps, il n'y en avait pas un, suivant Scévole de Sainte-Marthe, de qui le jugement fût plus exact que celui de Claude Du Puy, lorsqu'il était question d'apprécier les ouvrages d'autrui pour en découvrir les beautés ou les défauts.

Claude Du Puy[3] mit aussi à la disposition des philologues de son temps les livres qu'il avait rassemblés, et il donna à Scaliger en particulier le moyen d'achever en Hollande les travaux qu'il avait commencés dans sa patrie. Il appartient donc à cette phalange d'hommes lettrés,

1. Cette correspondance a été publiée par M. Tamizey de Larroque, ce savant à qui n'est étranger rien de ce qui touche à l'érudition. Ouv. cité plus haut.

2. Il lui envoie un jour son texte de Catulle avec ses *Castigationes*, en le priant de le châtier, de le corriger, de le « racoustrer », comme il lui plaira. Quelque temps après, il lui adresse son *Manilius* en l'engageant à le « foiter, en tout ce qu'il verra qu'il en aura besoing », car, s'il ne le faisait, il se « demettrait du droit qu'il a sur Scaliger ». — Vol. 496, fonds Du Puy, fol. 4. Scaliger écrit à Claude Du Puy : « ..... Je suis toujours plus vostre que mien : et vous asseure qu'il n'y a aujourd'hui homme qui aist plus de puissance sur moi, que vous avés, laquelle vous vous estes acquis par vostre vertu, laquelle j'ai admiré mesme avant que je vous conneusse de face. » — Vol. 496, f. Du Puy, fol. 19, on lit : « Il y a beaucoup de sortes d'hommes, et de ceux qui ressemblent à hommes, et d'aultres qui ne sont hommes du tout, qui murmurent fort de mon Catulle. Encore que je soie asseuré que je n'ai affaire à forte partie, si est-ce que quand la partie serait forte j'ai un bon *patronus* en vous, et vous prie de me deffendre envers je ne sai quels *pedantes* qui vouldroient que je fusse *magister* comme eux. »

3. On lit par exemple, ouvr. cit., p. 143 : « Je vous remercie très humblement de ce qu'il vous a pleu m'envoyer vostre commentaire d'*Achilles Statius in Catullum*. — P. 71 : « J'ai reçeu vostre Ptolémée avecques les scholies et vous remercie très humblement de la courtoisie qu'il vous a pleue user en mon endroict, en m'aidant des livres que je ne pouvois trouver en toutes ces contrées, vous suppliant très humblement de me pardonner si j'ai usé de vous si familiairement. »

tous rapprochés par la même pensée, « chassant tous le même gibier, les lettres », phalange qui a honoré le XVIᵉ siècle, et dont il n'est pas le soldat le moins actif.

Ses fils, Pierre et Jacques Du Puy [1], se vouèrent surtout aux recherches historiques. Pierre savait manier les documents du moyen âge avec une parfaite intelligence, et il ne recula pas devant les recherches les plus longues et les plus difficiles. Aidé dans ses travaux par son frère, il examina avec lui les plus graves questions de l'histoire de France, rendant ainsi aux études historiques des services que les hommes les plus compétents se sont plu à reconnaître.

Pierre et Jacques Du Puy avaient du reste, sous la main, les ouvrages, les documents les plus rares. Ils pouvaient se servir de la bibliothèque du président de Thou et de la bibliothèque que leur père leur avait léguée. Toutes deux se distinguaient par le nombre considérable d'ouvrages précieux qu'elles renfermaient [2].

1. Pierre Du Puy (1582-1651) a écrit : *Traité des Droits et des Libertés de l'Eglise gallicane avec les preuves*. Paris, 1639, 3 vol. in-fol. — *Histoire véritable de la condamnation de l'ordre des Templiers*. Bruxelles, 1751, in-4. — *Histoire générale du schisme qui a été dans l'Église depuis 1378 jusqu'en 1428*. Paris, 1654, in-4. — *Histoire du différend entre le pape Boniface VIII et le roi Philippe le Bel*. Paris, 1655, in-fol. — *Traité des régences et majorités des rois de France*. Paris, 1655, in-4. — *Apologie de l'Histoire de M. le président de Thou*, dans le Recueil des pièces historiques. Delft, 1717, in-12.

Jacques Du Puy (1586-1656), qui a surtout été le collaborateur de son frère, a publié : *Index de tous les noms latinisés contenus dans l'Histoire de de Thou*, Genève, 1614, in-4; réimprimé sous le titre de *Resolutio omnium difficultatum*. Ratisbonne, 1696, in-4. — La 4ᵉ édition des *Instructions et mesures des rois de France et de leurs ambassadeurs au concile de Trente*. Paris, 1654, in-4. — *Catalogus bibliothecæ Thuanæ ordine alphabetico digestus*.

2. Suivant ce que nous apprend le P. Louis Jacob, *Traité des Bibliothèques*, la bibliothèque du président était composée de plus de 8000 volumes « des plus rares et curieux », et, quant aux manuscrits, « il y en pouvait avoir mille tous de grandes considérations. » — La bibliothèque que Claude Du Puy avait léguée à ses fils renfermait aussi plus de 8000 volumes, « y comprenant divers anciens manuscrits et un cabinet « de livres escrits à la main, en nombre six cens volumes, qui conte-

Aux ressources qui se trouvaient accumulées dans ces bibliothèques vinrent se joindre en 1647 celles de la Bibliothèque du roi, au moment où Pierre et Jacques Du Puy achetèrent à Nicolas Rigault la charge d'intendant de cette bibliothèque [1].

Quels efforts firent-ils donc pour que le xviie siècle ne fût pas seulement le siècle des belles-lettres, mais aussi le siècle des études historiques et philologiques?

Pour arriver à ce but, ils ouvrirent les portes de l'hôtel de la rue des Poitevins à tout ce que l'Europe comptait alors de lettrés et de savants. Empruntant cet usage aux Italiens, qui avaient fondé dans les principales villes de leur pays des Académies de savants, dont la plus connue est l'Académie de la Crusca [2], les deux frères Du Puy tinrent *cabinet*, comme nous l'avons dit, c'est-à-dire, suivant l'explication donnée par le *Dictionnaire de Trévoux,* « qu'ils reçurent chez eux les honnêtes gens qui s'y voulaient assembler, pour faire une conversation savante et agréable. »

Ces deux mots « savante et agréable » résument bien le caractère des entretiens qui avaient lieu chez les deux frères Du Puy. Dans une lettre qu'un certain Rolandus Paludanus leur écrivit, alors qu'ils étaient installés à la Bibliothèque du Roi, celui-ci montre avec précision et

« naient quelques mémoires touchant l'histoire de France et affaires
« publiques et matières curieuses. »

1. *Cabinet des Mss.*, par Léopold Delisle, I, p. 261. « Les frères Du Puy prirent possession de leur charge et du logement qui en dépendoit, sur la fin du mois de juin 1645. » Le 1er juillet, Jacques annonçait ainsi sa nouvelle installation à son ami Saumaise : « Je vous escris de notre nouvelle habitation, où nous nous sommes transportez depuis six jours seulement. Nous y trouvons grande douceur, et une liberté d'air si grande qu'il semble que nous soions à la campagne. Ce n'est pas que nous n'aions eu du regret à quitter la rue des Poictevins; car il faudroit être sensible pour n'estre point touché de tendresse en ces séparations. »

2. Voir sur ces Académies romaines l'*Histoire littéraire* de Tiraboschi, VIIe vol., 1re partie, p. 149-150.

nctteté quel intérêt offraient ces conversations entre savants et lettrés.

« Les goûts, écrit-il [1], diffèrent comme les hommes

1. *Bibliothèque nationale*, fonds Du Puy, vol. 675, fol. 105.
Rolandus Paludanus Petro et Jacobo Puteanis fratribus viris amplissimis. S.
« Alii aliis quidem capiuntur, et, ut ait poeta,

> Trahit sua quemque voluptas

mihi vero nihil in vita dulcius esse potest, aut jucundius videtur, quam doctorum simulque prudentium virorum cœtus frequentare : in quibus de literis, aliisque rebus honestis sermones omni suavitate conditi habeantur. At vero secta illa quæ voluptatem pro summo bono habuit, eam præ ceteris flagrantissime consectata est, quæ ex amicorum consortio et colloquiis in hortis ubi degebant caperetur. Literati autem illi conventus plerumque in bibliothecis fieri solent ubi libri præsto et ad manus sunt, si quando illis inspectis opus sit. Quæ cum ita sint, non mirum, si in vestras œdes, viri clarissimi, undique concurritur, cum vestri sermones adeo graves suavesque homines nos alliciant, et præter illam, quam in pectore circumfertis ἔμψυχον bibliothecam, otium ibidem sit non privata solum nostra omni optimorum librorum supellectili instructissima, sed etiam regia manuscriptis codicibus referta, quæ urbis thesaurus est omni gaza pretiosior, et cujus custodia nulli melius credi poterat, quam vobis omni literarum genere ornatissimis, et qui in usus publicos tam raras et excellentes opes optime dispensare novistis. Ibi de literis et rebus ad literas pertinentibus jucundi omnino sermones habentur; ibi de libris antiquis sed præcipue de recentioribus a viris doctis judicium accuratissime fertur, ibi quid novi cudatur, quid quisque eruditorum in literis cogitet refertur, quos quidem, qua vestra humanitate, omni ope adjuvare soletis, ne suis monumentis de hominum genere bene mereri pergant. Post decisa vero negotia literaria, etiam de iis quæ ad remp. nostram pertinent, et quæ scire magis nostra interest apud vos agitur : nec vero nostra solum renuntiantur, sed etiam

> .... Quid toto fiat in orbe,
> Quid Seres, quid Thraces agant.

et de iis quæ narrantur rebus adeo cordatæ et prudentes sententiæ feruntur, ut ejusmodi conciliabulum merito eos judiciorum haberi debeat, ex quo plus prudentiæ hauriri possit, quam ex assidua librorum lectione. Ut aiunt, ferrum, si intactum servatur, rubiginem contrahit, tractatum vero manibus nitet, sic animi hominum dum frequenter per colloquia coeundo quasi se mutuo contingunt, expoliuntur et usum quemdam rerum ex hujusmodi attritu colligunt. Itaque cum domum vestram celebrandis tam utilibus et jucundis cœtibus præbeatis, ita contingit, ut ab omnibus rerum honestarum studiosis maximam in gratiam, famamque apud exteros tam luculentam reportetis, ut ne paulo humanior aut literarum cupidus huc adveniat, quin salutasse et vobis innotuisse pro maximo ducat, et sibi gloriosum reputet.

« eux-mêmes, et, comme dit le poète, chacun obéit à un
« plaisir personnel. Pour moi, rien ne peut m'être plus
« doux dans la vie, ni plus agréable que de fréquenter ces
« assemblées d'hommes aussi savants que sages, où l'on
« tient des conversations charmantes sur les lettres et
« autres choses libérales..... Ces réunions ont lieu le plus
« souvent dans les bibliothèques, où les livres sont à la
« disposition et à la portée de chacun, lorsqu'on a besoin
« de les consulter. Il n'est donc pas étonnant que de
« tous les côtés on accoure chez vous; vos conversations
« si sérieuses et des personnes agréables nous y attirent;
« ce qui nous attire aussi, c'est non seulement cette biblio-
« thèque vivante que vous portez dans votre cœur, cette
« bibliothèque particulière pleine des meilleurs livres,
« mais aussi la Bibliothèque royale, riche en manuscrits,
« qui est le trésor le plus précieux de Paris, et dont la
« garde ne pouvait être confiée à personne mieux qu'à
« vous, vous qui savez être si bien les dispensateurs de
« ces richesses si rares. On y tient des conversations
« extrêmement agréables sur les lettres et sur tout ce qui
« touche aux lettres; on y juge avec le plus grand soin
« les livres anciens et surtout les œuvres modernes; on y
« parle de ce qui s'imprime de nouveau; on y discute les
« opinions des érudits, qui, grâce à votre bienveillance,
« grâce à l'appui que vous leur prêtez, peuvent continuer
« par leurs travaux à bien mériter de l'humanité. Lorsque
« les questions littéraires sont tranchées, on s'occupe aussi
« chez vous des affaires politiques, qui nous intéressent
« tout particulièrement. On n'y parle pas seulement de
« nos propres affaires, mais aussi on se plaît à y raconter
« ce qui se passe dans l'univers tout entier, ce que font
« les Sères et les Thraces, et sur toutes les questions on
« émet des avis si sincères et si sages qu'on a raison

« d'apprécier cette assemblée qui vous instruit plus que
« ne le pourraient faire des lectures continuelles; car de
« même qu'un morceau de fer, qu'on ne touche jamais,
« se couvre de rouille, et brille au contraire si on le
« manie, de même les esprits des hommes se polissent
« dans les réunions et y recueillent une certaine expé-
« rience. Aussi, en tenant dans votre maison des assem-
« blées si utiles et si agréables, avez-vous droit à la
« reconnaissance de tous ceux qui aiment les études
« libérales, et, grâce à cela, vous jouissez chez les étran-
« gers d'une réputation si éclatante qu'il n'est point
« d'homme lettré qui ne considère comme un très grand
« honneur d'avoir pu vous saluer et d'être connu de
« vous [1]. »

1. Cette lettre est intéressante, parce qu'elle est un des documents les
plus importants que nous ayons sur le Cabinet Du Puy. Son histoire n'a
jamais été écrite. Tout au plus a-t-on eu l'intention de le faire. C'est ainsi
que Portner, un des amis des Du Puy, demanda à Ismaël Boulliau, après
la mort de Pierre et de Jacques, des renseignements sur leur genre de vie,
voulant, dit-il, raconter leur existence et faire connaître cette savante
assemblée qu'ils présidèrent. Il ne mit pas ce projet à exécution. L'abbé
Richard, dans un discours sur l'histoire des fondations royales (*Archives
curieuses de l'histoire de France depuis Louis XI jusqu'à Louis XVIII*,
par F. DANJOU et L. CIMBER, 2e série, tome XI, p. 34), manifeste le même
dessein, sans qu'il l'ait réalisé : « Mais le défaut de leur libéralité, dit-il,
ne m'empêche pas de donner au public l'histoire de toutes les Académies. J'ajouterai à celle dont je viens de parler l'histoire du *Journal des
savants*, de la république des lettres et de l'assemblée du Cabinet, qui
sera un des plus curieux endroits de mon livre; et parce que cette
assemblée du cabinet a été l'occasion de plusieurs conférences à qui l'on
a donné le nom d'Académie, je donnerai, immédiatement après les pré-
cédentes, une idée de toutes celles qui sont tenues sur les sujets les
plus curieux de physique, de mathématiques....... Je n'oublierai pas
celles qui se sont aussi formées sur le modèle de l'assemblée du Cabinet
chez M. l'abbé Ménage, M. l'abbé de d'Angeau, M. Bignon, premier président, et M. Hennequin, procureur général du grand Conseil. »
Nous pouvons signaler aussi, comme pouvant contribuer à faire connaître l'assemblée des Du Puy : 1° dans un Recueil de belles-lettres
contenant des discours et prix de l'Académie française et autres pièces
de divers genres de littérature (1692-1748) un travail de l'abbé Nicaise
intitulé : « *les Sirènes ou Discours sur leur forme et figure* à Monseigneur
le Chancelier » (Paris, 1691), où cet abbé fait « un petit abrégé de l'histoire du Cabinet, que quelques autres pourront donner un jour plus au

Nous voyons donc que trois choses pouvaient attirer les érudits dans cette assemblée : d'abord les livres, les documents, les manuscrits qui y étaient accumulés, puis les « nouvelles du monde » et les « nouvelles des lettres » que l'on y apprenait, et enfin toutes ces conversations à la fois utiles et agréables, qu'on y pouvait entendre.

Aussi rencontre-t-on d'abord rue des Poitevins, chez Jacques de Thou, puis plus tard rue de la Harpe, à la bibliothèque du Roi, une véritable galerie de personnages d'humeurs et d'aptitudes diverses, qui en apparence ne semblent pas unis entre eux par un lien étroit, mais qui en réalité ont tous une seule et même qualité : la passion de l'érudition, le culte, l'amour de l'antiquité sous toutes ses formes.

On trouve au cabinet des frères Du Puy des lettrés, qui servent en quelque sorte de trait d'union entre la société élégante et la société savante, des gens d'Église, qui se consacrent à la religion et à la science, des mathématiciens, à qui l'histoire des mathématiques n'est pas indifférente, des jurisconsultes, amis de l'antiquité autant que du droit, des philologues, pour qui ces réunions sont une partie essentielle de « l'emploi de leur temps ». Ce sont là les membres assidus de cette assemblée de savants. A côté d'eux viennent prendre place les érudits étrangers qu'attire « la glorieuse réputation du Cabinet » et pour

long, et l'embellir de plusieurs circonstances curieuses » ; 2° la *Vita Petri Puteani* par NICOLAS RIGAULT (Paris, 1653), accompagnée d'un discours de Henri Valois sur Pierre Du Puy et de nombreux *Elogia* en prose ou en vers écrits sur le même personnage; 3° une note sobre et précise de M. Servois dans son édition de La Bruyère; 4° dans les *Mélanges historiques et philologiques* par M. MICHAULT, avocat au parlement de Dijon (Paris, 1770, tome II, p. 97, art. 4), un éloge des « conférences académiques », suivi de cette mention : « Telle fut à Paris cette illustre assemblée connue sous le nom de *Cabinet* qui commença chez M. le président de Thou un an avant la mort de ce célèbre historien, dont les conférences continuèrent successivement sous MM. Du Puy et furent transférées à la Bibliothèque du Roi. »

qui cette Académie est comme pour les autres un ψυχῶν σόφων φροντιστήριον [1].

Toutefois il faut remarquer qu'il n'était pas facile d'être admis dans cette assemblée.

Le parasite Montmor, par exemple, n'y entra jamais, et ce personnage qu'on s'est tant plu à tourner en ridicule au xviiᵉ siècle « porta impatiemment, comme le dit Vigneul-Marville [2], le refus que MM. Du Puy lui firent de l'entrée de leur Cabinet. C'est que ces messieurs, graves comme des Catons, prennent les sciences du côté de leur plus grand sérieux et ne souffraient pas aisément ceux qui n'ont, pour ainsi dire, que le Polichinel de la littérature. Ils n'entendoient pas raillerie, et il aurait mieux valu faire un solécisme au nés de l'Université, que de se relâcher à turlupiner en leur présence. »

Un nommé Viole de Tervilliers de Saint-Maure est admis au cabinet Du Puy; quelque temps après, il est éconduit, il pousse alors ce véritable cri de douleur, en s'adressant à M. de La Rivière, qui s'était constitué son protecteur :

---

1. C'est ainsi que s'exprima un magistrat de Toulouse (conseiller au présidial), Bernard Medon (*Elogia* dans la *Vita Petri Puteani* de Rigault). Il appelle Pierre Du Puy un Mécène et dit que Paris, grâce à lui, ressemble à une Athènes. « Testis est celebris illa Academia, quam, ex purissimis universæ naturæ velut partibus constitutam quamque ego solitus eram appellare ψυχῶν σόφων φροντιστήριον, utilitati omnium consecraverat. Huicne unquam similis ulla fuit? Aderant hic ingeniosissimi quique, sive dicendi aut scribendi, aut alia quavis facultate valerent, ex occasione et tempore gravissimas utriusque sapientiæ naturalis et divinæ quæstiones agitantes. Nil in ea humoristarum duræ valebant leges, non morosa nomina, aut fucati mores, personatique vultus probabantur, sed amabilis libertas, nativa ingenuitas, modesti habitus, atque solum honestæ rationes excipiebantur; non in ea satiræ. aut maledicentiæ dabatur locus, sed liberalibus, et ab omni invidia remotis contentionibus, quæ sana eruditione animos instruerent, non vero exasperarent. Reddebantur in illa æde non secus ac olim Delphis, feliciori tamen successu, clarorum virorum infinita oracula, quibus tota demum respublica literaria, sine ambagibus, sine nube uteretur... »

2. *Mélanges d'histoire et de littérature*, 1740, t. I, p. 112.

« Vous êtes en quelque façon obligé, écrit-il, de secourir vostre créature. C'est vous qui m'avez introduit, et puis ne scavez-vous pas que

Turpius ejicitur quam non admittitur hospes.

Et dans le moment que je demandé cette faveur, j'en eusse esté esconduit, cela n'eut pas esté si rude, mais après avoir goutté ces plaisirs, comment peut-on en estre privé sans se faire une forte violence [1]? »

Bossuet lui-même [2], encore jeune (il avait alors vingt-quatre ans), n'osa pas se présenter au Cabinet Du Puy sans l'appui d'un des meilleurs amis des deux frères.

Ce fut Nicolas Rigault (dont le nom reviendra dans cette introduction), qui écrivit en ces termes en faveur de son protégé :

« Je vous ai autres fois entretenu des mérites de quel-
« ques-uns de nos Messieurs de ce Parlement avec lesquels
« j'ai habitude et amitié particulière et plus estroitte et
« nomément avec monsieur Bossuet, cousin germain de
« M. nostre premier président et assez proche aussi de
« M. Saumaise. Celui qui vous rendra la présente est le
« fils du Sr Bossuet et dans le jeune àge où vous le verrez
« est fort avancé dans les estudes. Il est chanoine en
« l'église de Metz et s'en retourne à Paris pour achever ce
« qui lui reste à faire des exercices ordonez pour par-
« venir au Doctorat de Théologie. Il a esté fort bien
« institué et a bien le goust des belles lettres. Il a mesme

---

1. *Bibliothèque nationale*, fonds français, vol. 13040, fol. 70 (Collection Boulliau).

2. Descartes aussi fut en relation avec les Du Puy, comme le prouve une lettre adressée par Descartes à « Monsieur, Monsieur Du Puy, au logis de M. de Thou, à Paris, » à propos de la comète de l'an 1475, observée par Regiomontanus, et datée d'Egmond, le 5 janvier 1645. *Bibl. nat.*, fonds Du Puy, vol. 675, fol. 243.

« la grâce et la facilité de parler en public et a presché
« en l'église de Metz avec honeur et approbation. M'aiant
« donc prié de lui bailler cette lettre pour vous la pré-
« senter et en même temps avoir l'honeur d'être cognu
« de vous, je ne lui ai pu refuser l'office de cette recom-
« mandation, m'assurant que vous la recevrez en bonne
« part et que sa présence vous confirmera tout ce que je
« vous di de lui. Il pouvoit espérer cette faveur de vre
« courtoisie et de son propre mérite. Il vous présentera
« aussi un exemplaire du Commodianus [1]. »

Nous voilà donc en face d'une assemblée qui se consacre
tout entière à l'érudition, où l'on a quelque mérite à être
admis, et dont les membres, par conséquent, peuvent
passer pour des privilégiés.

Quelles sont, à prendre les choses dans leur détail, les
préoccupations de cette assemblée? Quelle influence ces
conversations entre personnes érudites exercent-elles sur
chacune d'elles? En un mot, quelle place ce cercle tient-il
dans l'histoire de l'érudition ?

Ce sont là autant de questions auxquelles nous répon-
drons en faisant, pour ainsi dire, connaissance avec les
membres, les amis du Cabinet Du Puy.

---

1. *Bibliothèque nationale*, fonds Du Puy, vol. 784, fol. 37 (de Toul,
3 avril 1630). — Un accident arriva à Bossuet durant son voyage. Nous
l'apprenons par la lettre suivante de Nicolas Rigault (vol. 784, fonds
Du Puy, fol. 38, 15 avril 1630) : « Je vous écrivis il y a trois jours avec
tant de précipitation que je ne datai point ma lettre. Celle-ci donc vous
la datera en vous disant que peu de jours encore auparavant je vous
avois écrit par M. Bossuet, chanoine de Metz, fils de l'un de nos Messieurs
de ce Parlement. Nous avons eu advis qu'il est tombé entre les mains
de quelques coureurs ou voleurs allemands entre Ligni et Bar et néantmoins il est passé et je croi que cet inconvénient n'aura pas empesché
qu'il ne vous rende ma lettre et l'exemplaire du Commodianus. » — Les
craintes de Rigault furent vaines. Bossuet arriva à Paris et fut bien
accueilli au Cabinet Du Puy. — Vol. 784, fol. 40 (dernier avril 1630).
Rigault écrit aux Du Puy : « Je vous rend grâces du bon accueil que
vous avez faict à M. Bossuet. »

III

Le premier qui se présente à nous comme ami à la fois de la société polie et de la société savante du xviie siècle est Balzac. Certes, on le considère plus souvent comme un habile artisan de phrases et de périodes, comme un adorateur de l'hyperbole, comme le prince de la rhétorique en France. Mais, s'il a brillé surtout par le nombre et l'harmonie de son langage, il a éprouvé aussi un secret désir de paraître érudit. Il vénère Heinsius « assis dans le throsne de Scaliger et donnant des lois à toute l'Europe civilisée », il élève Saumaise aux nues[1], et il s'exprime ainsi au sujet du Cabinet Du Puy : « A une « journée d'ici, les plus honnestes gens ne mangent du « pain et ne parlent français que le dimanche. Les plus « suffisants croient que le prestre Jean dit la messe, et que « la neige est noire au pays des mires. Les plus doux « trouvent dans un mot innocent la dixième partie d'un « desmenti et s'offensent de la mine et du silence d'un « homme qui passe. Ne sont-ce pas là les antipodes du

---

1. Balzac écrivait à Saumaise (*OEuvres complètes*, tome I, liv. XII, 19) : « Ni le peuple, ni la postérité ne sont point d'assez grands noms pour être opposés à celui de M. de Saumaise : et si je disais qu'il tient aujourd'hui dans la république des lettres le rang qu'y tenait autrefois le confident de la reine Zénobie, reconnu pour l'oracle de son siècle, et pour le trésor des siècles passés, je ne dirais rien que je ne fisse avouer à la plus saine partie de la même république. Décidez donc souverainement, Monsieur, toutes les matières contestées, votre avis doit être la dernière règle de nos différends. Contre une si légitime autorité il n'y a point de secours chez les rabbins, ni d'asyle en Orient, ni de ressource au pays des hellénistes. » — *Ibid.*, XVI, 2 : « Ne vous lassez point de faire du bien aux hommes, d'enrichir notre siècle des trésors de votre esprit, d'instruire ceux qui vivent et ceux qui ne sont pas encore nés. Vous trouverez de l'équité et de la gratitude, n'en doutez pas. Les raisonnables savants qui vous invoquent dans les lieux difficiles de l'antiquité, dans les syrtes et les écueils de l'histoire, ne vous refuseront pas leurs offrandes après vous avoir adressé leurs vœux. »

« logis de Monsr de Thou et particulièrement de cette
« célèbre galerie, qui n'est pas seulement pleine des plus
« nobles dépouilles de l'antiquité, et des richesses grec-
« ques et romaines, mais qui d'ailleurs est habitée par
« toutes les grâces du siècle présent, et par toutes les
« vertus sociables et civiles [1] ? » Dans une autre lettre, il
dira : « C'est chez Monsr de Thou que s'assemble le vrai,
« le légitime sénat, qui a droict de juger de nos affaires de
« livres. » Ou bien il écrira à Jacques Du Puy après la mort
de son frère : « Votre estime me paye suffisamment de
« tous mes travaux : et parce que ce n'est pas la grande
« réputation, mais la bonne que je cherche, je ne brigue
« point la faveur du peuple, mais je fais beaucoup de cas
« de la vostre. Trouvez bon pourtant que je vous dis que
« mon intérest ne m'attache point si étroitement à vous
« que mon inclination et que mon amour. Vous me
« gagnastes le cœur dès nostre première conversation. La
« pureté de vos mœurs me parut un original dans la cor-
« ruption de celle du siècle; et voyant que le célèbre
« Cabinet n'estait pas moins ouvert aux gens de bien
« qu'aux gens doctes, je ne le considérais pas plus comme
« le théâtre de la gloire, que comme l'asile de l'inno-
« cence : la mienne s'y réfugiera toutes les fois qu'elle
« sera persécutée. Mon Socrate ne veut point d'autre Pry-
« tanée que celui-là. Et s'il se trouvait quelque mauvais
« interprète de mes bonnes intentions, vous ayant de
« mon costé, je suis déjà asseuré du mauvais succès de sa
« calomnie. Partout où vous présiderez, il n'y aura point
« d'Anitus ni de Mélitus qui ne perde son procès [2]. »

1. Balzac, *OEuvres complètes*, éd. 1665, tome I, p. 468.
2. Rigault, *Vita Petri Puteani*, p. 162. — « Je scay mieux, lui écrit un
jour Chapelain, comme elle (votre apologie) a réussi chez Mrs Du Puy où
le mesme Mr d'Ablancourt la leut hier aux présens, M. d'Aligre et M. Lhuillier. Le dernier me vint voir, sur le soir, et me témoigna qu'elle avoit esté

Balzac a donc été un admirateur profond, sinon sincère, de ce cercle savant. D'où vient cette admiration ? On peut l'attribuer d'abord à ce désir de paraître érudit, que nous avons déjà signalé. Balzac, on le sait, aimait l'antiquité, et surtout l'antiquité romaine. Ses lettres sont pleines de citations latines, à tout propos, et peut-être même quelquefois hors de propos. Mais ce n'est pas tout. Balzac a beaucoup cultivé la Muse latine, et ses œuvres étaient appréciées au Cabinet Du Puy. Ce jugement, il le place au-dessus de tous les autres [1].

Balzac aime aussi les livres ; il s'enquiert de ce que devient le *Florus* de Saumaise ; il apprécie le *Minucius Felix* et le *Tertullien* de Nicolas Rigault. « Puisque vos livres sont vos amours, écrivait-il aux Du Puy, et que je suis cause d'une absence de dix-huit mois, les ayant gardés ici durant ce temps-là, je m'imagine que vous avez fait des vœux pour leur retour, et qu'ils arriveront chez vous sur le poinct que vous alliez faire des imprécations contre moy. Un si long séjour hors de leur demeure et l'opinion qu'on a à Paris que tout est Gascogne au deçà de Loire, vous ont pu rendre suspecte ma fidélité, et vous avez pu craindre, avec raison, que des Romains auroient bien de la peine à se sauver des mains des barbares [2]. »

Balzac mérite donc d'occuper une place parmi les érudits [3] ; il est érudit plutôt peut-être par mode que par

entendue avec un plaisir extresme, quelque longueur qu'elle peust avoir, et qu'ensuitte on avoit fait une grande consalutation sur vostre mérite et sur vostre vertu, chacun le renviant sur son compagnon. » (*Lettres de J. Chapelain* publiées par Tamizey de Larroque, I, p. 414.)

1. A la suite d'un envoi de livres, Balzac écrit à M. Du Puy (*OEuvres complètes*, tome I, p. 631) : « Tout ce qui me vient de vous, et qui porte la livrée de Monsr de Thou, me persuade d'abord de son prix et de son mérite ; et si je voyais cette marque sur un Almanac, ou sur les OEuvres du comte Vi. Ma, je m'empescherois bien de les nommer de mauvaises choses. »

2. Voy. BALZAC, *OEuvres complètes*, tome I, p. 631.

3. Balzac a fait quelquefois œuvre d'érudit. *Menagiana*, III, 349, on lit :

goût; il est érudit, parce que c'est donner une preuve de son mérite que de savoir faire apprécier ses œuvres de l'Académie Putéane; il est érudit, enfin, parce qu'il a une grande passion pour les livres.

A côté de Balzac se place Jean Chapelain [1], son intermédiaire auprès de la société savante. M. Victor Cousin a très finement remarqué que pour juger Chapelain équitablement et se bien rendre compte des vicissitudes de sa renommée, il faut faire deux parties de sa carrière : avant et après la publication de la *Pucelle*. C'est le Chapelain d'avant la *Pucelle* qui nous occupe. A ce moment, il vaut mieux que sa réputation.

Il est érudit, « d'une érudition solide et presque universelle », profondément versé dans les littératures grecque, latine. Il sait toutes les nouvelles qui circulent au sujet des livres. Il s'y intéresse et il aime à les communiquer. Écrit-il, ce n'est pas aux représentants de la littérature qu'il s'adresse de préférence. Ce n'est pas de Corneille, de La Fontaine, de Mme de Sévigné, de Mairet, de Maynard, de Racan qu'il se plaît surtout à parler.

« M. de Balzac m'a extrêmement obligé par la peine qu'il s'est donnée de conférer six manuscrits de Térence, pour me faire plaisir à l'occasion du différend que j'ai eu avec M. l'abbé d'Aubignac, touchant le *Ménédème* de Térence. »

1. Les Du Puy n'étaient pas insensibles au compliment, comme le prouve le fait suivant. Balzac désirait un volume de Victorius (Vettori). Les Du Puy seuls le possédaient. Lhuillier le procura à Balzac. Chapelain engagea son ami à leur en témoigner sa reconnaissance : « M. Lhuillier, lui écrit-il, a été fort aise de sçavoir que le Victorius fust arrivé sain et sauf chés vous, et de ce pas mesme en est allé donner la nouvelle à M. Du Puy. Il m'a fait entendre plus d'une fois qu'estant très chèrement aymé et honoré par eux et quelques fois mesme servi, vous pourriés deux fois l'année leur faire un compliment direct, c'est à dire leur escrire et les obliger extresmement. Non pas, dit-il, qu'ils demandent de l'encens, ny qu'ils se faschent quand on ne leur en donne point, mais il connoit que celuy qui leur est offert, sans qu'ils le demandent, leur plaist fort, et les confirme dans la foy, de sorte qu'en leur renvoyant leur livre, l'occasion seroit bonne pour faire cet office que je vous conseille. »

Mais, comme M. Rathery l'a fort justement mis en lumière [1], il écrit à « des savants en *us* de Hollande et d'Allemagne, à Grotius, Grævius, Gronovius, Gruterus, » et l'on remarquera dans la correspondance de Chapelain surtout des critiques savantes, ingénieuses, relatives à l'antiquité classique, aux littératures étrangères.

Telles sont les dispositions d'esprit de Chapelain. Chapelain tient aussi son rang dans le Cabinet Du Puy par la justesse de son jugement, par la sûreté de son goût. Ce sont des qualités qui lui permettent de se signaler dans cette assemblée.

Il n'est pas en effet de lettré au xviie siècle qui n'envoie des vers latins à MM. Du Puy. Avoir reçu des éloges dans cette réunion, c'est pour quelques-uns la plus noble des récompenses. Chapelain est un des meilleurs juges de cette « Académie ». C'est lui qu'on consulte. C'est ainsi que, meilleur théoricien de poésie que poète, il apprécia plus d'une fois les œuvres de Balzac, son ami [2].

---

1. RATHERY, *Rapport sur la publication de la correspondance de Chapelain.*

2. « J'ai leu avec une joye extresme, lui écrit-il, la belle epistre latine que vous escrivez à M. Mainard, et je le trouve plus glorieux par ces deux douzaines de vers que vous lui donnés, que par tous ceux qu'il a faits en sa vie, bien qu'il en ait fait quantité de très beaux. Mon sentiment est qu'elle tient de la vraie antiquité, louable dans un certain mezzair entre Horace et Ovide, moins familier que le premier et moins affecté que le second, et égal en pureté à l'un et à l'autre. » Chapelain apprécie aussi les éditions de Nicolas Heinsius, de Tanneguy Le Febvre. De *l'Ovide* d'Heinsius, il dit : « Je suis bien aise que vous ayés de quoy rendre la troisième édition de *l'Ovide* que vous médités meilleure encore que celle que vous venés de donner au monde. On a fait du bruit au Cabinet de M. de Thou de la correction de ce vers : *Ante mare et tellus et quod*, etc., du commencement de la Métamorphose, comme si elle n'eust pas esté soutenable, et que vous ne l'eussiés pas deu insérer dans le texte. Pour moy je l'ay défendue comme aussi bonne que la leçon vulgaire... » (*Documents inédits. Lettres de Jean Chapelain*, II, p. 181.) A Tanneguy Le Febvre (*ibid.*, p. 260) il adresse les éloges suivants au sujet de son *Lucrèce :* « Que de netteté de stile ! Que de curieuses observations ! Que de corrections heureuses ! *Que de conjectures solides !* Il n'y a point de gloire pareille à la vostre de restituer ainsi en leur entier des autheurs célèbres difformés, estropiés, aidé de votre beau génie et des-

Il prend aussi part aux débats qui peuvent se produire entre les savants et qui se renouvellent dans le Cabinet Du Puy. Il jugera le différend qui sépare Heinsius et Saumaise, différend que nous aurons à rappeler plus loin; il jugera surtout la façon dont les deux adversaires se combattent. « Le génie et le style d'Heinsius, dira-t-il, me semblent tout autrement estimables que ceux de Saumaise et j'aymerois mieux lire une satyre que le premier auroit fait contre moy qu'une oraison que le dernier auroit fait à ma louange[1]. »

Mais il n'est pas seulement un censeur, un critique. Il provoque à son tour des discussions dans le Cabinet Du Puy. Chapelain fut un de ceux qui déterminèrent le plus l'Académie française à faire un Dictionnaire. Il dressa lui-même le plan de ce travail « pour compiler, nous dit-il, ce Dictionnaire en la forme la plus parfaite et la plus utile qu'il se pouvoit, et je m'asseure que vous jugerés, *avec le Cabinet de MM. Du Puy*, que si nous avions suyvi cette méthode, nostre vocabulaire auroit quelque avantage par-dessus les Grecs, Latins, Italiens[2]. » Il est donc évident que Chapelain soumit le plan de ce travail au Cabinet Du Puy.

Nous voyons que si, à l'Hôtel de Rambouillet ou dans le salon de Mlle de Scudéry, Chapelain « passe aussi agréablement les après-dînées toutes entières à parler de bagatelles que s'il ne savait parler d'autre chose; qu'il y

titué du secours ordinaire des manuscrits. Car vos habillements convainquent l'esprit, et, sans autre vérification, quiconque les lit attentivement prononce en vostre faveur et vous le donne gaigné sur les [autres éditeurs, quels] que soient les secours qu'ils ont tirés des vieilles membranes. »

1. *Lettres inédites de Chapelain* publiées par Ph. Tamizey de Larroque, I, p. 738.

2. *Lettres inédites de J. Chapelain* publiées par Ph. Tamizey de Larroque, I. p. 358.

dit même des douceurs et des galanteries d'aussi bonne
grâce et peut-être de meilleure que ceux qui sont galants
de profession, » dans le Cabinet Du Puy, au milieu de ce
cercle d'érudits, il est tout autre [1]. Il exerce là l'autorité
que lui assurent et les connaissances qu'il possède et la
justesse de son jugement.

Le même genre d'érudition est représenté par Ménage.

Mais si chez Balzac et Chapelain il y avait peut-être une
certaine affectation dans cet intérêt même qu'ils témoi-
gnaient aux questions d'érudition et de critique, Ménage
au contraire a montré par des œuvres que son amour
de l'érudition n'était pas une apparence, mais bien une
réalité.

Ses *Origines de la langue française,* ses études sur la
langue grecque et ses dialectes attestent qu'il n'hésitait
pas à chercher la solution de ces problèmes si difficiles,
déjà examinés par J.-J. Scaliger. Sans doute dans tous ces
travaux la fantaisie a sa part; bien des données, bien des
principes manquaient à ces érudits pour qu'ils pussent
établir des théories scientifiques et définitives. Mais,
malgré cela, il faut signaler ici un effort, un travail, on
peut dire le labeur d'un lexicographe consciencieux et
ingénieux. Marcher sur les traces d'un Scaliger, essayer
de faire mieux que son devancier, n'est-ce pas la marque
d'une érudition solide, la preuve qu'on n'est pas seulement un « homme de salon, » comme l'était en effet
Ménage, mais aussi, jusqu'à un certain point, un savant?

Le Cabinet Du Puy était bien fait pour un pareil esprit.
On y parlait d'étymologies. C'est pourquoi Ménage est
membre de cette Académie. Il y apprend beaucoup, il

---

1. Mlle de Scudéry, *Grand Cyrus,* t. VII, p. 541.

le reconnaît lui-même dans la Préface de son Dictionnaire des étymologies de la langue française. « Il n'y
a personne, écrit-il à Pierre Du Puy, à qui je doibve
plus qu'à vous. Depuis vingt ans que vous m'honorez
de vostre amitié, je vous ay toujours eu pour guide dans
mes estudes, pour conseil dans mes affaires. Vous m'avez
communiqué les livres de vostre bibliothèque, qui est une
des plus curieuses de toute l'Europe. Vous m'avez ouvert
vostre Cabinet, qui est un thrésor de nostre histoire.
C'est par vostre moyen que j'ay connu tant d'excellents
hommes qui s'assemblent tous les jours chez vous pour
jouir de vostre conversation et de celle de Monsieur vostre
frère, et si j'ay quelque réputation parmi eux, c'est de
vous seul que je la tiens [1]. » Le Cabinet Du Puy a donc
exercé une sérieuse influence sur Ménage [2].

Ménage, du reste, y était très écouté; sa conversation
était agréable et intéressante. Comme nous le dit Nicéron [3], « parlant naturellement beaucoup et aimant à
débiter ce qu'il sçavoit, il ne laissoit qu'à peine la parole
aux autres dans toutes les assemblées. Pour s'en excuser,
il disoit que, quand il étoit en Anjou, il y passoit pour
taciturne, parce que les autres y parloient encore plus
que lui. Sa mémoire lui fournissoit sur toute sorte de
sujets des vers grecs, latins, italiens et françois, et quan-

---

1. Préface des *Origines de la langue française*. Paris, Courbé, 1650, in-4°.
2. Ménage était un grand ami des Du Puy. D'Angers il leur écrit
(18 avril 1648) : « Je vous le dis sans cajolerie, je ne saurois vivre plus
longtemps sans vous voir, et quoyque mes affaires ne soient point ter-
minées, je suis résolu de partir à la huitaine pour aller reprendre ma
place en vostre Cabinet. Je remets en ce temps là à vous remercier de
tous vos soins....... Mes baisemains s'il vous plaist et mes remercie-
ments, mais très humbles et très passionnez à tous les amis du Cabinet...
Vous savez ce que je vous suis et à Monsieur vostre frère, et ce ne sera
que pour satisfaire à la coutume que je vous diray ici que je suis de
vous deux le très humble, très obéissant et très obligé serviteur. » (Bibl.
Nat., Collection Du Puy, vol. 803, fol. 350.)
3. *Mémoires*, I, 310.

tité de bons mots qu'il avoit appris dans sa jeunesse, et il les répétoit souvent. » Ménage était donc causeur; il l'était à tel point que, prenant exemple sur les Du Puy, il institua une sorte d'Académie dans sa maison de la rue du Cloître-Notre-Dame, où venaient Chapelain, Conrart, Perrot d'Ablancourt, Pellisson, Furetière, Linière, Bautru, Perrault, Boivin, Sarrazin; il tint séance tous les mercredis, réservant les autres jours pour « l'Académie Putéane »; et chez lui il y avait « un commerce établi de nouvelles et d'étymologies ». — « Je donne, dit-il, de véritables étymologies à ceux qui m'apportent des nouvelles vraies; mais je donne des étymologies fausses à ceux qui me disent de fausses nouvelles [1]. »

Ménage est donc un véritable érudit, en même temps qu'il tient sa place dans la société élégante. Il n'est pas surprenant que les savants de France, d'Angleterre, des Pays-Bas et d'Allemagne lui aient tant écrit, l'aient consulté, lui aient dédié, des livres, qu'il ait reçu « des marques de considération de la part des Saumaise, des Bignon, des Grotius », qu'enfin Bayle ait pu, sans doute avec quelque exagération, l'appeler « le Varron du xviie siècle ».

Balzac, Chapelain, Ménage, tels sont les principaux représentants de ce groupe de lettrés qui est l'ornement des plus brillants salons du xviie siècle, mais qui aussi, comme nous avons essayé de le prouver, cache, sous certaines apparences d'affectation, de préciosité et peut-être même de pédanterie, une véritable passion pour l'antiquité et pour toutes les questions qu'elle soulève.

A côté de ces beaux esprits, les philosophes ont leur place dans le Cabinet Du Puy. Vrais enfants du xvie siècle,

____

1. *Menagiana*, III, 44.

demi sceptiques et par suite disciples de Montaigne et
de Charron , capables d'épicurisme, les Naudé, les La
Mothe Le Vayer, les Gassendi, les Luillier, fuient la
société élégante du xvii° siècle. Leur refuge, c'est ou
leur propre demeure, ou la maison de campagne du
bibliothécaire de Mazarin, mais surtout le Cabinet des
frères Du Puy. Ils ne font pas étalage de science, ils ne
vivent pas d'ostentation; le silence, la paisible discussion, voilà ce qu'ils cherchent, car, suivant eux, « la
vraie philosophie se trouve réfugiée sous le toit de quelques particuliers qui la pratiquent à l'ombre et dans le
silence [1] ». Cette ombre, ce silence, c'était ce que leur
offrait l'hôtel du Président de Thou; c'est ce qu'ils trou-
vèrent surtout à la Bibliothèque du Roi.

Parmi ces philosophes, il n'en est pas qui, plus que
Gabriel Naudé, recherche l'amitié des Du Puy; il n'en est
pas à qui le séjour de leur « Académie » soit plus agréable.

Nous avons déjà dit que « les nouvelles de livres »
étaient l'élément essentiel de la conversation des Du
Puy. Or rassembler le plus de livres possible, ne pas
laisser échapper l'occasion d'acheter les plus précieux,
et alors, quand on les possède, en faciliter l'usage à
autrui, en un mot ne dresser les bibliothèques qu'en
considération du service et de l'utilité que l'on peut en
recevoir [2], telles ont été, on le sait, les idées chères à
Gabriel Naudé. Les Du Puy ont toujours appliqué ces
principes. Naudé ne pouvait donc qu'être leur familier.
Il le prouva en tenant ces érudits au courant de ses
voyages. Découvrait-il quelque chose de curieux [3], il ne

1. *Lettre de Gassendi à Henri Reneri.* Éd. de Lyon, t. VI, p. 30.
3. *Advis pour dresser une bibliothèque.* Paris, 1627, in-8°.
3. *Relation du sieur Naudé à Messieurs Du Puy, de quatre manuscrits
qui sont en Italie touchant le livre de* Imitatione Christi, *faussement attribué
à Jean Gerson,* 1649, in-8°.

tardait pas à le faire savoir à MM. Du Puy, au moment, par exemple, où en Italie « il courait toutes les boutiques et faisait estat de dépouiller Venise de ce qui y reste et de réduire le peuple et tous ceux qui lisent aux livrets des a b c et des heures diurnales [1] ». Communiquer ces renseignements à Pierre et Jacques Du Puy, c'était en faire part à tous ceux qui aiment l'érudition, sous quelque forme qu'elle se produise.

Mais Naudé n'était pas seulement un bibliophile; il ne se contentait pas de collectionner des livres, de lire les catalogues de la foire de Francfort; il a aussi écrit, il a peut-être trop écrit. Qu'il s'agisse de médecine, de philologie, de mathématiques, d'art militaire, de bibliographie, d'histoire, il parle de tout avec esprit, avec vivacité. Faut-il s'étonner que cet *helluo librorum*, comme l'appelle Nicéron [2], qui, constamment à l'œuvre, a aussi toujours été au service de ses amis, qui les aiguillonne, les encourage; que ce grand érudit, cet érudit aimable et plein d'esprit, dont toutes les affections se résumèrent en une seule : l'amour des livres, ait connu les Du Puy? Combien sa conversation n'a-t-elle pas dû être recherchée!

Il convient de rapprocher de lui l'un de ses visiteurs à sa maison de campagne de Gentilly, La Mothe Le Vayer. Le « philosophe du faubourg Saint-Michel [3] » (Balzac l'appelle ainsi) a été un sceptique à la façon de Naudé; comme lui, il a aimé la vie de cabinet, il a beaucoup lu et composé beaucoup de livres. A la manière dont il apprécie dans ses nombreuses dissertations les écrivains anciens, on reconnaît qu'il les avait étudiés avec soin

---

1. Biblioth. nationale, fonds Du Puy, vol. 18, fol. 18.
2. NICÉRON, *Mémoires*, tome IX, p. 76.
3. Balzac disait aussi de La Mothe Le Vayer : « Il vit en faisant le dégât dans les bons livres. »

et qu'il savait les juger. Partout il se montre érudit, lui « le plus érudit et le plus savant des membres de l'Académie française ». Il était donc bien à sa place dans ce Cabinet Du Puy, dont il était « une des pierres angulaires [1] ».

C'est dans cette assemblée, d'ailleurs, que naquit et se développa ce penchant de La Mothe pour l'antiquité. C'est là qu'il trouva l'idée de ses travaux sur les écrivains de la Grèce et de Rome. Il déclare lui-même dans la préface de ses *Jugements sur les anciens et principaux historiens grecs et latins* [2] : « MM. Du Puy sont les premiers qui m'y ont porté et qui, selon leur bonté naturelle que tant d'hommes d'estude éprouvent tous les jours, m'ont secouru des livres de trois grandes bibliothèques, celle du Roi, celle de M. de Thou et la leur propre... Ils ne se sont pas contentez de m'aider de tout ce que j'ai pu dériver d'eux de ce costé-là ; ils m'ont servi de guide dans le chemin que je devois tenir, et comme on dit de Socrate qu'il faisoit l'office de sage-femme aux accouchements spirituels des plus grands personnages qu'eust la Grèce, je serois meconnoissant si je n'avoüois que leurs doctes conférences m'ont fait produire tout ce que cet ouvrage peut avoir de bon, s'il m'est permis d'user par leur seule considération d'un terme si hardi. »

Le Vayer put s'acquitter plus d'une fois d'une pareille dette envers les Du Puy.

De tous ses travaux, il n'est sans doute pas resté une œuvre qui ait duré; mais celui qu'on a appelé le Plu-

---

1. Bibliothèque nationale, fonds Du Puy, vol. 803, fol. 321 (26 octobre 1646). *Lettre de Sarrau*. Il salue « l'incomparable cercle de vostre Chambre duquel je considère comme pierres angulaires MM. Menagius, Guyetus, Motta Vayerus ».

2. *Jugements sur les anciens et principaux historiens grecs et latins*, 1646, in-8°. — Avertissement.

tarque de la France a aimé l'antiquité ; il a appris à la connaître ; il l'a jugée avec un sens droit.

Philosophe, il est donc aussi philologue dans une certaine mesure.

Mais le plus savant de tous les philosophes du xviie siècle, comme il était aussi le plus philosophe de tous les savants, fut Gassendi. Ce philosophe, qui a relevé Épicure du mépris où il était tombé, qui a rabaissé la gloire d'Aristote, le maître de la scolastique, n'aurait pu poursuivre ces deux œuvres grandioses s'il n'avait vécu en quelque sorte dans l'intimité des sages de l'antiquité, et il peut paraître superflu de rappeler la façon dont Gassendi savait comprendre et commenter un texte difficile, l'habileté avec laquelle il le rétablissait là où il semblait altéré. Partout on se sent en présence du travail consciencieux d'un véritable philologue qui lit les textes, en pèse tous les termes, compare les différentes leçons, et essaye de jeter la lumière sur les passages obscurs.

Ce vrai culte de l'érudition se manifeste surtout dans l'éloge que Gassendi a fait de Nicolas de Peiresc [1]. On sent dans l'admiration qu'il a pour cet érudit toute la sincérité d'un cœur que réchauffe l'amour de l'antiquité. Il n'est pas surprenant que sa mort ait été tant déplorée au Cabinet Du Puy et par tous les savants étrangers [2].

---

1. GASSENDI, *Vita Fabricii de Peiresc.* OEuvres, éd. Lyon, 1658, t. V.

2. L'un d'eux écrivit aux membres de cette Académie, lorsque Gassendi était sur le point de mourir (Biblioth. nationale, fonds français, vol. 13041, fol. 156 ; Portner à Boulliau) : « Gassendi valetudinem in extremo sitam invitus accepi. Quantum res litteraria in ejus obitu vulnus accipiat difficilius est exprimere, quam cogitare. Quis posthac operum ejus curam suscipiet? Quis ei, qui Fabri Peirescii vitam tam erudite conscripsit, vicem reddet, et justa persolvet? Profecto generis humani ac totius eruditionis negocium agitur, ne tacitum sit hoc funus, cujus feretro humeros subjicere quotquot uspiam sunt literarum cultores oportuit. Quin Puteana ac Thuana domus maximo luctu hanc jacturam prosequantur dubium non est..... »

Gassendi méritait d'ailleurs d'être pleuré non seulement parce qu'il fut grand philologue, mais aussi parce qu'il fut un ami très doux, très modéré. « On admirait en lui, écrit le Dʳ Launoy à Jean-Albert Portner, la simplicité de nos pères... Sa politesse égalait sa candeur; rien de plus aimable et de plus instructif que sa conversation [1]. » Tel fut Gassendi au Cabinet Du Puy.

L'un de ses amis fut le père de Chapelle, François Luil-lier; très lié à Balzac (qui l'appelle « l'admirable »), à Saumaise, à Peiresc, il fut aussi l'intime des Naudé, des Gassendi, dont il partageait les sentiments et les opinions philosophiques. Dans cette société, il joue le rôle de conseiller. Il encourage ses amis. C'est à cela que se borne son activité. Il est vrai qu'il a fait des vers latins, qu'il a eu, comme tous ceux qu'il connaissait, l'amour des livres, qu'il écrit, par exemple, à Boulliau : « Les après-dînées et soirées, Quintilien, Marcial ou Horace nous entretiennent une heure [2]. » Mais le père de Chapelle a été surtout un homme d'un esprit fin et railleur, et, suivant le jugement que porte sur lui Tallemant des Réaux, il y avait assez de rapport entre son humeur et celle de Rabelais. Luillier n'a donc jamais dû faire œuvre de philologue; mais la vivacité de son esprit, le charme de sa conversation lui ont assuré une place dans ce Cabinet Du Puy, dont il était comme le messager auprès de Chapelain, lorsque celui-ci n'allait pas à la bibliothèque du Roi, et dont il aime tant à parler.

1. Gui-Patin, *Lettres*, I, p. 423 (éd. Reveillé-Parise), dit en parlant de Gassendi : « C'est un digne personnage, *est Silenus Alcibiadis*. Vous eussiez vu un grand homme en petite taille; c'est un abrégé de vertu morale et de toutes les belles sciences, mais entre autres d'une grande humilité et bonté. » — P. Bougerel, *Vie de Pierre Gassendi*, Paris, 1737, p. 422. « Ismaël Bouillaud écrit à Portner que Gassendi étoit un des plus sçavans hommes du royaume : il relève surtout sa douceur et sa politesse. »

2. Voir Tallemant des Réaux, éd. Monmerqué. Appendice, IV, p. 500.

Plus jeune que Naudé, La Mothe Le Vayer, Gassendi et Luillier, l'évêque d'Avranches, Huet, tient le milieu entre ces philosophes et les mathématiciens qui se réunissaient chez Pierre et Jacques Du Puy.

Quel ami véritable de l'érudition [1]! « Je cède volontiers, dit-il, à beaucoup de gens studieux la gloire du succès de leurs études; mais, pour l'amour des lettres, je ne le cède à personne du monde. »

Et personne, plus que Huet, ne déplora la décadence de l'érudition, personne ne fut plus désolé de voir « s'éteindre de jour en jour le goût, l'amour et l'estime des lettres, et l'ignorance reprendre le dessus et étouffer les restes de l'érudition, comme les chardons et les ronces étouffent les bonnes herbes dans un champ mal cultivé [2]. » Que de regrets il éprouve de n'avoir pas vécu « dans ces premiers temps d'obscurité et de ténèbres, *où* les grandes âmes des savants n'étaient aidées que de la force de leur esprit et de l'assiduité de leur travail, *où* les livres n'étaient que manuscrits, et par conséquent rares, chers et en petit nombre, *où* on trouvait peu de personnes de qui on pût prendre conseil, moins encore que l'on pût imiter, où enfin il fallait trouver tous ses besoins dans son propre fonds et n'attendre rien du dehors [3]! »

La nature des préoccupations de D. Huet se montre dans ses œuvres, mais d'une façon tout aussi éclatante dans ses

---

1. HUET dit en outre : « J'ai apporté cette passion en naissant... Je volois de science en science et je croyois n'avoir rien appris, quand je voyois qu'il me restoit encore quelque chose à apprendre. Sitôt que je fus maître de moi, je voulus connaître tous les princes de la littérature qui vivoient alors. À l'âge de vingt ans, je me vis en commerce avec les Sirmonds, les Pétaux, les Dupuys, les Bocharts, les Blondels, les Labbés, les Bouillaud, les Naudez, les Saumaises, les Heinsius, les Vossius, les Seldens, les Descartes, les Gassendis et les Ménages. (*Hueliana*, Amsterdam, 1723, p. 4.)

2. *Hueliana*, p. 20, 21.

3. *Ibid.*, p. 21.

lettres. Tantôt il consulte le P. Pétau sur un passage de
Thucydide qu'ils ont déjà cherché à éclaircir ensemble;
tantôt c'est au P. Sirmond qu'il demande une explication;
ou bien c'est un chapitre de Théophraste qui éveille son
attention; ou bien enfin il demande à Ménage ce que
devient son Diogène Laërce. Il n'est pas de lettre de Huet,
dans cette immense correspondance qu'il entretint avec
les savants de son temps, qui ne soit, à vraiment parler,
une dissertation de philologie.

Avec quel intérêt il dut suivre les discussions du
Cabinet des frères Du Puy, « dont le nom, à son avis, est
une vraie gloire, et qui se sont illustrés par leur propre
mérite! » Les plus minutieuses, les plus bizarres même
ne le laissèrent pas indifférent. Il trouvait si souvent occasion de s'éclairer dans ces conversations érudites [1], au
milieu des savants qui de toutes parts venaient à la bibliothèque du Roi. Il s'y occupait aussi de dépouiller des
manuscrits. « Je suis décidé à partir pour Paris dans
quelques mois, écrivait-il à Jacques Du Puy, pour visiter
cette bibliothèque (il s'agit de la bibliothèque de l'arche-

1. Huet nous rapporte une de ces conversations, dans une lettre qu'il
écrit à Gabriel Naudé (Biblioth. nationale, fonds latin, 11432) : « Commodum discesseras heri ex consessu Puteanorum, cum supervenerunt
Guyetus, Menagius et Hallæus; cumque variis de rebus eruditi sererentur
sermones, eo delapsi sumus colloquendo, ut de Egeria Nympha, Numæ
uxore, quæstio haberetur. Consenserunt omnes fabulam esse narrationem hanc, vel fabulæ simillimam; videri tamen subesse aliquid veri.
Etsi autem meæ mihi adolescentiæ ac νηπιότητος conscius absterrebar
pudore quodam, quominus inter sermones hujusmodi eruditis me colloquiis insererem, rogatus tamen atque etiam, lacessitus ab Hallæo amico
meo et populari, dixi legisse me apud Dionysium Halicarnassoum, Ro-
manos appellasse *Egerios* qui inopes essent et pauperes; voce detorta ab
egendo quasi dicas *Egenios*, atque ita cognominatum Aruntem Tarqui-
nium, quod nulla ei avitorum bonorum pars obtigisset; videri itaque
Egeriam dictam pro *Egenia*, hoc est inopia et paupertate; quam cum
finxerunt Romani Numæ conjugem fuisse, id sibi voluisse, egenam vitam
et pauperem auxilium esse Numam, eamque magistram habuisse ad
bene beateque vivendum. Hæc cum dixissem, silentium consecutum est,
quod favoremne significet valde dubito. (Lutet. Paris. d. April. MDCL.)

vêque Charles Montchal) et encore bien plus la bibliothèque du Roi. Tout le temps que me laisseront mes relations avec vous et les vôtres sera consacré au dépouille-
ment des manuscrits anciens. »

Voilà le travail auquel se livrait ce savant évêque.

Le jour où le Cabinet Du Puy disparut, il conserva
de son côté cette douce habitude de tenir des assemblées littéraires. Le dimanche, le mardi et le jeudi, on se
réunissait chez lui. Après la lecture des gazettes et des
nouvelles littéraires, le prélat prenait la parole et traitait
quelque sujet de science ou d'érudition, qu'il coupait
volontiers par des écarts et des digressions agréables.
« Quelque liberté qu'il donnât aux sçavants de parler ou de
lire à leur tour, il souffroit avec impatience qu'on l'inter-
rompît et surtout qu'on le contredît et qu'on objectât [1]. »

Tel est l'homme qui ne fut pas seulement un philosophe,
mais un érudit doublé d'un mathématicien.

A ce titre, il rencontrait au Cabinet Du Puy des savants
d'une très grande autorité. Ces savants étaient Gassendi,
dont nous avons déjà parlé, le P. Mersenne et Ismaël
Boulliau. Astronomes avant tout, ils ne négligeaient pas
cependant l'étude de l'antiquité.

Le rôle que le P. Mersenne joua dans « l'Académie
Putéane » ne nous est pas connu. Il dut se sentir attiré
au Cabinet Du Puy surtout par la présence d'Ismaël
Boulliau, car ce dernier [2] a peut-être rendu à l'érudition
au xviie siècle presque autant de services que les frères
Du Puy eux-mêmes. Aussi mérite-t-il d'attirer longuement
l'attention.

---

1. MICHAULT, *Mélanges historiques et philologiques avec des notes*, tome II,
p. 104. Paris, 1770, in-12.
2. Ismaël Boulliau, 1605-1694. Connu surtout pour ses travaux d'astronomie.

Les trente-neuf volumes de lettres qu'il a écrites ou plutôt qu'il a reçues, les nombreux papiers dont nous avons le catalogue, mais qui malheureusement sont maintenant épars, les manuscrits grecs qu'il a recueillis, montrent quelle place Boulliau doit occuper dans l'histoire de l'érudition en France. Sans doute, en s'intéressant aux œuvres des anciens, il n'oubliait pas qu'il était astronome, et les écrivains qu'il lisait et commentait de préférence étaient ceux qui, avant lui, avaient recherché la solution des problèmes scientifiques. C'est dans cet esprit qu'il s'occupa du *Manilius* de Scaliger [1], et qu'il apprécia surtout, parmi les immenses travaux du grand philologue, celui qui consistait à constituer le texte des *Astronomiques*. C'est dans cet esprit enfin qu'il publia l'*Astronomie* de Philolaüs, avec le soin qu'y mettaient les savants du xvıᵉ siècle. Mais la tâche de Boulliau ne s'arrête pas là.

Boulliau a été, tant que Pierre et Jacques Du Puy ont vécu, leur fidèle compagnon, et, après leur mort, il s'est efforcé de maintenir cette union qu'ils avaient établie entre tous les amis de l'érudition [2]. La protection de Boulliau assurait à chacun l'accès du Cabinet Du Puy, et quand, dans la suite de ce chapitre, nous montrerons quels rapports unissaient cette société à l'Europe entière, il ne sera pas permis d'oublier que c'est, à vrai dire, Boulliau qui a servi d'intermédiaire entre les savants de l'Europe et les savants du Cabinet Du Puy.

1. Bibl. nat., fonds fr., 13026, fol. 21. Viro clarissimo Joh. Henrico Bœclero Ismaël Bullialdus, S. P. D. 28 janv. 1634. — « De Scaligeri *Manilio* quid sentiam quæris? de tanto viro judicium ferre famæ fortasse meæ nocuerit. Dicam tamen sensum auctoris in omnibus illum non esse assecutum; felicius tamen de Astrologia scribenti cessisse, quam nostro μακαρίτῃ καὶ τῷ πάνυ, ὁπότε ἔβίω, Salmasio, in amplissimo illo tractatu de Annis climactericis, in quo nullam de artis præceptis scientiam sibi paravisse prodit, sed solam Græcarum vocum notionem. »

2. Bibl. nat., fonds fr., vol. 13041, fol. 330 sqq. Voir *Appendice*.

L'amitié qu'il éprouvait pour Pierre et Jacques Du Puy était sincère.

C'est par amitié pour les Du Puy qu'il parcourut l'Italie.

Rien n'est plus intéressant que les lettres qu'il leur écrit pendant son voyage. Comme on le voit aux aguets, lorsqu'une vente de livres ou de manuscrits va avoir lieu, prêt à être prodigue d'argent, pourvu qu'il puisse acquérir des livres rares qui viendront s'ajouter à tous ceux qui emplissent déjà la bibliothèque des Du Puy ! Il est vrai qu'il rencontre un farouche concurrent dans la personne de Gabriel Naudé, difficile à devancer lorsqu'il s'agit d'achats de livres ! Mais peu lui importe ; il en trouvera toujours assez à acquérir. Il sait bien qu'il dépense beaucoup d'argent. Le bibliophile n'y regarde pas de si près. « Vous dirés, écrit-il aux Du Puy, que je suis bien hardi d'employer tant d'argent en livres. Je vous répondray à cela que j'eusse eu regret qu'un autre se fust garni de ces livres manuscrits [1]. »

1. Bibl. nat., fonds Du Puy, vol. 18, fol. 11 (14 oct. 1645). — Dans toutes les lettres de Boulliau que renferme ce vol. de la collection Du Puy, il n'est question que de livres. Il écrit, par exemple (fol. 11) : « J'ai achepté à bon prix un Martial ms. que je trouvai à Vérone, il n'est pas bien ancien, mais il est assez bien ancien, et il a passé par les mains de quelqu'un qui l'a conféré sur un autre exemplaire que celluy dont il a esté transcrit. — Depuis vous avoir donné advis de ces livres grecs et latins mss., je les ay acheptés pour moy. Si M. Naudé veut s'en accommoder de quelques-uns, je les luy vendray et je prétends gaigner dessus. Ceux-là sont tous dans la bibliothèque du Roy. J'ai trouvé aussy à très bon compte le Pappus imprimé et l'Archimède de Commadin. » Toutes les lettres de Boulliau sont écrites sur le même ton. Tantôt (fol. 9), les Du Puy lui envoient de l'argent pour achat de livres ou de mss. Tantôt (fol. 10), Boulliau leur adresse un catalogue de livres afin qu'ils choisissent ceux dont ils désirent l'achat. Il leur écrit (fol. 66) : « Il y a un gentilhomme vénitien appelé Reinerio qui est aussy le nom de sa maison, qui a des livres à vendre parmi lesquels il y a des mss. L'on m'a promis la liste ; je les veids il y a huit jours ; il y en a quelques-uns que je mis à part entre lesquels est l'*Anthologie* in-8° de l'édition d'Alde, un traicté de Pappus ms. in V lib., un Hésychius et quelques autres. » Il serait trop long de citer toutes ces lettres. Cf. *ibid.*, fol. 24, 26, 28, 31, 32, 35, 38, 43, 63, etc.

Mais l'achat de livres ne lui prend pas tout son temps. Il va dans les bibliothèques. Que de difficultés surgissent, lorsqu'il s'agit de collationner des manuscrits ! « Je désespère de pouvoir obtenir, écrit-il un jour, la permission de rien transcrire dans la bibliothèque de Saint-Marc, comme on m'en a parlé ; on la garde pour les tignes, rats et souris et peut-être pour les Turcs ! »

Cependant il est plus heureux à Florence qu'à Venise [1]. « J'ai esté soir et matin dans la bibliothèque, où j'ay bien advancé la conférence du Sénèque tragique avec le Ms. que le Sr Gronovius avait déja veu. Il y a dans cette librairie un Virgile ms. en capitales en parchemin qui est aussy ancien que vos Espistres de saint Paul ou que vostre Tite-Live. Heinsius y a trouvé de bonnes corrections. Il y a un Apulée très ancien, un Quintilien et quelques autres comme les Epistres de Pline [2]. »

Boulliau n'a-t-il pas les qualités d'un véritable érudit ? Ne croirait-on pas lire des lettres de Lambin ou de Scaliger ?

Mais qu'il nous soit permis de citer un dernier détail, concernant ce savant astronome.

Comme s'il ne lui avait pas suffi de parcourir l'Italie, d'en fouiller toutes les bibliothèques, de se tenir au courant de toutes les ventes de livres ou de manuscrits, Boulliau eut l'intention d'aller à Constantinople.

Constantinople devait posséder encore des manuscrits restés inconnus. Aussi écrivit-il en ces termes aux Du

---

1. Bibl. nat., fonds Du Puy, vol. 18, fol. 1 (22 juillet 1646). — Cependant (fol. 67) il écrit huit jours plus tard (29 juillet 1646) : « Je veids jeudi la bibliothèque de Saint-Marc, ce qu'il y a de mss. sous la bibliothèque du card. Bessarion. Il y en a de rares et d'exquis. J'y ay trouvé le Didymus de Plantis que M. Saumaise demande. On la tient ouverte le *lundi, le mercredy et le vendredi, une heure le matin.* Jugés ce qu'on peut faire en si peu de temps. »

2. Bibl. nat., fonds Du Puy, vol. 18, fol. 74, 20 septembre 1646.

Puy, qui redoutaient ce voyage pour leur ami : « J'ai tousjours en tête mon voyage de Constantinople... Le danger n'est pas si grand que l'on se l'imagine, j'espère y faire quelque conqueste de Mss. *Je voudrois estre en la peine de m'en retourner sans chappeau et berette, et avoir trouvé quelque comédie entière de Ménandre, et les 4 livres d'Apollonius Pergæus qui nous manquent* [1]. »

Ainsi s'exprimait Boulliau en 1646, alors que Descartes avait écrit son *Discours de la Méthode*, Pascal ses *Provinciales*, et Corneille ses chefs-d'œuvre.

L'égal de Boulliau, et pour l'amitié qu'il témoignait aux Du Puy et pour le penchant qui le portait vers l'érudition, fut Nicolas Rigault.

Avec lui, nous pénétrons dans ce groupe de jurisconsultes qui avaient aussi leur place à l'Académie « Putéane » et qui se montraient, en alliant l'étude du droit et celle de l'antiquité, les dignes héritiers de Cujas et de Denis Godefroy.

Ils sont nombreux, ces jurisconsultes qui, au xviie siècle, rassemblent des manuscrits, lisent les textes anciens, en même temps qu'ils se consacrent à une étude approfondie du droit. Que de noms peuvent se présenter ici ! Jérôme Bignon [2], Fabrot [3], Nicolas de Peiresc [4], Rigault [5] sont les principaux.

Jérôme Bignon, que Richelieu plaçait à côté de Grotius

---

1. Voy. Bibl. nat., fonds Du Puy, vol. 16, fol. 33.

2. Bignon (Jérôme), 1589-1656, connu surtout pour son ouvrage : *Marculfi monachi Formulæ*, in-8°, avec des notes pleines d'érudition et de goût.

3. Fabrot (Charles), 1580-1659, avocat au parlement d'Aix.

4. Peiresc (Nicolas-Claude-Fabri de), 1580-1637, connu pour sa générosité envers les érudits de son temps. Chapelain s'exprime ainsi sur lui : « Ce célèbre vertueux qui fait honneur à la Provence et qui a des correspondances partout où il y a du mérite et de la bonté. » (*Lettres inédites*, I, 123.)

5. Rigault (Nicolas), 1577-1654, fut garde de la bibliothèque du Roi après Casaubon, puis conseiller au parlement de Metz.

et de Saumaise, étonna par ses doctes conversations les savants de l'Europe qu'il alla voir. Fabrot s'occupa des historiens byzantins. Et quant à Peiresc, qui ne sait que ce jurisconsulte passa au xviie siècle pour le « procureur général de la littérature »? « Sa maison, à Aix (autre Académie Putéane [1]), ressemblait, dit Gabriel Naudé, à un marché très fréquenté, rempli des marchandises les plus précieuses provenant des deux Indes, de l'Éthiopie, de la Grèce, de l'Allemagne, de l'Italie, de l'Espagne, de l'Angleterre et des provinces voisines ; aucun navire n'entrait dans les ports de France sans apporter pour Peiresc... des statues de marbre, des manuscrits samaritains, coptes, arabes, hébreux, chinois, grecs, les restes de l'antiquité la plus reculée. » Et tous ces biens n'appartenaient pas seulement à Peiresc, ils appartenaient à tous les savants de l'Europe, car sa demeure servit d'asile à tout le monde lettré.

A côté de lui, Nicolas Rigault, ancien garde de la bibliothèque du Roi, est un des amis les plus intimes des frères Du Puy.

De Toul, de Metz, de Nancy, où il fut procureur général du parlement, sa pensée est sans cesse tournée vers leur Cabinet et la docte compagnie qui y tient ses assemblées [2].

---

1. La correspondance de Peiresc avec les frères Du Puy va être publiée sous peu par M. Tamizey de Larroque dans la *Collection des documents inédits de l'histoire de France.*

2. Nicolas Rigault partageait les préoccupations des érudits, ses contemporains, en matière de livres. — Fonds Du Puy, vol. 784, fol. 126, mai 1631, il écrit : « Je vien de voir le catalogue de la dernière foire de Frankford où j'ai remarqué une nouvelle édition de Phædrus, in-8°, Jac. Guepherbyti apud Sternios.... Je voi sur le mesme catalogue futuris nundinis le Cod. Theod. de Mons. Godefroi.... Je vois aussi Auli Gellii noctes Atticæ Gronovii apud Elzevir..... et un Petronius Arbiter, in-4°, à Hambourg, et un Térence cum indice in-8°. Il y a encore une édition nouvelle de Justin, Hist. et de Val. Max. et des tragédies de Sénèque ex recensione Ant. Thysii.... » — *Ibib.*, vol. 784, fol. 53, on peut lire : « J'ai besoin de savoir si l'édition des notes de Carrion sur le A. Gell. n'a jamais esté achevée

Bibliophile, linguiste, critique, Nicolas Rigault est le type
du véritable savant, tout prêt, comme il le dit lui-même,
à se détacher des pensées du siècle. Quel est son rêve?
Savoir tout ce qui se passe dans la république des lettres,
se rapprocher de ce Cabinet Du Puy qu'il aime avec passion, auquel il ne peut pas s'empêcher « de penser plus
de dix fois le jour », et dont il a fait un éloge si touchant,
vivre retiré en un lieu où il puisse achever son saint
Cyprien, étudier Tertullien, couvrir de notes et Martial et

et pourquoi. » — Fol. 24 : « J'ai receu la nouvelle édition du Vitruve
avec toutes les marques des soins que vous avez pris pour faire qu'elle
vînt en mes mains aussi bien conservée et aussi nette que si je l'eusse
receue dans vostre Cabinet. J'aurai aussi besoin du T.-Live de Gronovius
et du Pline nouvellement imprimez. » — *Ibid.*, vol. 781, fol. 172 : « Vous me
donnastes advis il y a quelque temps que Monsieur Saumaise escrit de
l'ancienne milice et qu'il se doibt servir de nostre langue en cet ouvrage.
Je serai bien aise de le voir et ne doubte pas qu'il ne soit excellent.
Mais que devient l'Arnobe et le traitté de Acia et ce grand ouvrage des
Plantes en suitte de ses commentaires sur Solin? » — *Ibid.*, fol. 101 : « Je
désire fort de voir l'édition du T. Live de Heinsius. »

Bibl. nat., fonds Du Puy, vol. 781, fol. 39 (Metz, 20 avril 1634). Rigault
discute sur le mot *Acia*. « Je vous supplie, écrit-il, sitost que vous aurez
receu l'escrit de M. Saumaise sur le mot *Acia* m'en vouloir faire part.
Il y en a qui croient qu'il n'y a pas plus de différence entre *acia* et *acies*
qu'entre *materia* et *materies*, *luxuria* et *luxuries*, et me semble que dans
Pline *acies* est ce que nous disons *acié*, qui est ce que Tertullien en quelque
endroit appelle *perfectam ferruginem*, de fin acié et comme l'on faict des
lames de fin acié, aussi peut estre en faict-on du fil, dont les anciens
chirurgiens se servaient en leurs sutures comme il y a de l'apparence
en ce lieu de Celsus. » — Rigault donne même son avis sur l'origine de la
langue latine. Vol. 16, fonds Du Puy, fol. 62, dans une lettre à Du Puy,
Rigault écrit : « Nunc demum agnoscere incipio quod semper antehac
negaveram, bona ratione desideratam fuisse ab nonnullis circa pectus
humanum fenestram, per quam sensus animi cujusque adeoque mens
ipsa explorari et cerni quiret. Mihi certe si contigisset esse tali, nunquam
sibi persuasisset amicus ille noster doctissimus, ea quæ nuper *de Græca
latinæ linguæ origine* subtiliter enucleabat, a me fuisse, sic enim ipsum
conqueri audio, subsannata. Imo pervidisset, eadem me sentire secum,
quæ pridem ipso disserente probavi, quæque ab omnibus veterum lin-
guarum historiæ peritis probatum iri plane confido : *Latinam linguam
non minus ab Græca fluxisse, quam ab Latina Gallicam hodiernam.* Verum
ab diversissimis dialectis vocabula derivata, per variarum gentium tra-
duces humanæ ambiguitatis vitio perperam suscepta, perperam reddita,
longi temporis vicissitudo toties concidit, produxit, interpolavit, ut ea
nunc ad fontes examinare qui velit, eum multa veterum librorum lectione excitatum, tot confragosa, tot exoleta, tot monstrifica penetrare sit

Phèdre. Telle est sa pensée; telles sont les préoccupations de ce jurisconsulte qui a consacré à l'érudition sa vie tout entière, et qui a attiré sur lui les regards des Saumaise et des Grotius. Il mérite, à tous égards, le nom de philologue.

On en peut dire autant d'un autre membre du Cabinet Du Puy, qui, s'il ne fut jurisconsulte, appartint du moins à une famille de magistrats. Nous voulons parler d'Emeric Bigot[1].

necesse, ut si postea tandem dictiunculam suam reportet incolumem, negotium sane miraculi confecisse videatur... »

Bibl. nat., fonds Du Puy, vol. 783, fol. 230 (Toul, 14 août 1646) : « Je n'ai pas encore eu le temps de bien considérer ce que vous m'avez envoié de M. Saumaise sur ce lieu *de jejuniis* de Tertullien. Sa conjecture n'estant point fondée sur l'auctorité de quelque ancien exemplaire qui approuve le changement qu'il faict, elle s'establira comme elle pourra. Je n'entend pas la contredire. Je ferai tousjours tres grand estat de ce qui me viendra de sa part. » — *Ibid.*, vol. 784, fol. 84 (24 déc. 1650) : « J'ai receu votre lettre du 16 et le mémoire que vous y avez joint, contenant les conférences des anciennes éditions de Gell. et du Mss. de la bibliothèque du Roi qui sert à confirmer ce que nous avons en l'édition de Carrion touchant notre question de *populus fundus*.

Bibl. nat., fonds Du Puy, vol. 783, fol. 232. 14 août 1646, Rigault écrit : « Il fault que *je me destache absolument des pensées du siècle*. Je m'estoi donc proposé d'obtenir par la faveur de M. le coadjuteur un logement avec les prestres de l'oratoire du faubourg Saint-Jacques où je puisse avoir deux chambres et un lieu pour mes livres et je leur donnerai dès à présent pour mon logement et mon vivre avec eux une somme de vingt mille livres. Ce faisant je me pourrai délivrer des soins domestiques et je ne serai pas fort éloigné de vous et dans peu de temps j'acheurai l'édition de saint Cyprian. »

1. Voir, sur Emeric Bigot, le *Menagiana*. I, p. 240, III, 62, sq., et quelques pages très intéressantes de M. L. Delisle dans le Cabinet des manuscrits (I. 324), sur Bigot considéré comme bibliophile et comme érudit. Chapelain (*Lettres inédites* publiées par Tamizey de Larroque, II, p. 16) juge ainsi Emeric Bigot : « C'est le garçon de France, dit-il, qui a le plus de passion pour les lettres, et un de ceux qui sans fanfare est le plus foncé dans le grec et dans le latin. Sa violente inclination est de contribuer au restablissement des bons autheurs de l'une et de l'autre langue, et il ne se peut dire combien il a de sagacité pour en découvrir les véritables sens. Vous ne lui sçauriés faire, écrit-il à Heinsius, un plus grand plaisir que de vous servir de ses soins et de ses lumières dans ces matières, et comme il est tousjours parmi les sçavans, il n'y a personne de qui vous puissiez tirer plus d'instruction que de luy pour les curiosités de cette espèce, ni personne qui vous les donne avec plus de franchise et de punctualité. » Ailleurs (p. 520), il l'appelle « grand fauteur de gens

« L'amour des lettres, nous dit Bayle, le détourna des emplois publics; il ne s'occupa que de livres et de sciences. » Il est le conseiller des Mabillon et des Du Cange quand il s'agit de textes altérés, et, suivant le *Menagiana*, les savants de Hollande attendaient « ses lettres comme des décisions sur les difficultez qu'ils lui proposoient ».

Cet érudit dut occuper une place considérable dans le Cabinet Du Puy.

Bien des noms ont déjà figuré dans ce tableau rapide de la société savante qui, au xvii⁰ siècle, se groupait autour des frères Du Puy. Bien des esprits divers ont défilé devant nous. Chez tous, nous croyons avoir découvert et mis en lumière une inclination très vive pour l'érudition, un attachement sincère aux études qui avaient été illustrées par les Budé, les Turnèbe, les Lambin et les Scaliger.

Tous, hommes de lettres comme Chapelain et Ménage, philosophes comme Naudé, Gassendi et Huet, mathématiciens comme Boulliau, jurisconsultes comme Peiresc et Nicolas Rigault, sont les représentants de l'érudition au xvii⁰ siècle: tous viennent puiser au Cabinet Du Puy dans de doctes conversations une ardeur nouvelle pour ce qui touche à l'antiquité. Mais, si profonde que soit leur érudition, il n'en est pas parmi eux qu'on puisse opposer, comparer à Joseph-Justus Scaliger.

Le véritable émule de Scaliger au xvii⁰ siècle fut Claude Saumaise [1].

de lettres », ou bien il dit : « Pour M. Bigot, il est digne de tous les éloges que vous lui donnés, et il a cela par dessus M. Ménage et par dessus moy, qu'il est plus soigneux que l'un d'entretenir bonne correspondance avec ses amis, et qu'il est mieux informé que l'autre de ce qui se passe dans la république des lettres, qui sont deux qualités fort propres à le faire chérir de vous. »

1. Claude Saumaise, né à Semur en 1588, mort à Spa en 1658, professa à l'Académie de Leyde, composa plus de 50 ouvrages.

On a dit beaucoup de mal de Saumaise. On en avait le
droit. Il a dit tant de mal des autres D'une humeur difficile, « il se vantait lui-même de fouler aux pieds ses
adversaires et de les traiter à coups de barre. » Il savait
attaquer quiconque osait le critiquer. Malheur à qui tom-
bait sous la dent du « lion [1] » ! Saumaise ne l'épargnait
pas. Il maniait contre lui l'arme de l'injure, ne cherchant
nullement à atténuer l'effet des coups qu'il portait. Le
P. Pétau et Daniel Heinsius ont été tour à tour ses victimes.

Mais ce n'était là qu'un défaut de caractère, et sa
science n'en souffrait pas. Cette science était profonde. Il
y avait dans la personne de ce Bourguignon l'étoffe d'un
philologue.

____

1. Ce mot est tiré d'une lettre de Nicolas Rigault (Bibl. nat., vol. 783,
fol. 176, Toul, 15 août 1645) où celui-ci écrit : « M. Herauld (qui était
en discussion avec Saumaise, voir fol. 174) feroit mieux de faire le mort
et *laisser passer le Lion*. S'il se remue tant soit peu, les griffes de son
adversaire le mettront en pièces. » Gui Patin (*Lettres*, I, 31 , de son côté,
dit de Saumaise : « Il est si âcre, qu'il n'est jamais bien, s'il ne mord
quelqu'un. » On peut comparer le portrait qu'Alexandre Morus fait de
Saumaise dans une lettre qu'il adressa à Philibert de la Marre, le biographe du philologue. (Voir *Mélanges historiques* de M. Michault,
Paris, 2 vol. 1770, II, p. 128.) « Si qqn. lui avoit donné quelque faible
louange, dit-il, ou qq. titre inférieur à son mérite, comme *doctissimus*
et surtout *clarissimus*, qu'il n'aimoit point qu'on lui donnât, il s'empor-
toit, et faisoit éclater son ressentiment sur le livre avec autant d'excès
que si on lui eût dit une injure directe et formelle : il ne pouvoit non
plus souffrir la contradiction en matière de lettres. S'il avoit corrigé un
passage, il falloit bien se garder de douter de la vérité de sa correction,
quelque raison qu'on eût pu avoir. » Le vocabulaire auquel Saumaise
avait recours pour injurier ses adversaires était des plus grossiers. Dans
ses *Exercitations sur Solin*, par exemple, le P. Pétau est partout nommé
pecus, asinus, bipedum imperitissimus, etc. (Voy. *Nouveaux mémoires d'histoire, de critique et de littérature* par l'abbé d'Artigny, II, 174.) — Cf. les
jugements que Saumaise portait sur les savants de son temps dans
Claudii Salmasii vita, auctore Philib. de la Marre, fonds latin de la
Bibl. nat., 18350, de la bibliothèque de M. le Presid. Bouhier. Les discussions envenimées de Saumaise et d'Heinsius sont l'objet de lettres qui
se trouvent au vol. 713 du fonds Du Puy, p. 30, sqq. Il disait lui-même :
« Avec cette liberté de juger qui m'a toujours esté fort familière, je
n'espargnerois pas mon père propre, s'il avoit dit ou fait chose où ma
censure peust mordre avec raison. »

Comme Scaliger, il ne se contentait pas de posséder le latin et le grec et de s'adonner à l'étude des anciens. La langue elkuptique ou égyptienne ancienne, le copte, l'arabe ne lui restèrent pas étrangers [1], et il s'occupa de météorologie. Mais, comme Scaliger aussi, il fit pour l'étude de l'antiquité autant qu'il était possible à un philologue du xviie siècle. A ce point de vue, son œuvre est immense. Les opuscules de Saumaise vont en se multipliant avec les années. Comme le dit Boulliau [2], il voulut tout parcourir; et il parcourut tout avec plus ou moins de succès. Il est l'auteur de plus de cinquante ouvrages. Qu'en est-il resté? Il faut le reconnaître, bien peu de chose. La rapidité avec laquelle il écrivait un livre (il composait un de ses livres les plus savants en moins de temps que d'autres ne mettaient à le transcrire) et par suite la négligence de la forme ont nui à l'œuvre de Saumaise [3]. Cette imperfection de ses ouvrages provenait-elle

1. Ces préoccupations se font jour dans les lettres que Saumaise écrivit à Nicolas de Peiresc et qui ont été publiées par le savant M. Tamizey de Larroque. (*Correspondants de Peiresc. V. Claude de Saumaise. Lettres inédites écrites de Dijon, de Paris et de Leyde, à Peiresc. 1620-1637. Dijon, Darentière, 1882.*)

2. Voici comment Boulliau jugeait Saumaise (Bibl. nat., fonds fr., 13026, fol. 21) : « Viro clarissimo Joh.-Henrico Bœclero Ismael Bullialdus S. P. D. 28 janvier 1654. — « Voluit Salmasius omnia perlustrare. Diophanti arithmeticam olim cum Mss. codicibus Heidelbergæ contulit, qui mathesim ne quidem a limine salutaverat, de astrologicis scribere, qui prima artis elementa nesciebat, aggressus est quod Mss. Codices publici juris haud factos legisset. Noli tamen ea sic accipere, ac si famæ tanti viri detrahere molirer, absit a me tantum scelus; nefas sane foret mortui famam lacerare, cujus amicitiam, dum vixit, colui; erat procul dubio vir ille omnium Europæorum doctissimus; libros pæne infinitos evolverat et attente legerat ; judicio erat acri præditus memoria etiam pæne divina: maximi vero facienda est illius indoles, et morum facilitas; et in colloquiis familiaribus leporem, venustatem et urbanitatem ipsius admirari convenit. Sibi ac nominis sui splendori ipse defuit cum scripta nunquam relegeret, quæ ex abundantissimo ingenii et memoriæ penu promebat. »

3. Il a dit lui-même : « Hoc mihi plerumque vitium est, ut proutque scribendi impetus me cepit, animæ sensa in chartas effundam. Qui me norunt facile mihi ista condonant, quia sciunt nihil intus latere occulti veneni. »

de l'excès de son érudition, dont il ne savait modérer le cours? Peu importe. Retenons ces deux faits. Il a joui de son temps d'une réputation de savant. Cette réputation était universelle. On connaît ce jugement qu'on portait sur lui : « Ce que Saumaise ignore ne manque pas à l'homme, mais à la science [1]. »

Au Cabinet des frères Du Puy [2], dont il était un des

1. « Non homini sed scientiæ deest quod nescivit Salmasius. » *Epp.* I, p. 87.

2. Saumaise était très lié aux frères Du Puy. Sa science lui valut leur amitié, et ils lui communiquèrent de nombreux livres qui lui permirent d'achever ses travaux. Aussi leur écrit-il (Bibl. nat., fonds Du Puy, vol. 583, fol. 110) : « Le nombre des courtoisies que j'ay reçues de vous m'oblige d'en avoir un tel ressentiment qui peut estre n'est pas esgal au mérite de la chose, mais autant grand que le peut avoir celuy qui ne sera jamais ingrat de tant de plaisirs receus, et en retient ferme la souvenance. Si c'estoit un payement bien loyal, que de belles paroles pour des bienfaicts, je tascheroi à me surpasser moy mesme et en coucher sur ce papier autant qu'il me sembleroit estre suffisant pour me descharger d'une si grosse somme dont je vous suis redevable. Mais le bien dire ne peut pas payer le bien faire. Et quand ainsi seroit, je me trouveroi aussi empesché au payement de l'un que de l'aultre. C'est pourquoi vous demeurerès, s'il vous plaist, content et satisfait de la seule souvenance que j'ay et auroi tousjours des plaisirs que vous m'avès faicts à moy qui auparavant n'avoi point cest honneur d'estre cognu de vous. » Ces courtoisies dont parle Saumaise consistaient dans l'envoi de manuscrits et de livres. On le constate soit dans les lettres de Jacques Du Puy (Ms. 3934, fonds fr., Bibl. nat.) à Saumaise, soit dans les nombreuses lettres que celui-ci écrivait aux Du Puy. — Bibl. nat., fonds Du Puy, vol. 713, fol. 5, à propos d'un commentaire que Saumaise publie sur le *Pallium* de Tertullien, il écrit à « M. Du Puy, avocat au Parlement » : « Si vous pouviez m'aider de quelque manuscrit de ce traicté ou de quelque confere, vous me feriès un singulier plaisir. Monsieur Pythou m'a escrit aultrefois qu'il pourroit m'en accommoder quand je voudroi. Si je scavoi qu'il fust à Paris, je lui en escrirois un mot. Je vous prie me le faire savoir, et s'il a point quelque escrit à la main de Tertullian. » — *Ibid.*, fol. 7 : « Je vous renvoie le livre d'Hyginus et vous remercie très humblement, vous l'eussiès eu plus tôt, si plus tôt j'eusse trouvé la commodité et la seurté de vous le renvoyer... Je suis... très aise de l'avoir veu et d'avoir appris par ce que j'en ai veu quelle est l'ancienneté du livre. Je ne dis rien de la bonté, car je vis jamais rien de si corrompu. J'ai néantmoins tellement restitué le tout qu'il ne me reste pas un endroict dont je ne sois venu à bout. — *Ibid.*, fol. 8 : « J'ai receu le Terence de Lindenbrug avec les conférences du Phornutus et des Mythologiques de Fulgentius. » — *Ibid.*, fol. 9 : « J'ai receu les lois Attiques et vous les renvoierai au plus tost... Je serai fort aise de voir le manuscrit de Tertullian *ad Nationes*... » — Les Du Puy faisaient des collations de Mss. pour Saumaise. Bibl. nat., fonds Du Puy, vol. 583, fol. 111, Sau-

membres les plus distingués, il n'était pas de question qui touchât à l'interprétation d'un texte sur laquelle on ne s'empressât de le consulter, et son avis était accepté comme l'avis du plus grand des philologues du xvii⁰ siècle. C'est qu'il savait pénétrer dans les obscurités d'un texte, y porter la lumière, et être prudent dans ses interprétations. Bien qu'il ait fait des conjectures, il a peut-être été sous ce rapport plus circonspect que ses devanciers ou ses contemporains. Avec quelle animosité il protesta contre ceux qui osaient douter de l'authenticité d'une seule « odelette » d'Horace, de cet Horace qui ne le quitte jamais, contre ceux qui prétendaient qu'il y a dans ce poète « des vers fourrez, des odes supposées! » Cette sagesse, il

maise écrit : « Je vous avoi prié de me conférer sur vostre manuscript que je scay estre tres bon et fort ancien, ce passage de Tertullian au livre de son *Apologie*, chap. xiii, etc. » Saumaise cite le passage et continue : « Je vous prie donc de voir dans vostre livre s'il a point quelque diversité de leçon en cest endroit. Vous me ferès plaisir aussi de m'envoyer la conjecture que vous avès de vostre ami sur le passage d'Ammien Marcellin... » — Les exemples, les citations, pourraient être multipliés à l'infini. Saumaise, du reste, rendait à son tour de grands services aux frères Du Puy, aux questions desquels il répondait toujours, avec cette science qui le caractérisait. — Bibl. nat., vol. 583, fol. 87, Saumaise écrit : « Le passage de Cæsar que vous m'avès marqué est assès difficile. Je voudroi voir la dernière edition qui est celle de Wechel, où est la version grecque pour scavoir comme l'interprète a rendu cet endroit. Si vous avès cette édition, je vous prie de la voir. C'est Jungermann qui l'a donnée. Cependant il me semble que ce lieu ne peut souffrir que deux interprétations... Je desireroi voir le changement et variété de lecture en aultres éditions. Si j'ai ce bon heur de vous voir aujourd'hui, nous en conférerons plus amplement ensemble. » — *Ibid.*, fol. 106, Saumaise parle d'une discussion sur un passage de Tacite « que, dit-il, nous voyons l'aultre jour ensemble. » — *Ibid.*, fol. 109 : « Le passage de Tertullien *de Spectaculis*, chap. xii, qu'il vous pleust me communiquer l'aultre jour, n'a pas, ce me semble, d'aultre difficulté sinon qu'il faut lire *pluribus enim, et asperioribus numinib. consecratur, quam Capitolium omnium dæmonum templum*, comme il estoit fort bien remarqué dans le billet que vous me fistes voir. » — *Ibid., fol. 114 bis :* « Je vous envoie la solution des doubtes et difficultés que vous avès marquées sur le κυνηγετικὸν d'Arrien. » — Saumaise ne se contentait pas de résoudre les difficultés des questions traitées au Cabinet Du Puy. Il soulevait aussi des discussions. Il fit naître un débat sur la langue « hellénistique » dont il niait l'existence (Bibl. nat., vol. 898, fol. 107). Saumaise fut donc un des membres les plus importants et les plus influents du Cabinet Du Puy.

la porte partout. Aussi son jugement pouvait-il être accepté avec confiance.

Tel est l'homme qui sans doute « a passé une partie de sa vie à verser des flots de bile sur les meilleurs ouvrages, et à s'escrimer contre les auteurs les plus célèbres [1] », mais qui, en même temps, a donné des preuves d'une science et d'une érudition remarquables. « S'il avait, comme le dit Leibnitz, bien arrangé ses pensées étouffées par le grand nombre de choses qui lui venaient dans l'esprit, s'il avait écrit avec modération [2], » son œuvre lui aurait survécu. Il n'en est pas moins le digne successeur de Joseph Scaliger, « dont il partagea les talents et les mauvaises qualités ».

Dans le Cabinet Du Puy, le seul qui pût être comparé à Saumaise, et pour la science et pour l'érudition, fut Du Cange.

Le jugement que Voltaire a porté sur lui résume dans sa précision et sa brièveté tout ce qu'on peut dire de ce savant : « Si l'on veut des recherches historiques, trouvera-t-on quelque chose de plus savant et de plus profond que Du Cange [3] ? »

Oui, c'est à des recherches historiques qu'il s'est consacré tout entier, mais à des recherches d'une nature toute particulière.

En lisant les préfaces de ses glossaires, où il examine quelles transformations les langues anciennes ont subies à travers les siècles, on voit combien ces langues lui étaient familières. C'est à ce titre qu'il nous intéresse.

---

1. *Correspondants de Peiresc. V. Claude de Saumaise*, lettres inédites publiées par Ph. Tamizey de Larroque (Dijon, 1882), p. 151.

2. Leibnitz, *Opp.*, t. VI, p. 268.

3. Voir Léon Feugère, *Études sur Du Cange*, dans le *Journal de l'instruction publique* (mars, avril 1852), et à part : *Essai sur la vie et les ouvrages de Du Cange* (Paris, 1852, in-8).

Si l'on ajoute à ces travaux la publication d'écrits qui devaient contribuer à faire mieux connaître l'histoire de l'empire d'Orient, on constate combien de titres Du Cange possède à l'admiration de la postérité, et combien il mérite de passer pour un des plus éminents représentants de la vraie et solide érudition dans ce siècle où surtout les arts de l'imagination ont atteint leur plus haut degré de perfection.

Cette science signala Du Cange à l'attention de tous ceux qui, à ce moment, cultivaient l'érudition. Est-il besoin de citer, parmi ceux-là, les frères Du Puy [1] et, par suite, tous les membres de cette société savante du xviie siècle, qui se groupaient autour d'eux ? S'ils profitèrent de l'érudition de Du Cange, si ses lettres durent passer de main en main, comme celles de Saumaise, il est permis aussi de croire que c'est dans cette société ou plutôt grâce aux ressources que le savant Amiénois pouvait y trouver, qu'il a pu préparer les éléments de ses nombreux travaux. Qu'on lise ses lettres. On s'en convaincra. Il a fouillé les richesses de la bibliothèque du Roi, il a étudié les manuscrits grecs qu'elle renfermait, et

---

1. Bibl. nat., fonds Du Puy, vol. 803, fol. 416 (Amiens, 16 mai 1652) : « Messieurs, je vous renvoye les mémoires dont il vous a pleu me faire part et les accompagne d'actions de grâces qui seront toujours au-dessous des obligations que vous avez acquis sur moy par de si sensibles plaisirs ; la bienveillance que vous tesmoignez en tous rencontres à ceux qui ayment les lettres et le désir que vous avez de les servir dans leurs desseins, sont autant d'effects de vostre bonté que vous faites paroistre aujourd'hui en une personne qui n'a des qualitez que par inclination et qui n'a mérité par le moindre de ses services la grâce dont vous l'honorez. Je ne scay quel sentiment vous portez du dessein que je me suis donné la liberté de vous faire communiquer. Je l'avois d'abord restreint à la première partie, jugeant bien que la deuxième ne pouvoit estre achevée que par la recherche de diverses pièces tirées du trésor des chartes du votre dont il vous plaist me faire espérer la communication pour les épistres des pages non encor imprimées dont aux murs se voyent dans les Annales de Bzonius Raynaldus et Wadingus et autres semblables preuves. Je soubsmetz cette entreprise *à votre jugement comme de celluy qui est aujourd'huy l'arbitre et l'oracle de la littérature.* »

c'est là qu'il put verser les trésors de son érudition, comme, de son côté, il dut y recevoir les encouragements à poursuivre la tâche qu'il avait entreprise.

Du Cange fait donc bien partie de cette société qui forme un des anneaux de la chaîne philologique en France. Cette société, il l'a illustrée par sa science immense, « par les qualités de précision et de méthode dont il a marqué ses productions », par cette exhumation de richesses ensevelies à laquelle il s'est voué, par son infatigable labeur qui le met à un rang si élevé parmi les philologues.

A côté de tous ces philologues, de tous ces érudits, ne pouvaient manquer de prendre place dans le Cabinet Du Puy les théologiens qui, peu à peu, allaient devenir les principaux et presque les seuls représentants des études grecques et latines en France.

Nous rencontrons ici le « morose » P. Pétau [1] qui lutta longtemps contre Saumaise, avec acrimonie.

Les discussions avec le philologue bourguignon étaient, à l'Académie Putéane, l'objet de longues conversations. Les lettres du P. Pétau y étaient lues et jugées, et on se préoccupait de connaître le moment où paraîtraient les œuvres de cet adversaire redoutable de Scaliger en matière de chronologie.

Plus calme, et peut-être plus versé dans l'étude de l'antiquité était le P. Jacques Sirmond. Cet érudit [2], « désintéressé, équitable, modéré, sincère, modeste, laborieux,

---

1. Denis Petau, 1583-1652. Connu surtout pour son grand ouvrage : *De la science des temps* (De doctrina temporum, Paris, 1627, 2 vol. in fol.). Consulter *Mémoires* de Nicéron, XXXVII, 81-234, où sa vie est racontée avec détails par le P. Oudin.

Ce mot de « morose » se trouve dans une lettre de Huet citée par le P. Oudin.

2. Sirmond, Jacques, 1559-1651. Consulter sur sa vie Nicéron, *Mémoires*, tome XVII.

et cependant familier, conversant agréablement avec ses
amis, et appliqué à ses devoirs », a été surtout, pour ainsi
dire, l'épigraphiste et le numismate du Cabinet Du Puy.
« Il s'appliquait en effet à l'étude des Antiques, des Médailles et des Inscriptions; et les Italiens, quoique jaloux
de la gloire de leur nation, ne se faisaient point une honte
de le consulter sur ces sortes de matières, persuadés que
ces connaissances pouvaient suppléer aux lumières qui
leur manquaient. » Déchiffrant les inscriptions, lisant les
monnaies, il attirait vers ce côté de la science l'esprit des
érudits de l'Académie « Putéane »; non pas que ce fût là
l'unique préoccupation de ce grand savant; mais, en intéressant à ces questions les érudits du XVII⁰ siècle, le
P. Sirmond préparait la création de cette petite compagnie
de savants qui devait un jour devenir l'Académie des
inscriptions et belles-lettres; et c'est pourquoi il est bon
de signaler ce fait qu'aux commentaires de textes, auxquels se consacraient les érudits du Cabinet Du Puy,
venaient s'ajouter ces lectures de médailles et de monnaies, qui devaient prendre une si grande place dans la
science [1].

Avec ces deux théologiens, dont nous venons de signaler et le nom et les œuvres, nous arrivons au bout de
cette galerie de savants français auxquels les frères Du Puy
avaient successivement ouvert les portes de l'hôtel du
président de Thou et de la bibliothèque du Roi.

Sans doute, d'autres noms pourraient s'y joindre; nous
pourrions citer et les frères Henri et Adrien de Valois, et
Hérauld, et le P. Louis Jacob, et Sarrau, et Sarrasin,
et Launoi, et Nublé, et Bouchard, et de La Hoguette, et
Ch. de Montchal, et Pellaut, et Rougeau, et Tronchet

---

1. Bibl. nat., fonds Du Puy, vol. 667. De Nummis. De Gemmis. Inscriptiones antiquæ. Statuæ. Critica.

Martigny, et de Sève, et d'Aligre, et l'abbé de Colombier,
et La Rivière [1].

Mais ni le rang que la plupart d'entre eux occupent

1. Tous ces noms sont cités dans une lettre qui se trouve vol. 13044,
fonds fr., fol. 75. Portner écrit à Boulliau : « Illustrissimum Dn. Puteanum cum omni obsequio amplector et..... præter jam dictos amplissimos senatores Genutium, Tronchet-Martigny, Sevenum, Rougeau, cæterosque præclarissimos viros Valesios fratres.... Pellautium, Fabrotium,
Bignonios juniores, Rivierum, Launoyum, Nubletiam, P. Ludov. Jacobum
Salmonetum, abbatem Columbarium, totumque ornatissimum cœtum qui
domum vestram quotidie ventitat reverenter et cum testatione perpetui
cultus permissu tuo saluto. »
Parmi les membres du Cabinet Du Puy que nous signalons en derrière
ligne, méritent une mention spéciale, comme étant plus étroitement liés
aux Du Puy, Bouchard, La Hoguette, La Rivière, et l'archevêque Ch. de
Montchal.
Jean-Jacques Bouchard était en relation constante avec les Du Puy.
Ce fut lui qui à Rome, à l'Académie des *Humoristes*, prononça (déc. 1637)
l'oraison funèbre de Nicolas de Peiresc. Elle fut appréciée au Cabinet.
Bouchard écrivit à ce sujet aux Du Puy, 9 déc. 1638 (B. nat., fonds Du
Puy, vol. 785, fol. 18) : « Messieurs, j'ai esté infiniment aise d'apprendre
par vos lettres, que vous aiez enfin receu les exemplaires de l'oraison
funèbre faite en l'honneur de feu M. de Peiresc, et qu'elle vous ait pleu
et à tous vos autres Mrs de l'Académie; que si cela est, je tiens pour
bien emploié le temps et la peine que j'ai mis à la composition et publication de ce petit ouvrage : vous assurant que *mihi estis amplissimum theatrum.* Le petit tesmoignage que j'ai aissaié de rendre la dedans de l'estime
que je fai de vos vertus n'est pas la centième partie de ce que je devoi faire
tant pour vostre mérite particulier que pour les obligations sans nombre
que je vous ai. » — *Ibid.*, fol. 22, Bouchard écrit (Rome, 24 fév. 1639) : « Affin de m'acquérir doresnavant auprès de vous l'entière et paisible possession de la qualité d'auteur et de belle esprit, que quelque ami me débat
et me reproche tout ensemble, je vous envoye encore de mes vers dont
M. L'Huilier me fera veoir l'argument que je lui escris bien au long. Je
vous prie de m'en mander le sentiment de l'Académie. » — De La Hoguette
semble avoir ressenti une véritable passion pour le Cabinet Du Puy. Ses
lettres le prouvent. — Bibl. nat., vol. 786, fol. 21 (6 juillet 1645), il écrit :
« Je vous donne advis de mon arrivée chez moi où toutte ma famille est
en très bonne santé; je me trouve avec elle dans un si grand repos, et
j'y recoy tant de satisfaction *que si je n'estois point privé de la douce
société du Cabinet, rien ne manqueroit à mon contentement.* » — Vol. 786,
fol. 87 (nov. 1646), il parle de « la démangeaison du Cabinet » dont il est
atteint. — *Ibid,* fol. 100 (dern. déc. 1646), on lit : « Les lettres me donnent aussi beaucoup de joye de voir que ma mémoire n'est pas tout à
faict estainte dans le Cabinet. » — *Ibid.*, fol. 108 (24 févr. 1647) : « J'ay
grand haste de me voir dans le Cabinet pour vous délivrer de la paine
de me mander nos adventures de l'année courante. » — *Ibid.*, fol. 129
(9 mars 1657) : » Je suis à vous dans la fin de juin affin que les grands
jours nous donnent le succès de faire de plus longs séjours dans le
Cabinet. »

dans l'histoire de l'érudition, ni celui qu'ils tenaient dans le Cabinet Du Puy ne sont assez importants pour qu'il faille s'arrêter à eux.

Nous n'avons voulu faire connaître que les principaux membres d'un cercle savant, où, comme nous l'avons prouvé, il n'était question que de livres, où l'on ne parlait que d'érudition. Par là, nous croyons avoir montré que la philologie n'était pas morte au xvii⁰ siècle. A cette brillante époque, il a existé une société savante qui a agi, qui a travaillé. Elle n'a pas, à coup sûr, joué un rôle éclatant. Mais, formée surtout de ces hommes qui vivent soit dans leur cabinet, soit dans les bibliothèques, elle a conservé cette passion pour les recherches d'érudition qui a fait la gloire des philologues du xvi⁰ siècle. Elle s'est plu à poursuivre l'étude des textes anciens, à en découvrir, et à dépouiller les manuscrits qu'elle allait chercher à tous les coins de l'Europe. Ce qu'on peut remarquer chez tous les érudits dont nous avons parlé, ce qu'il faut admirer chez eux, c'est cette union dans le travail, quand il s'agit de l'antiquité.

Mais qui maintint si solidement cette union au xvii⁰ siècle, sinon Pierre et Jacques Du Puy, dont le Cabinet était le rendez-vous de tous ceux qui s'intéressaient aux belles-lettres ? C'est grâce à eux que l'érudition, la philologie, qui avait brillé d'un si vif éclat au xvi⁰ siècle, ne s'éteignit pas dans la première moitié du xvii⁰.

C'est grâce à l'appui et aux encouragements dont ils soutinrent les gens lettrés, grâce aux livres qu'ils mirent si généreusement à leur disposition, grâce enfin à ces conversations sur les questions d'érudition les plus arides, que nous pouvons dire : On se trompe, lorsqu'en faisant l'histoire de la philologie on prétend que la philologie a brillé au xv⁰ siècle en Italie, au xvi⁰ en France, et qu'au xvii⁰ elle avait passé dans les autres pays.

Cela est si peu vrai que, à y regarder de près, on voit qu'au XVIIᵉ siècle c'est encore en France que les philologues étrangers viennent chercher des modèles, des exemples.

Dans quelle société aiment-ils mieux vivre qu'au milieu des érudits français? Ce sont les Du Puy, en particulier, qui les soutiennent et même les dirigent dans leurs travaux. Ce sont les conversations qu'on entend chez eux qu'ils recherchent avant tout. Ce sont ces réunions des érudits français qui leur apparaissent comme le véritable refuge de la science.

Si l'on veut s'en convaincre, il suffit de parcourir la volumineuse correspondance des savants étrangers avec les frères Du Puy et Ismaël Boulliau. On y constate que dans ce siècle, qui est surtout un siècle littéraire, il n'y a pas un philologue, soit allemand, soit hollandais ou suédois, qui ne vienne tirer parti de ces assemblées tenues par des érudits français.

Tous les étrangers qui aiment les lettres accourent dans cette « grande école de doctrine et de vertu », comme ils appellent l'Académie « Putéane ».

On voit s'y présenter « de jeunes Germains » qui, quittant leur pays, dévasté par la guerre, viennent se retirer dans le tranquille Cabinet des frères Du Puy [1]. On voit le comte de Moltken [2], gouverneur du prince de Holstein,

---

1. Ces jeunes gens furent recommandés par Hugo Grotius. Il écrivit (Bibl. nat., fonds Du Puy, vol. 583, 29) : « Juvenes isti Germani commendati mihi a viris eruditionis fama florentibus ex patria sua bello cum maxime ardente in altæ pacis loca, id est in Galliam se conferunt, simul et quieti suæ consulentes et quærentes profectum ex virorum literatorum amicitia. Vobis igitur ante alios hosce adolescentes tradendos existimavi, qui mihi semper inter primos amicorum fuistis et nunc prope restatis soli...... Pluribus uterer verbis nisi scirem id a me peti quo vos sponte fert bonitas vestra. » (Hambourg, 14 nov. 1632.)

2. De Moltken écrivit à Boulliau (Bibl. nat., fonds fr., 13042, fol. 133) : « Je vous prie aussi de me faire la faveur de faire nos très humbles

y mener son élève et se souvenir continuellement de cette « douce et agréable conversation dont on pouvait jouir tous les jours » chez les Du Puy. On voit enfin la reine Christine de Suède [1], elle-même, se faire présenter par Ménage à l'assemblée de la bibliothèque du Roi, et s'y plaire tellement qu'à son retour dans son royaume elle institue une *joviale*, c'est-à-dire une réunion, tous les jeudis, des savants les plus distingués.

Ce sont là des détails qui servent à montrer la véritable popularité dont le Cabinet Du Puy jouissait à l'étranger.

Mais ce qu'il faut signaler plutôt, c'est cette union maintenue au XVIIᵉ siècle par les Du Puy entre les savants étrangers et les érudits français.

Philippe Pareus [2], Daniel Heinsius [3] et son fils Nico-

baisemains à Monsieur Du Puy, de l'assurer de mon très humble service et de le remercier des civilités que j'ai de lui receues. Il me souvient continuellement de cette douce et agréable conversation dont on peut jouir tous les jours chez luy. Outre le profond scavoir et les autres belles qualités qu'il possède, ne sçauroit-on jamais assez dignement louer cette noble coustume de tenir tous les jours une assemblée des plus illustres personnages de Paris chez luy. Vous m'obligeriez, monsieur, de faire mes très humbles recommandations à tous ceux de ma connoissance de cette assemblée et en particulier à Monsieur le président de Thou. »

1. Bibl. nat., fonds fr., 13026, fol. 48, Cl. V : « Paulo Christophoro Forstnero Ismaël Bullialdus (29 septembre 1656). — « Bibliothecas Regiam Puteanam ac Thuanam invisit Christina, et in hac domo viri clari ac eruditi frequentissimi adfuerunt, illis immixtus majest. Christinæ veneratus sum. » — Vol. 803, fol. 381, Bourdelot écrit : « ..... l'exhortation que la reine Christine vous faisoit de continuer vos assemblées qui sont l'honneur de la France et le véritable avancement des lettres et de l'honeste conversation. »

2. Pareus écrivait aux Du Puy (Bibl. nat., coll. Du Puy, vol. 712, fol. 87) : « Je ne manqueray pas garder vostre mémoire en mon cœur durant toute ma vie, » et il les tenait au courant de ses travaux. « Mon Ovide et Statius se reposent en paix, » leur disait-il.

3. Daniel Heinsius professait pour les Du Puy une profonde admiration. Bibl. nat., fonds Du Puy, vol. 583, fol. 116, il leur écrit : « Nobilissime Domine, tot jam anni sunt ex quo me genti vestræ familiæque, statim post obitum magni parentis vestri, illustris Scaliger commendavit. Ex eo animi, nisi fallor, stirpi imprimis vestræ addictissimi totique genti Gallicæ, non pauca dedisse argumenta quæ publice leguntur. Quorum inter prima est quod puer neque adhuc satis mei compos, maximo

las [1], qui fut un des intimes des Du Puy, Grono-

parenti vestro summoque viro præsidi Thuano parentavi... Testor deum immortalem eumdem animum manere nec diversum ab eo quem professi semper sumus. » (Lugd. Bat., sept. 1638.) — Il avait du Cabinet Du Puy une si haute opinion qu'il recommanda son fils Nicolas Heinsius (Bibl. nat., fonds Du Puy, vol. 675, fol. 75) : « .... Qui... hæc tradit tibi filius ex me natus et quidem unicus est. Qui et in poesi aliisque studiis non pœnitendos jam fecit progressus, sed et nonnulla, quæ aut apud vos aut alibi editurus est, ad manum habet. Quem nunc ita commendare ausus sum ut majus nihil, quam ut commendatum eum tibi habeas, vel impetrare a te vel postulare possim. Novimus hic omnes, quid de summi viri præsidis Thuani bibliotheca judicare soleant, qui ad nos veniunt. Ad quam ut ex occasione, simul et ad vos, accessus ille subinde concedatur, rogo ac postulo quod si impetrasse me ex ejus ad nos literis intellegam, obstrictus vobis, et vivam pariter et moriar. » (Lugd. Bat., sept. 1645.) — Daniel Heinsius ne recommanda pas seulement son fils aux Du Puy ; il recommanda aussi beaucoup de jeunes gens, par ex. un nommé Alexander a Capella (Bibl. nat., fonds Du Puy, vol. 19, fol. 56), le fils d'Elzevir (Bibl. nat., fonds Du Puy, vol. 583, fol. 119).

1. Nicolas Heinsius fut fort bien accueilli par les Du Puy. Jacques Du Puy annonce son arrivée à Paris, à Saumaise (Bibl. nat., fonds fr., Ms. 3934, fol. 77, oct. 1645). « Nous avons ici, écrit-il, depuis huict jours le fils de M. Heinsius qui nous est venu veoir avec une lettre de recommandation de son père. Il paroist honneste homme et qui a désir de faire progrès dans les lettres. Il a dessein de travailler sur l'Ovide et nous l'avons déjà aidé de nos Mss. Jusques ici, il ne nous a point parlé des différents que vous avez eus avec son père ; il vint la première fois en la compagnie d'un Allemand nommé Missarus, si je ne me trompe, qui me rendit une lettre de votre part... Je lui ai faict veoir tous nos thrésors en matière de livres qui ne sont pas petits comme vous sçavez. » Nic. Heinsius se montra reconnaissant aux Du Puy de leur bienveillance à son égard. Dans ses voyages, il ne les oublia pas, comme ils n'oublièrent pas de le renseigner sur ce qui se passait dans la république des lettres. Bibl. nat., fonds Du Puy, vol. 675, fol. 77, il leur écrit : « Itineris mei Neapolitani interventu factum est, ut serius postremæ tuæ ad me pervenerint : quibus sic profecto captus sum, ut ad summam voluptatem summumque gaudium nihil addi posse videretur....... Addidisti et luculentam eorum narrationem quæ in republica nunc litteraria apud vos parantur. Quo certe nomine tantum tibi debeo, quantum verbis testari non possum. Pari officio certare tecum velim : sed Itali deliciarum suarum veterno jampridem tam alte indormiunt, ut prorsus non videam qui excitari possim ... *Bibliothecæ, si quæ sunt, tam diligenter asservantur, ut Herculi claram citius extorqueas, quam usum supellectilis librariæ his tenebrionibus*..... » Le reste de la lettre montre combien les Du Puy s'intéressaient à l'antiquité. — Nic. Heinsius envoyait aux Du Puy ses élégies afin de connaître le jugement que leur assemblée porterait sur ses œuvres. Bibl. nat., vol. 675, fol. 79, on lit : « Post patrem ac avunculum meos, familiæ vestræ devinctissimos, tertium me juris vestri licet arbitremini. *Ponite de nostra terna trophæa domo*, libet enim sic Ovidianis verbis uti. Literarum porro mearum elegantiam (sic enim a te appellatur) quod tantopere commendas, metuo ne summus ille denuo affectus tibi imponat..... Elegiam meam quia non displicuisse vobis scribis

vius [1], Grotius [2], Lambecius [3], Holstenius [4], Vossius [5],

ecce aliam denuo obtrudo. Devoranda vobis hæc molestia, quia neminem offendo, cui recitare versus meos aut probare possim. Utinam vero sic ubique saperent delicati Itali ! »

1. Gronovius entra au Cabinet Du Puy sur la recommandation de Saumaise. Jacques Du Puy écrit à Saumaise au sujet de Gronovius (fd. fr., 3934, fol. 13, 15 octobre 1639) : « J'ai à faire response à deux des vostres de bien différente date, la 1re venue par l'ordre du 3 de ce mois, la seconde du 7 avril dernier qui m'a esté rendue par le Sr Gronovius du jour d'hier seulement. Quoiqu'il porte sa recommandation avec soi, vous pouvez croire néantmoins que la vostre nous servira d'un puissant éguillon pour rechercher toutes les occasions de l'obliger. Il fut deux ou trois heures chez nous parmi nos manuscrits et ai recogneu qu'il s'entend à les manier et outre cela il fait paroistre une grande candeur et ingénuité en ses mœurs. Je lui ai offert tout ce qui déppendoit de moy et je croi qu'il s'est retiré fort satisfait. M. Boulliau l'a aussi entretenu assez familièrement... »

2. Grotius prenait part aux débats du Cabinet Du Puy. Bibl. nat., fd. fr., 3934, fol. 22, 14 janvier 1640, Jacques Du Puy écrit à Saumaise : « M. Grotius me parle bien de cette langue ellenistique et qu'il ne convenait pas tout à fait avec vous pour ce subiet, etc. »

3. Lambecius (Peter Lambeck, de Hambourg, 1628-1680) séjourna à Paris vers 1647 et y publia ses observations critiques sur les *Noctes Atticæ* d'Aulu-Gelle. En janvier 1648, il se trouva à Rome, et de là il écrivit aux frères Pierre et Jacques Du Puy (Bibl. nat., vol. 675, fol. 113) : « Quantum vestræ debeam humanitati nunc primum agnosco, postquam in contrariam incidi barbariem quam etiam hac re sola æquiori animo perfero, quia ex ejus opposita pristina mea felicitas magis nobis innotescit. Sed hæc prius fuere, idcirco, ut Catullus monet, desinam ineptire, et quod perisse video perditum ducam. » C'est lui qui écrivit à Ménage (*Ibid.*, fol. 117) : « Crede mihi, quoties Galliæ vestræ recordor, totus deploro stultitiam meam et nimiam levitatem qua ductrice vano inhians rumori certam utilitatem perdidi. » Il chargeait Ménage de consulter un Ms. pour lui à la biblioth. du Roy.

4. Holstenius (Lucas Holste, 1596-1661), oncle de Lambecius qui s'était consacré surtout aux philosophes grecs, séjourna à Paris vers 1624. Il écrivait de Rome, vol. 675, fol. 111 (13 septembre 1646, aux Du Puy : « Ea pridem in me, cum Lutetiæ versarer, beneficia contulistis, Illmi et amplissimi viri, ut quicquid exinde boni obtigerit rebus meis, id totum vestræ humanitati acceptum referam. » Il recommanda Lambecius aux Du Puy, en leur écrivant : « Hac ego veteris adversum me benevolentiæ vestræ, et meæ erga vos observantiæ fiducia Petrum Lambecium, meum ex sorore nepotem vobis commendare audeo, idque non tralatitio quidem et vulgari modo, sed studio quam maxime fieri potest obnixo. Etenim cum juvenem indoles sua ad veteris sapientiæ atque omnis præclaræ eruditionis cognitionem ferat præcipuo quodam amore literas græcas excolit ; ita ut nescio quid in scriptores haud postremos meditari jam molirique cœperit. Proinde, cum et necessitudini et virtutis amori hoc debeam, omni contentione animi a vobis peto, ut in vestram benevolentiam recepto subinde regiam bibliothecam ingredi, et doctorum hominum congressus, qui domi vestræ habentur, frequentare liceat.

5. Isaac Vossius (fils de Gérard Vossius) envoyait ses livres aux Du Puy,

Gruter, Rutgers, Bœcler, Portner [1], tous viennent se mêler aux érudits français, discuter avec eux, les consulter sur leurs œuvres, en même temps qu'ils collationnent les manuscrits grecs et latins déposés à la bibliothèque du Roi ou dans le Cabinet Du Puy [2].

comme témoignage de sa reconnaissance. Bibl. nat., fonds Du Puy, vol. 583, fol. 155, on lit (Amsterdam, 17 juin 1339) : « Misissem jam ante aliquot menses, viri amplissimi, Scylacem meum Caryandensem, nisi exspectandum ratus fuissem, donec fratris Vellejus editus esset, ut eum una mitterem. Exiguum quidem et hoc aspernandum; ne tamen cultus excellentibus viris debiti... immemor viderer, visum est aliorum quoque ea in re exemplum sequi. »

1. Pour J.-H. Bœcler (1610-1672), professeur à Strasbourg (1631-1648 et 1652-1672) et Portner, « sénateur de Ratisbonne », voy. p. 127, l'intimité des relations entre ces deux savants et Ismaël Boulliau. Portner eut même l'intention de raconter la vie des Du Puy, comme nous l'atteste une lettre que lui écrivit Boulliau et dans laquelle celui-ci lui donne des renseignements sur ses amis, comme l'attestent aussi les lignes suivantes. Bibl. nat., fd. fr. 13041, fol. 323, janvier 1637, Portner écrit à Boulliau : « Constitui hac occasione aliquam celeberrimi illius conventus, quem toties cum voluptate ac admiratione spectavi, descriptionem contexere ne ingratus hospes ac omnino inutilis fuisse videar. » C'est Portner qui nous donne à plusieurs reprises la liste des membres du Cabinet Du Puy.

2. Aux noms de savants étrangers que nous avons signalés, comme faisant partie du cercle savant des Du Puy, on pourrait en ajouter beaucoup d'autres. Wicquefort, 1598-1682, diplomate hollandais, auteur de nombreux ouvrages, rendit aux Du Puy un éclatant hommage et écrivit à Boulliau après la mort de Jacques Du Puy (Bibl. nat., fd. fr., 13042, fol. 108, La Haye, 30 novembre 1656) : « C'est bien la plus mauvaise et la plus surprenante nouvelle que j'eusse pu recevoir que celle de la mort de M. Du Puy, et neantmoins je vous suis infiniment obligé de ce qu'en votre affliction vous avez eu la bonté de vous souvenir de moi, qui fais une perte irréparable en cet illustre amy. Je scay que vous sentez la vostre et que le souvenir de la charmante conversation à laquelle vous estiez accoustumé vous doist rendre cette mort bien amère, mais je vous puis assurer que je n'en suis pas moins touché, et que j'ay bien de la peine à me remettre de l'estonnement dans lequel je me trouve depuis l'heure que j'ay appris cette facheuse nouvelle. »

Wicquefort aussi souhaita de ne pas voir disparaître le Cabinet Du Puy. Ibid. « Il ne faut pas, écrit-il à Boulliau,... permettre que nostre belle assemblée se dissipe. Feu Mrs Du Puy vous ont considéré comme celui qui estiez seul capable de le pouvoir faire continuer et j'espère que Mr le Cardinal vous rendra en cette occasion la justice qu'il vous doit, et qu'il vous fera succéder en l'employ et dans une partie des bénéfices du défunt. Si j'estois sur le lieu, j'y contribuerois tout ce qui est de mon pouvoir, comme j'offre de faire tout ce que vous désirerez de moy pour vostre service, de me trouver au lieu où vous voudrez establir l'assemblée et de vous fournir les plus exactes correspondances de l'Europe. »

Ismaël Boulliau prit en effet la direction du nouveau « Cabinet », qui

C'est là qu'ils ont préparé ces grandes éditions d'écrivains anciens, d'où est sortie leur réputation de philologues. C'est là que se sont élaborés et le *Plaute* de Pareus, et l'*Ovide* de Nicolas Heinsius, et le *Tite-Live* de Gronovius, et les observations de Lambecius sur *Aulu-Gelle*, et bien d'autres œuvres dont les Du Puy peuvent être considérés comme les véritables collaborateurs.

Aussi quels hommages ne rendent-ils pas à cette docte « Académie » où ils pénètrent, l'un sur la recommandation de l'autre! Comme ils se plaisent dans leurs lettres à raconter les journées qu'ils passent chez les frères Du Puy, à vanter tous les trésors que ceux-ci leur offrent, à célébrer les conversations qu'ils y entendent! Que de fois, lorsqu'ils sont revenus dans leur pays ou qu'ils sont allés en Italie, ils se plaisent à comparer les difficultés qu'ils y rencontrent pour rassembler les matériaux de leurs travaux, à la noble générosité des frères Du Puy, qui les accueillent libéralement, qui leur ouvrent toutes grandes les portes de leur bibliothèque! Comme ils regrettent parfois d'avoir quitté la terre de France!

Aussi personne plus que ces savants ne déplora la disparition du Cabinet Du Puy, le jour où les deux frères furent morts. Personne ne souhaita davantage de voir se

s'établit dans la maison de Jacques Aug. de Thou, devenu ambassadeur en Hollande. « Je ne suis pas moins satisfait, écrit Wicquefort à Boulliau de La Haye. 4 janvier 1657 (Bibl. nat., fd. fr., 13042, fol. 115), d'apprendre que la maison du président de Thou donne retraite aux honnestes gens qui se trouvoyent escartés depuis le décès de M. Du Puy. » Comme le dit l'abbé Nicaise dans son « discours sur les Sirènes », 1691, p. 9 : « M. de Thou continua ces assemblées assez longtemps, jusqu'à ce « qu'ayant esté loger dans une extrémité de la ville, où elles ne pou- « voient plus se tenir commodément, elles se firent dans la rue Serpente « chez M. Salmon, Garde des Rolles des offices de France... Depuis sa « mort qui arriva en 1680, M. de Vilvault, son gendre, conseiller du « Roy en ses Conseils et maître des requêtes ordinaire de son hôtel, les « continua agréablement dans la rue Hautefeuille. » Tel fut le sort du Cabinet Du Puy.

constituer une autre assemblée qui fût, pour les philologues étrangers un nouvel asile, pour l'érudition un nouveau refuge. « Les courtoisies que le défunct a rendues « aux étrangers, s'écriera l'un d'entre eux en parlant de « Jacques Du Puy, rendront sa mémoire glorieuse à toutte « l'Europe, la France déplorant un nourriçon doué de « toutes les belles qualités du monde. » Pierre et Jacques Du Puy méritaient de pareils témoignages.

Mais la louange n'a pas de compagne plus fidèle que la critique. Cette critique ne s'adresse certainement pas à ces deux savants frères, grâce à qui il a existé en France, dans la première moitié du xviie siècle, une vraie société de philologues et d'érudits. Elle retombe plutôt sur cette société elle-même qui s'est groupée autour d'eux.

Plus d'une fois, en décrivant ce cercle des Du Puy, nous avons pu remarquer que, de 1600 à 1650, l'érudition n'est pas restée le domaine exclusif d'une certaine catégorie d'esprits, que tous ceux qui aiment les belles-lettres, les philosophes, les jurisconsultes, les mathématiciens eux-mêmes, se piquent d'érudition; tous ont étudié un coin de l'antiquité suivant leurs goûts, suivant leurs aptitudes. Tous enfin ont attesté leur amour de l'érudition par des œuvres sans nombre. Mais cette foule d'esprits divers, cette abondance d'opuscules et de dissertations, ces efforts trop éparpillés, cet empiétement continuel de la littérature sur la philologie, annoncent en quelque sorte sa prochaine décadence.

Gronovius, dans une lettre qu'il écrivait en 1637, se plaignait que tout le monde se mêlât d'étudier les textes. Ce qu'il déplorait en Hollande allait se passer de plus en plus en France. Peu à peu, les vrais philologues, comme Saumaise, disparaissent; les dissertations continuent à se multiplier ; mais de ces dissertations, pas plus avant qu'après 1650, il ne reste quelque chose de durable. Le présent fait prévoir un avenir auquel s'appliquent avec justesse les réflexions d'un savant, M. Alfred Maury :

« Le point de vue trop exclusivement littéraire auquel
« se plaçaient les érudits pour apprécier l'antiquité nuisit
« à l'avancement de la philologie en France. On s'éloigna
« de plus en plus de la tradition des Scaliger, des Casau-
« bon et des Turnèbe, on s'attacha plus au côté esthétique
« qu'au côté critique et grammatical. On chercha moins
« à éclairer, par une discussion approfondie des textes,
« les témoignages des anciens qu'à faire sentir les beautés
« de leur style. On suivait en cela la direction que l'in-
« fluence des jésuites avait imprimée aux études de col-
« lège. De bons esprits cherchaient vainement à réagir
« contre cette tendance, qui devait conduire à l'abaisse-
« ment même des études des langues anciennes, que l'on
« croyait favoriser. La Bruyère, qui n'était pourtant pas
« un érudit, recommandait déjà à ses contemporains des
« études plus sévères. L'étude des textes, écrivait-il, ne
« peut jamais être assez recommandée ; c'est le chemin le
« plus court, le plus sûr et le plus agréable pour tout
« genre d'érudition. Ayez les choses de la première main,
« puisez à la source, maniez, remaniez le texte, appre-
« nez-le de mémoire, citez-le dans les occasions, songez
« surtout à en pénétrer le sens dans toute son étendue et
« dans toutes ses circonstances ; conciliez un auteur ori-
« ginal, ajustez ses principes, et tirez vous-mêmes les
« conclusions. Ces préceptes n'étaient qu'imparfaitement
« suivis, et trop souvent on croyait avoir approfondi un
« texte, alors qu'on n'avait pas même pris le soin d'en
« rétablir les vraies leçons et d'en revoir, à l'aide de tous

« les moyens de contrôle que la lecture des manuscrits
« fournit, les diverses parties [1]. »

Mais bien que l'état de la philologie, dans la première
moitié du XVIIe siècle, présente, pour ainsi dire, des
symptômes de décadence assez graves, il a dû y avoir
encore assez de vie en elle pour qu'elle ait produit des
hommes comme les Saumaise et les Du Cange, et pour
qu'elle ait permis à la France de rester le foyer de ces
études, auxquelles ses savants du XVIe siècle avaient
donné une méthode. L'amour de l'érudition a été encore
tellement vif que dans cette société, si variée, si originale, si active, dans ce cercle des Du Puy, il s'est rencontré un homme à qui une science considérable, un
sens ferme et net, un jugement sévère, une passion profonde pour l'antiquité ont valu l'admiration de ses contemporains et une place importante dans l'histoire de la
philologie.

Ce savant, c'est François Guyet.

1. Alfred Maury, *L'Académie des inscriptions et belles-lettres*, p. 37.

PREMIÈRE PARTIE

VIE, CARACTÈRE ET RELATIONS DE FRANÇOIS GUYET

CHAPITRE PREMIER

VIE DE FRANÇOIS GUYET

François Guyet. — Sa naissance. — Sa famille. — Ses premières études.
— Son départ pour Paris. — Son voyage en Italie. — Son préceptorat
chez le duc d'Espernon. — Devient prieur de Saint-Andrade. — Son
séjour au collège de Bourgogne. — Ses amis de la bibliothèque du Roi.
— Sa physionomie. — Il subit l'opération de la taille. — Son scepticisme religieux. — Sa mort. — Regrets qu'elle inspire.

François Guyet [1] est né à Angers en 1575. Il est impossible de fixer la date précise, c'est-à-dire le jour, le mois
de sa naissance. L'archiviste si distingué du département
de Maine-et-Loire, M. Célestin Port, a eu beau fouiller les
quatre cents registres des paroisses d'Angers. Nulle part
il n'a trouvé de renseignements sur ce point. Portner,
de son côté, qui, sous le pseudonyme de Periander
Rhætus, a raconté la vie de Guyet, est muet à cet égard [2].

1. La véritable orthographe du nom de Guyet offre matière à la discussion. Faut-il écrire son nom par un *y* ou par un *i?* — Suivant dom
Chaudon, Moreri, Weiss et Charles Nodier, Guyet doit s'écrire *Guiet*,
comme en latin *Guietus*. Et sur ce point Ch. Nodier en particulier s'appuie sur ce fait que Guyet est écrit par un *i* au frontispice de son
Oppien et au commencement des *Adagia* (voir Nodier, *Mélanges tirés
d'une petite bibliothèque*, p. 379). Mais toutes les lettres que Guyet a
écrites, son *Plaute* et son *Stace*, comme son *Juvénal*, portent *Guyet*,
orthographe que Balzac, Chapelain, Huet ont employée. Il vaut donc
mieux l'adopter, la leçon *Guiet* devant être considérée comme la conséquence de *Guietus*.
2. La vie de Guyet nous est connue par la biographie que Portner lui a

Il se borne à indiquer l'année de la naissance « du savant Angevin ». Ce silence du biographe trouve son explication dans ces lignes de Portner reproduites par Bayle en ces termes : « On n'a su, dit-il, que Guyet naquit l'an 1575 « que par le témoignage de ses héritiers; car pour lui il a « toujours caché même à ses amis l'année de sa nais- « sance; il ne voulait point passer pour aussi vieux qu'il « l'était, et, comme il se flattait de l'espérance de vivre « beaucoup plus qu'il n'a vécu, il était bien aise que l'on « ne sût pas son âge. » Il n'est donc pas surprenant que la question que nous avons posée reste sans réponse.

Mais ce qui est certain, c'est que Guyet appartenait à une des plus anciennes et des plus nobles familles de l'Anjou [1]. Son père, René Guyet, sieur de la Rablaye,

consacrée sous le titre suivant : *Clarissimi viri Francisci Guieti abbatis S. Andreani vita ad amplissimum virum Jo.-Henricum Bœclerum historiographum regium scripta ab Antonio Periandro Rhæto*, et qui se trouve en tête du commentaire de Guyet sur Térence, dans l'édition de Bœcler (Strasbourg, 1657). L'article de Bayle dans son *Dictionnaire* et le Suppl. de Joly sont l'analyse de cette biographie, à laquelle M. Célestin Port a ajouté quelques détails dans le *Dictionnaire de Maine-et-Loire*. Les différents articles de la *Biographie universelle* de Michaud, de celle de Hœfer, sont la reproduction des articles de Bayle et de M. Port.

1. Voici la généalogie de la famille de Guyet, telle qu'on la trouve dans les *Vitæ Petri Ærodii, quæsitoris Andegavensis et Guillelmi Menagii advocati regii Andegavensis* scriptore Ægidio Menagio (Parisiis, 1675, in-4). — Pages 289 et 292 passim. Branche des Le Peletier, dits du Grignon et de la Lorie. — François Le Peletier, Sr du Grignon, fils de Nicolas Le Peletier, châtelain de Saint-Denis d'Anjou, fut père de Jan Le Peletier, Sr du Grignon, en Saint-Denis d'Anjou, et de Morton, en Saint-Martin de Villanglose, près de Saint-Denis d'Anjou. Ce Jan Le Peletier alla demeurer à Angers, où il épousa Lézine Grimaudet, sœur du célèbre François Grimaudet, avocat du roi d'Angers, et fille de Pierre Grimaudet, eschevin de la ville d'Angers en 1528, et de Guillemine Béraut. Il en ut 4 enfants : 1. Lézine Le Peletier. 2. François Le Peletier. 3. René Le Peletier. 4. Jouachine Le Peletier. Cette dernière épousa en 1563 Jan Bouchard, Sr des Moriers, avocat à Angers, propriétaire du greffe de l'élection d'Angers et de celui des traites et impositions foraines d'Anjou; fils de Jan Bouchard, procureur au parlement de Paris, et de Jaquine Hochet. Lequel Jan Bouchard était fils de Jan Bouchard, Sr des Moriers, avocat à Angers, nommé dans le procès-verbal de la Coutume d'Anjou, qui est de 1508. Jan Bouchard et Jouachine Le Peletier; outre Jan et Maurice, religieux bénédictins de l'abbaye de Saint-Serge, et

qui avait pour armes « de sable à la fasce d'argent
chargée de cinq merlettes de sable, accompagnée d'un
croissant d'or en chef et d'une étoile d'or en pointe »,
a été maire de la ville d'Angers en 1550, fonction
qu'avaient déjà occupée d'autres membres de la famille,
Lezin Guyet en 1493, Jan en 1505 et un autre René en
1519. Guyet est donc issu d'une bonne famille [1].

Mais il était encore très jeune quand il perdit ses

René, chanoine de l'église de Saint-Pierre d'Angers; ont eu six enfants,
qui ont tous esté mariez et qui ont tous laissé des enfants qui en
ont laissé d'autres : 1° Françoise Bouchard, femme d'Estienne Mignée,
Sr du Brossay en Moranne, greffier en chef de l'élection d'Angers;
2° Marie Bouchard, mariée à Nicolas Guyet de l'ancienne famille des
Guyet d'Angers de laquelle estaient : *René Guyet*, Sr de la Rablaye.
maire de la ville d'Angers en 1550. *Lezin*, conseiller au présidial d'Angers, échevin de la même ville en 1493, auteur de la première carte de
la province d'Anjou, père de René. *Martial*, auteur de plusieurs poésies
françaises, dont la Croix du Maine fait mention dans sa bibliothèque;
frère de *Lezin*. *Jan*, échevin de la mesme ville d'Angers en 1505. *René*,
échevin de la mesme ville en 1519, et *François Guyet*, prieur de Saint-
André, *le plus savant des Angevins qui soit venu à ma connaissance.*
— Page 468, ou lit : Branche des Audoin de Danne. — Ambroise Audoin,
Sr de la Bourgonnière, avocat au parlement de Paris, auteur de la
branche des Audoin de Danne, troisième enfant de Pierre Audoin, S^r
des Chesnes et du Chastelier, et d'Anne Ferrand, épousa à Angers Bran-
delise Haran, fille de Jan Haran, S^r de l'Épervière, et de Renée Guyet.
Haran et Guyet sont deux anciennes familles de la ville d'Angers. François Haran, S^r de l'Épervière, père de Jan, fut élu échevin perpétuel de
la ville d'Angers en 1532, le 14 septembre, et Claude Haran, S^r de
Princé, le 1er septembre 1554. René Guyet, Sr de la Rablaye, fut maire
d'Angers en 1550. Et Lézin Guyet fut élu échevin perpétuel de la ville
d'Angers en 1494. Et un autre, Lézin Guyet, que je tiens fils du précédent,
fut conseiller au siège présidial d'Angers. C'est ce Lézin Guyet, auteur
de la première carte d'Anjou, gravée en 1583. Il estoit frère de Martial
Guyet, célèbre poète françois, dont La Croix du Maine a fait mention dans
sa bibliothèque; et oncle du célèbre François Guyet, prieur de Saint-
Andrade, *un des plus savans hommes de nostre siècle.*

1. Voir Archives de Maine-et-Loire. Série E. Titres de famille. E, 2789
(Carton), 3 pièces, parchemin; 4 pièces, papier (1482-1684). On y trouve
les pièces suivantes : — *Prise à bail par Collas Guyet, marchand, du lieu
de Grohan, à Angers.* — *Acquét par Lézin Guyet, suppôt de l'université
d'Angers, d'une maison, rue du Petit-Prêtre.* — *Présentation par René
Guyet, sieur de la Brullière, de la Chapellenie de Saint-Gilles en l'église
d'Argenton.* — *Constitution d'une rente de 15 livres au profit de Marie
Chaudet, femme d'André Guyet.* — *Transaction entre Gabriel Guyet, chirurgien, François Gourreau et Louis Barbot, au sujet d'une créance sur
François Dumesnil, etc.*

parents; il fut ensuite abandonné à des tuteurs qui gaspillèrent sa fortune [1], quoiqu'elle fût modeste.

Comment passa-t-il les premières années de son existence? Quelle éducation reçut-il? Ici encore, il n'est permis de rien affirmer. Tout au plus peut-on hasarder quelques conjectures à propos d'un homme qui en a tant fait.

Nous savons par Ménage [2] que la ville d'Angers possédait au xvie siècle quatre collèges, le collège Neuf, le collège de la Porte de Fer, le collège de la Fromagerie et celui de Bué, et une Université comprenant six facultés. Guyet a-t-il suivi les cours d'un de ces collèges? A-t-il été élève de cette Université? Cela n'est pas impossible; mais il n'y a rien de certain.

L'histoire des vingt-cinq premières années de l'existence de Guyet nous est donc presque inconnue.

C'est en 1599 qu'il se décida à quitter Angers pour se rendre à Paris.

Dès sa jeunesse, il dut se sentir poussé vers l'étude de l'antiquité. Cette étude, il ne pouvait pas la poursuivre dans sa ville natale. Il dut imiter tant d'autres savants du xvie et du xviie siècle, agir comme Casaubon, comme Saumaise, et, comme eux, partir pour Paris. Là il trouva une société de savants, des bibliothèques remplies de manuscrits et d'ouvrages précieux, et en particulier l'hôtel du président de Thou, que nous connaissons

1. C'est ce que nous apprend Portner..., dans sa biographie de Guyet, faite avec les renseignements que lui avaient fournis les Du Puy : « Franciscus intra primos pueritiæ annos parentes amisit : qui hereditatem reliquere filio modicam, sed negligentia tutorum et prava administratione fere ad nihilum redactam. »

2. Voir *Vitæ Petri Ærodii, Quæsitoris Andegavensis, et Guillelmi Menagii, advocati regii Andegavensis*, scriptore Ægidio Menagio, 1675. Ces *Vies* ont été traduites par Blordier-Langlois, et ces détails se trouvent dans les *Notes* sur la *Vie* de Guillaume Ménage.

déjà, et où, sous la direction de Pierre et de Jacques Du Puy, se réunissaient les érudits les plus distingués. Ces deux frères ne pouvaient refuser une place parmi eux à ce jeune philologue. Guyet put y satisfaire sa passion pour l'antiquité. Il eut à sa disposition tous les travaux qui lui étaient nécessaires pour bien connaître le domaine de l'antiquité, dont aucune parcelle ne devait lui rester étrangère. Il put aussi, grâce à ses grandes qualités, se créer dans cette société des amitiés puissantes et acquérir une influence qui devait grandir de jour en jour.

Mais, bientôt, Guyet se mit à parcourir l'Europe. Il se rendit tout d'abord en Italie.

Fouler la terre où était née, où s'était développée la philologie, où tant de savants avaient passé leur existence à découvrir dans les bibliothèques des manuscrits inconnus jusqu'alors, visiter ces villes où s'étaient fondées tant d'académies [1], où les papes et les princes avaient protégé tant de philologues : tel était le rêve que cherchaient à réaliser tous les savants au xvi° et au xvii° siècle.

Guyet ne devait pas reculer devant ce voyage, qu'il fit à ses propres frais. De quoi s'occupa-t-il en Italie? Il est aisé de le comprendre. Il s'attacha à connaître les savants de ce pays, à les interroger, à discuter avec eux sur toutes les questions qui touchaient à l'étude de l'antiquité, à visiter toutes les bibliothèques, toutes les librairies, à s'instruire en un mot.

Deux lettres [2], que le savant M. Ph. Tamizey de Larroque a eu la bonne fortune de découvrir, et que Guyet

---

1. Voir, sur ces académies, Tiraboschi, *Histoire littéraire*, VII° vol. indiqué plus haut, p. 12.

2. Ces lettres ont été publiées dans le *Bulletin du bouquiniste*, t. XXXVIII (1er août 1876, p. 387-392), et sont extraites du fonds du Puy, vol. 712, p. 136.

écrivit de Rome aux frères Du Puy en mars et en juin
1609, nous montrent clairement comment Guyet vécut en
Italie. Elles devraient être reproduites en entier. Mais
contentons-nous de citer les passages qui mettent le
mieux en lumière le genre d'existence du savant angevin
à Rome.

« J'ay veu, dit-il à M. Du Puy, le segnor Giovanni dont
« vous me parlastes à mon partement, lequel *sta sù le
« Rodomontate greche,* comme vous sçavez. Néantmoins je
« pense qu'il en pourra un peu rabattre avec le temps.
« *Ce fut en la boutique d'un libraire* que je l'accostay par
« hazard, sans sçavoir qui il était, et cela à propos de
« Scaliger et de Scioppius. De Scaliger il en disoit pis que
« Scioppius mesme, et le mettoit au-dessous de Fœde-
« ricus Morellus en matière de traductions de Martial. Je
« me pris à rire et le priay de me faire veoir ces imperti-
« nences hypermorelliques, ce qui ne se peut faire pour
« l'heure, faute de livre. Trois jours après, je le rencon-
« tray en place Navonne, chez un autre libraire, où
« s'étant trouvé un *Tibulle* de Scaliger, je le mis sur la
« traduction de cet excellent priapée en iambes purs qui
« est à la fin du livre, et le sommay de me cotter ces
« prétendues gasteries. Ce fut là qu'il se trouva fort em-
« pesché de ses contenances, et dist force coglionneries
« sans raison, entre autres qu'il y avait un mot qui ne se
« trouve point ailleurs que dans Lycophron, *poeta tragico
« el arrabiato,* dont le style est disconvenant à celui de
« Tibulle. Voilà la vanité grégeoise manifeste et fault que
« vous croyez que tout le reste se résouldra en pareille
« fumée. Il m'avait promis aussi de me montrer *vinte* cinq
« fautes en une seule épistre de Budée, mais il me
« semble qu'il se soit un peu refroidy et qu'il n'ayt pas
« mes communications trop agréables. Je me suis résolu,

« dès le commencement, de procéder doucement avec
« luy, parce qu'en effet *il scayt beaucoup, et tandis que je*
« *seray icy, je seray bien aise d'avoir sa conversation...* »

On le voit, Guyet parcourt en Italie les librairies, et là il
est heureux « d'accoster » quelqu'un avec qui il puisse
discuter. Ces discussions sont purement philologiques, et
il les recherche d'autant plus volontiers que c'est là pour
lui une occasion de s'instruire, surtout si celui dont « il a
la conversation sait beaucoup ».

Guyet ne passa pas seulement en Italie une existence
de bibliophile. Il fut bien aise aussi de prendre place dans
les savantes académies de Rome.

« J'avoys fait, écrit-il dans une seconde lettre, un épi-
« taphe en grec [1] exprès pour le monstrer au seigneur
« Giovanni affin d'esprouver en moy mesme la subtilité
« de ce jugement grégeois, mais je ne l'ay sceu encore
« rencontrer. En un mot, il ne me veut point trop de bien
« pour les raisons que je vous ay escrites, et d'abondant
« pour ce que dernièrement je luy dis une partie de ces
« véritez *chez le cardinal Deti, un mardy, jour d'Académie,*
« *en présence de quelques Italiens,* et tout cela à propos de
« Scaliger, car il rentre tousjours de cette matière quand
« nous sommes ensemble. »

Ces citations sont peut-être un peu longues. Mais elles
servent à montrer quelles sont les préoccupations, on
peut dire quelle est l'unique préoccupation de Guyet pendant son voyage en Italie. Écouter, étudier et examiner
les opinions des savants qu'il rencontre sur son passage,

1. Cette épitaphe, M. Tamizey de Larroque ne l'a pas publiée dans
le *Bulletin du bouquiniste*. La voici :

Δῖον Ἰωσιππὸν τὸν Καίσαρος ὧδε καλύπτει
Λυγδονάς Ὀλλάνδων βῶλος ἀρειμανέων;
Ὂν Κρονίδης μὲν ἄμερσε φίλης Βηρωνίδος ἀρχῆς;
Μουσῶν δ'ἀθανάτων σκῆπτρον ἔδωκε φορεῖν.

visiter les librairies, les académies : telle est la vie de
Guyet à Rome.

Guyet profita enfin de son voyage, d'abord pour apprendre la langue italienne, ensuite pour se faire des amis.

Il sut assez l'italien pour pouvoir en tirer des termes
de comparaison dans les études de langue, qui lui étaient
si chères, et pour faire des pièces de vers qui lui atti-
rèrent les éloges des savants étrangers.

Les amis qu'il se fit à Rome sont, suivant Portner :
l'évêque de Seez, Jacques Camus; l'évêque de Cahors,
Habert; le cardinal Du Perron; le poète Regnier; l'évêque
d'Orléans, Gabriel de l'Aubespine.

Ces détails ne sont pas tous précis.

Que Guyet ait connu les trois premiers de ces personnages, aucun doute ne s'est élevé à cet égard. Quant au
satirique Regnier, il est certain qu'il a été son ami; mais
cette amitié ne peut pas dater de Rome, Regnier ne
s'étant pas trouvé à Rome en 1609. Il en est de même
des relations de l'évêque d'Orléans, Gabriel de l'Aubespine, avec Guyet. Jolly, le continuateur de Bayle [1], écrit
en effet : « Je doute fort que Guyet ait pu voir M. de l'Aubespine à Rome. Ce prélat y fut sacré en 1604, mais il
tint un synode à Orléans en 1606, et il fit son entrée au
mois de septembre 1608 [2]. »

Ces personnages n'en furent pas moins les amis de
Guyet.

Le voyage à Rome eut donc pour ce savant un triple

----

1. *Remarques critiques sur le Dictionnaire de Bayle,* par JOLLY (Paris et
Dijon, 1748-1752), 2ᵉ vol. in-fol.

2. Jolly (*loc. cit.*) ajoute : « D'ailleurs, M. de l'Aubespine, quand même
on supposerait que Guyet l'eût trouvé à Rome en 1608, n'avait pu y rester
assez longtemps, ni travailler dans cette ville pour avoir besoin du secours
de Guyet, » Bayle ayant dit d'après Portner : « Il (Guyet) fit un voyage à
Rome en 1608, et il se fit fort estimer de Gabriel de l'Aubespine, évêque
d'Orléans, auquel il donna du secours plus d'une fois. »

résultat. Il lui permit de poursuivre ses études philologiques, d'apprendre l'italien, et de devenir l'ami de personnes d'une grande valeur.

Guyet ne s'arrêta pas à Rome. Il parcourut l'Italie tout
entière, visita l'Autriche, la Bavière, passa par Strasbourg. Il aurait voulu « veoir M. de la Scale » à son
retour. Mais Scaliger était mort.

Dans ce voyage, la même pensée fut toujours présente
à son esprit. Il désira s'instruire. Mais, en même temps,
comme Descartes, il voulait étudier « dans le grand livre
« du monde, voir des cours et des armées, fréquenter des
« gens de diverses humeurs et conditions, recueillir
« diverses expériences. »

Ces voyages, il ne les oublia jamais. Dans les conversations qu'il tint plus tard, il se plaisait à raconter ce qu'il
avait vu, ce qu'il avait entendu, à décrire les mœurs et
les institutions des pays qu'il avait parcourus, à faire connaître les hommes qu'il avait pu rencontrer dans ses
excursions [1].

A son retour à Paris, sa situation dut changer. On serait
même porté à croire que sa bourse s'était vidée pendant
ses voyages, et qu'il touchait de bien près à la misère; on
le supposerait si l'on prenait à la lettre ce qu'écrivait plus
tard Balzac dans un moment de mécontentement contre
Guyet. « Sans moy, il seroit mort à l'hospital [2]. »

Grâce à la protection du grand épistolaire, il devint à

---

1. Bibl. nat.., fonds fr., 13041, fol. 105. Portner dit dans une lettre
écrite à Ismaël Boulliau a l'occasion de la mort de Guyet (lettre que nous
citerons plus loin) : « Aliquoties eum, cum pedibus æger proximo autumno
esset, domi suæ invisi, et profecto magna cum voluptate nec sine eximio
fructu eum tum de peregrinationum suarum temporibus, tum de locorum, quæ adiit, natura, tum de hominum, quibus cum versatus est, moribus sapienter disserentem audivi. »

2. Voir *Mélanges historiques*, nouvelle série, tome I : *Lettres inédites de
Balzac*, publiées par M. Tamizey de Larroque, p. 439.

son retour en France le précepteur du troisième fils du duc d'Espernon. Ce jeune homme, qui devait jouer un rôle considérable dans l'histoire militaire du xviiᵉ siècle, qui, devenu cardinal, allait marcher à la tête des armées, avait jusqu'à ce moment reçu l'enseignement des jésuites. Avec Guyet, l'éducation du futur archevêque de Toulouse allait changer de nature. Guyet sut préparer son élève à la situation importante qui lui était réservée. Il attira d'abord son attention vers l'étude des anciens, et ce fut pour le fils du duc d'Espernon, en s'occupant de son ins· truction, qu'il écrivit des notes sur la marge d'un Virgile, d'un Horace, des principaux écrivains grecs et latins. De toutes ces explications il tirait pour son élève des leçons de morale, comprenant que son enseignement devait contribuer non seulement à donner à l'abbé de Grand- selve une culture intellectuelle élevée, mais aussi à lui montrer quelle voie il devait suivre dans la vie pratique. Les lettres anciennes étaient donc étudiées surtout au point de vue des nombreuses leçons qu'elles renferment et qui en constituent avant tout et l'intérêt et la grandeur. Mais Guyet sut aussi mêler à ces études des écrivains anciens la lecture des écrivains modernes [1].

Cet enseignement fut aussi utile au maître qu'à l'élève, et, pendant toute cette période, Guyet vécut tranquille dans la maison du duc d'Espernon.

L'abbé de Grandselve devint pour son précepteur un ami, et les liens qui les unirent se resserrèrent tous les jours davantage. Le jour où le fils du duc d'Espernon entra dans le monde, ce jour-là, il n'oublia pas Guyet. Il lui donna un bénéfice. Il l'emmena en Italie, ce qui permit au savant philologue de revoir ce pays qu'il aimait tant.

---

1. Tous ces renseignements nous sont fournis par Portner dans sa *Vie de Guyet.*

A son retour, Guyet resta l'ami, disons plus, le confident du duc d'Espernon.

L'abbé de Grandselve, devenu cardinal de la Valette, chaque fois qu'il se trouvait à Paris, ne manquait pas de s'entretenir avec son ancien maître. Les lettres et les nouvelles politiques étaient l'unique objet de leurs conversations. Mais le cardinal donna bientôt à son précepteur une preuve matérielle de l'amitié qu'il lui portait et de sa reconnaissance pour les excellents enseignements qu'il avait reçus de lui. Il fit obtenir à François Guyet la jouissance d'un prieuré d'un revenu fort important, comme le dit très nettement Portner, et sans que ce prieuré obligeât le savant Angevin d'appartenir à un ordre religieux quelconque. Guyet devint prieur de Saint-Andrade.

Qu'était-ce que ce prieuré de Saint-Andrade? Où était-il situé? Quelle en était l'importance?

Bayle nous dit que ce prieuré était situé « dans le diocèse de Bourdeaux », et Baillet, dans ses *Jugements des Savants* [1], appelle Guyet, Angevin, abbé de Saint-André, et la note suivante explique ce titre : « Prieur de Saint-Andrade, au diocèse de Bordeaux ; il ne s'est jamais appelé, ni n'a jamais été appelé abbé, dit Ménage. J'ai pourtant toujours ouï dire l'abbé Guyet. »

Mais le diocèse de Bordeaux ne renfermait pas de prieuré de *Saint-Andrade*, si l'on s'en tient à la lettre même du nom.

Ce prieuré de *Saint-Andrade* ne peut être fixé qu'à Saint-André de Cubzac [2].

1. BAILLET, *Jugements des Savants*, tome II, p. 442.
2. Nous devons ces renseignements à l'obligeance du savant archiviste du département de la Gironde, M. Gouget, qui, pour établir que le prieuré de *Saint-Andrade* doit, selon toute vraisemblance, être fixé à Saint-André de Cubzac, a consulté : 1° LOPEZ, *Histoire de l'Église de Bordeaux*, p. 408; 2° GERVAIS ALLIOT (Paris, in-4°, 1648, p. 22), *Extrait du pouillé général contenant les bénéfices de l'archevêché de Bordeaux ;* 3° les *Regis-*

Saint-André de Cubzac, appelé dans les archives de l'archevêché de Bordeaux successivement S.-Andréas, S.-Andréas « de nomine Dei », S.-Andras, faisait partie de l'archiprêtré de Bourg, et il était à la collation de l'abbé de la Sauve-Majeure.

Or l'abbé de la Sauve-Majeure était précisément le cardinal de la Valette.

A moins que des documents plus importants que ceux sur lesquels nous nous appuyons ne viennent réduire à néant notre hypothèse, il nous semble que la véritable situation du prieuré de Saint-Andrade était Saint-André de Cubzac, d'autant plus que Baillet appelle Guyet abbé de Saint-André.

Si nous examinons l'importance de ce prieuré, nous voyons dans les registres des décimes que Saint-André était le mieux renté de tout l'archiprêtré de Bourg et aussi le plus imposé. En 1367, il paya à la contribution du pape, sur un revenu de 103 livres qui représenteraient aujourd'hui la valeur de 600 fr., la dîme papale extraordinaire de 10 livres 6 sous, plus, pour un impôt additionnel, appelé tricésime, 3 autres livres 1/2. En 1516, son revenu était estimé à 260 livres, soit 3900 à 4000 francs actuels; ce bénéfice acquittait de plus, à l'abbaye de la Sauve, depuis un temps immémorial, la charge annuelle de 14 « escartes » de froment dont la valeur vénale représenterait aujourd'hui 1200 francs et à l'archevêché

---

tres des décimes. M. Gouget ajoute, aux détails qu'il nous a fournis, et qui nous ont tant servi : « Si le prieuré de Saint-Andrade était noté comme du diocèse de Bazas, qui comprenait jusqu'à la Révolution le tiers à l'est du département de la Gironde, il y aurait deux bénéfices qui pourraient se rapporter à l'objet de cette discussion, et qui sont portés dans une donation de 977 à l'abbaye de Fleury-sur-Loire, qui possédait dans ce pays le monastère de La Réole, ainsi que plusieurs églises sur le bord de droite de la Garonne, entre Casseuil et Langon. Ces bénéfices sont nommés dans cet acte Saint-Paul d'Adandria (actuellement Saint-Pey de Castets) et Saint-Martin du Val d'Andraud (act. Andraut).

pour ses « quartières » environ 12 hectolitres de grains.
Enfin, en 1707, il avait la capitation la plus élevée du
Bourgès, soit 340 livres, ce qui, au taux de 2 p. 100 ou
du cinquantième du revenu, donne environ un revenu
de 17 000 livres.

Ainsi, quoique malheureusement aucun document précis
ne nous permette de faire connaître d'une façon positive
et la situation et la valeur du prieuré dont Guyet dut la
jouissance au cardinal de la Valette, nous croyons pouvoir cependant affirmer que ce qu'on appelle prieuré de
Saint-Andrade n'est pas autre chose que le prieuré de Saint-
André de Cubzac (S.-Andras) et que le premier nom
donné au bénéfice en question provient ou bien d'une
mauvaise lecture du mot S.-Andras, l'*s* se formant au
xviᵉ siècle et au commencement du xviiᵉ siècle comme
un *d,* ou bien du pseudonyme d'*Andrada,* attribué à
Guyet. D'autre part, il est certain que le revenu du prieuré
de Saint-André (comme nous croyons devoir l'appeler)
était très important, et que ce bénéfice mérite d'être
mis au rang des bénéfices les plus riches, les plus lu-
cratifs [1].

Ce revenu permit à Guyet de vivre dans une aisance
relative, de vivre, comme dit Portner, *victu simplici cul-
tuque modico.* Ce revenu permit aussi à notre philologue
d'aller occuper un petit appartement dans le collège de
Bourgogne [2].

---

1. Rien ne prouve que Guyet fût jamais abbé. Il fut prieur de Saint-
Andrade, comme Ismaël Boulliau fut prieur de Magny, Pierre du Puy,
prieur de Saint-Sauveur les Bray. — Le P. Lelong (*Bibliothèque historique*, I,
11185) le cite dans la série des prêtres séculiers, pourvus d'un prieuré.

2. Sur le collège de Bourgogne, voir : *Recherches critiques, historiques et
topographiques sur la ville de Paris,* par Jaillot, 1775 tome V ; *Paris
ancien,* par Lemaire, tome II, p. 394 ; Charles Jourdain, *Histoire de l'Université ; Archives du ministère de l'instruction publique,* carton XIX ; *Histoire de Paris,* par D. Felibien et D. Lobineau, t. I, 579 ; t. III, 635, 654,
757, 793, 802, 812 et 845 ; *Archives nationales,* M. 107, S. 6382-6389.

Guyet estimait que le séjour de l'hôtel du duc d'Espernon ne convenait pas à son genre de vie.

On a beau être le confident du cardinal de la Valette, être traité dans son hôtel comme un maître vénéré, l'indépendance dont jouissait Guyet ne lui paraissait pas assez complète, ou du moins Guyet ne pouvait pas, dans cette demeure ouverte aux grands et aux seigneurs de la Cour, rencontrer cette paix, ce calme si nécessaires à l'érudit.

Il se retira donc au collège de Bourgogne. Dans quelles conditions ? C'est ce que nous allons examiner.

On sait que la fondation du collège de Bourgogne est due à une reine de France, Jeanne, comtesse de Bourgogne, veuve de Philippe V le Long, qui laissa en mourant le soin de l'organiser à ses exécuteurs testamentaires, le cardinal Bertrand, ancien évêque d'Autun, et le cordelier Nicolas de Lyre, une des gloires de son ordre. Ce collège était destiné à vingt pauvres écoliers bourguignons venus à Paris pour étudier, non pas la grammaire, les humanités, ni la théologie, mais la logique et la philosophie naturelle.

Administré par un principal et deux chapelains, le collège de Bourgogne était situé dans la rue des Cordeliers, sur l'emplacement occupé aujourd'hui par la Faculté de médecine, non loin du collège de Dainville et du collège des Prémontrés. Successivement soutenu par les faveurs de Barthélemy de Bruges, qui avait fondé 4 bourses en 1350, par celles de Gilles de Raveres, de Jean de Martigny, prêtre et principal du collège en 1491, ce collège était, si l'on s'en rapporte à ses « comptes », dans une situation financière florissante. Certes ce ne furent pas les donations qui lui étaient attribuées qui permirent à ce collège de prendre rapidement une grande importance et de pourvoir à ses dépenses.

Les différents budgets du collège de Bourgogne, qui sont dans les cartons des Archives nationales, prouvent que la maison occupée par ce collège ne servait pas seulement de lieu d'habitation aux directeurs et aux boursiers de cet établissement, mais qu'une portion en était louée à des personnes étrangères. De là une source de revenus pour le collège. Aux revenus tirés de la location d'une partie de la maison se joignaient ceux que procuraient les autres propriétés du collège.

C'est ainsi que nous lisons dans un de ces comptes, le compte de 1656 :

« Second chapitre de recepte contenant les loiers des lieux enclos dans le collège y comprise la montée des prestres.

« Troisième chapitre de recepte contenant les loiers des maisons hors l'enceinte du collège de Bourgogne. »

Le collège de Bourgogne était donc propriétaire; d'un côté, ses administrateurs louaient une partie des chambres qui le composaient; d'un autre, il y avait hors de son enceinte d'autres propriétés, qui rapportaient des revenus considérables.

C'est dans ces conditions que François Guyet put venir se retirer au collège de Bourgogne. Guyet, il est permis de le dire, y fut simple locataire. Il y vécut en homme qui aime l'antiquité et fait des écrivains anciens les compagnons de son existence, pour qui, en un mot, le fond de la vie c'est un abandon complet aux lettres, sans ambition personnelle, sans autre passion que celle d'embellir et d'épurer son intelligence. Dans ce collège de Bourgogne, Guyet vécut loin des bruits du dehors. « Voué avec une sorte de manie, nous dit Charles Nodier [1], au

---

1. Voir *Mélanges tirés d'une petite bibliothèque*, p. 379.

culte de la solitude et de l'obscurité, il put, dans cet humble logis, écrire pour lui-même, ne recherchant pas la vaine réputation d'auteur et de savant. » Il put lire successivement, annoter, commenter la plupart des écri-vains grecs et latins, trouver dans la composition de pièces de vers des délassements pour son esprit, se con-sacrer à l'étude de la langue grecque, de la langue latine. A chaque jour suffisait sa peine. Chaque jour était employé à une lecture approfondie, et Guyet ne passait pas légè-ment d'un livre à un autre [1]. Il employait la méthode du vrai savant, qui ne croit rien savoir tant qu'il reste quelque chose à apprendre, qui va au fond des choses, et qui ne tire de déductions que de principes nettement et sûrement établis.

Tel nous apparaît Guyet dans le collège de Bourgogne où il s'est retiré : voué tout entier à l'étude, au culte des lettres, entouré de ses livres qu'il ne laisse pas dormir dans la poussière, libre de toute préoccupation.

Mais ce serait une erreur de croire que Guyet passe ses journées tout entières dans son humble logis.

S'il a choisi comme lieu de retraite le collège de Bour-gogne, il avait une raison toute particulière. Ce n'était

---

1. C'est ce que nous dit en ces termes Portner dans sa « Biographie de Guyet » : « In legendis priscis autoribus maximam adhibebat constan-tiam, ita ut cum aliquem eorum legendum suscepisset, eum nunquam e manibus, nisi a capite ad calcem attenta lectione perductum, deponeret. Hunc ordinem semel cœptum alterius libri lectione interrumpi ægerrime ferebat, longe ab eorum levitate ac mobili in studiis tractandis impetu remotus qui ut nauseabundi in opiparo convivio alios mox atque alios cibos attingunt, ita in divite bibliotheca fastidium pariente copia modo hunc autorem, modo illum carptim et confertim omissuri legunt, et cum plurimos hac ratione inspexerunt, majore tædio quam fructu a lectione recedunt. Proxime vero a veteribus, quibus unice adhærebat, scriptori-bus historiarum ævi nostri ac susceptorum in longinquas et a paucis hactenus cognitas regiones itinerum lectione vehementer afficiebatur, et quoscumque ejus argumenti libros ab amicis nancisci aut aliunde habere poterat, studiose conquirebat. » — Telle était la méthode de tra-vail de Guyet.

pas seulement parce qu'il trouvait là le repos, le silence
dont il devait être avide avant tout. C'était surtout parce
qu'en habitant le collège de Bourgogne il se trouvait
placé au centre même de cette société savante dont nous
avons essayé plus haut de faire le portrait ; il avait là
comme sous la main les trésors les plus précieux de
l'érudition, les manuscrits les plus remarquables et les
éditions les plus rares des écrivains anciens ; il était en
effet le voisin de la bibliothèque du Roi, située à ce moment dans la rue de la Harpe, en face du couvent des
Cordeliers.

Là se réunissaient des savants [1], comme nous l'avons
vu. C'était dans cette assemblée que Guyet venait tous les
jours. Le matin, chez lui, il s'était livré avec passion à
ce labeur d'où sont sortis des travaux si multiples et si
divers. L'après-midi, il allait se mêler à cette société
formée d'érudits, d'amis des belles-lettres. Il put y
apprendre à apprécier les autres, et à faire apprécier son
savoir par ceux qui l'écoutaient.

Par ses qualités morales, par sa conversation pleine de
franchise, par son jugement sain et réfléchi, il attira sur
lui l'attention de tous ceux qui étaient les hôtes habituels
du Cabinet des frères Du Puy et de la bibliothèque. Il fut
présenté aux personnages les plus éminents du clergé et
de la noblesse, aux savants les plus illustres. Il se créa de
nombreuses relations, des amitiés très fidèles, et lorsque
nous mettrons en lumière le caractère de ces rapports qui
le lièrent aux esprits les plus fins, les plus cultivés du
XVIIe siècle, nous verrons nettement que, dans cette société, le premier rang appartient à Guyet, et que, suivant
le mot de Chapelain, il la *régente magistralement.*

---

1. Voir, sur le cabinet Du Puy, l'Introduction à cette thèse.

Tel est donc notre personnage considéré au point de vue moral.

Au physique, sous quels traits Guyet nous est-il représenté ? D'un visage franc et sévère, d'une haute taille, au corps robuste, aux yeux vifs et pénétrants, il était, comme dit Jolly, un homme replet, d'une chair fort vive et très vigoureux. Guyet était d'une santé remarquable. A le voir, il était difficile de reconnaître son âge [1]. Ses cheveux ne devinrent jamais blancs, et il conserva toujours une bonne vue.

D'ailleurs, tout ce qui touchait à sa vie physique semblait l'inquiéter fort peu. Cela est attesté par un fait qu'il est important de noter.

Au mois de septembre 1636, Guyet, qui jusqu'à ce moment avait joui d'une santé florissante, fut atteint d'un mal très grave : la maladie de la pierre. Il se vit réduit à subir l'opération. Suivant Portner, Guyet n'annonça pas même à ses amis qu'il devait se faire « tailler », et, le lendemain de l'opération, quand il reparut au Cabinet Du Puy, ceux-ci lui exprimèrent leur étonnement au sujet de son silence. Il répondit : « A quoi bon vous

---

1. Bayle écrit sur l'âge de Guyet une note très fine et très intéressante. « On n'a su cela (son âge) que par le témoignage de ses héritiers; car, pour lui, il a toujours caché, même à ses amis, l'année de sa naissance; il ne voulait point passer pour aussi vieux qu'il l'était, et, comme il se flattait de l'espérance de vivre beaucoup plus qu'il n'a vécu, il était bien aise que l'on ne sût pas son âge. En toute chose, c'était assez sa coutume de n'avoir aucun confident, mais peut-être n'y en avait-il point qu'il cachât mieux que celle-là, et comme il n'avait guère grisonné dans sa vieillesse, et que ses forces n'avaient point diminué à proportion du temps qu'il avait vécu, il n'était pas bien aise de détromper ceux qui ne lui donnaient pas tout son âge. S'il avait eu dessein de se marier, on comprendrait mieux la raison de sa mystérieuse taciturnité. Ses yeux, si bons qu'il pouvait lire sans lunettes les caractères les plus menus, eussent merveilleusement secondé la tricherie. On croit qu'à cause qu'il espérait de vivre encore beaucoup, il ne donna aucun ordre à ses affaires, ni touchant ses ouvrages, ni touchant son bien. Il mourut sans avoir fait son testament... »

inquiéter? Cela n'en valait pas la peine. » Ses amis se
tourmentaient plus que lui-même. La Mothe Le Vayer
écrivait le 16 septembre 1636 : « Je serois bien aise de
sçavoir que M. Guyet fust quitte de *celle* de sa taille [1]. »

Jolly [2] nous raconte d'une autre façon quelle fut l'attitude de Guyet. « J'ai sçu de M. Thoynard, nous rapporte-
t-il, que Guyet était un soir chez M. Du Puy, où il y avait
bonne compagnie ; comme, en se retirant, on demandait
ce que l'on ferait le lendemain : « Messieurs, dit-il, je ne
sçay pas ce que vous ferez ; mais, pour moi, je sçais bien
que je me ferai tailler. »

Quelle que soit la version qu'on adopte, on ne peut
s'empêcher d'admirer ce stoïcisme. Et ne croit-on pas
que l'âme d'un ancien, d'un de ces hommes à qui la vie
n'apparaissait que comme une préparation à la mort, avait
passé dans celle de Guyet?

Guyet ne se départit pas de sa bonne humeur, le jour
même de l'opération. Il se fit « tailler » par l'habile Colot [3],
membre de cette grande famille de chirurgiens qui a longtemps conservé le privilège de la lithotomie.

Guyet supporta l'opération avec une intrépidité vrai-

---

1. Lettre publiée par M. Ph. Tamizey de Larroque, dans la *Revue critique,* 1872, p. 319.
2. *Remarques critiques sur Bayle,* 1748, p. 413.
3. Il est difficile de déterminer quel fut le membre de la famille des
Colot qui opéra Guyet. Ce qu'on sait, c'est qu'au xviie siècle trois membres de la famille des Colot, établie en France depuis 1556, exercèrent la
profession de lithotomistes. Ce furent *Philippe* Colot, chirurgien et valet
de chambre du roi ; *Charles* Colot, qui opéra le prince de Condé en 1638,
et enfin *Jacques* Colot. Selon toute apparence, Guyet fut opéré par
Charles Colot, *Philippe* Colot étant mort à Luçon, et par conséquent
n'étant pas resté longtemps à Paris, et *Jacques* Colot n'ayant pas égalé
en habileté les autres membres de sa famille. (Voir biographie des
Colot dans le *Dictionnaire des sciences médicales, Biographie médicale,*
tome troisième [Paris, Panckoucke, 1821]; dans le *Dictionnaire encyclo-
pédique des sciences médicales* [Paris, Asselin-Masson, 1876], tome XIX,
p. 217, qui contient un excellent tableau généalogique de la famille des
Colot.)

ment surprenante. Trois pierres furent extraites de la
vessie. Il ne se plaignit pas un instant, il ne permit pas
qu'on le liât. Charles Nodier [1] raconte même qu'il lut la
Pharsale de Lucain à ce moment si grave pour son existence. Est-ce là une pure boutade de l'ingénieux écrivain,
ou bien la lecture de Lucain devait-elle faire oublier au
savant philologue ses souffrances? Ce qui est certain, c'est
que Guyet montra dans cette circonstance un courage qui
étonna ses amis. Il recouvra bientôt cette santé remarquable dont il avait joui jusqu'en 1636, et garda cette
gaieté de caractère, cette vivacité d'esprit qu'on aimait
surtout en lui.

S'il était indifférent à tout ce qui touchait à sa santé,
il ne l'était pas moins en matière religieuse. A ce point
de vue, il appartenait à l'école de La Mothe Le Vayer,
de Gabriel Naudé, de Luillier, de Gassendi. Guyet, lui
aussi, fut un sceptique, si prieur qu'il fût. Cet esprit, il
le tenait de famille. Les « Guyets » poussèrent leur
scepticisme si loin qu'ils passèrent pour des hérétiques.

On lit en effet dans un document qui est publié par
M. Port dans l'inventaire analytique des archives anciennes de la mairie d'Angers :

« Sentence capitale rendue par Mᶜ Remy Ambroys,
« président en la Cour du Parlement de Provence, com-
« missaire du roy, pour le fait des hérésies : « A la re-
« queste du procureur du roy, appellez avec nous Mᵉˢ Ma-
« thieu Ory, inquisiteur général de la foy en ce royaulme, et
« René Vallin, viccayre et official de l'évesque d'Angiers,
« à l'encontre de Mᵉˢ François Chaubeuf, Jehan Gentil,
« ung appellé le seigneur Desespoir, aultre appellé le

---

1. Voir *Mélanges tirés d'une petite bibliothèque*, p. 382.

« sieur de Longueville et des Roziers, Lezin Guyet,
« Guil. Prieur, orpheuvre, Lezin Guyet, Simonne, cham-
« brière du dit Lezin Guyet, et nombre d'autres, accusez
« de crime d'hérérie, 22 août 1556 [1]. »

Il y avait donc eu des hérétiques ou plutôt de prétendus
hérétiques dans cette grande famille angevine.

François Guyet s'était fait également un renom d'in-
crédulité [2].

« On demandait ainsi à François Guyet, dans la quin-
zaine de Pâques, nous raconte Ménage, à qui il avait été à
confesse. Il fut quelque temps à songer. Puis il dit : A un
cordelier, ce me semble. »

Était-ce bien sûr? Cela ne lui importait pas beaucoup :
quand il s'agissait de religion, il semblait perdre cette
mémoire qui habituellement était si fidèle que les amis de
Guyet ne pouvaient s'empêcher de l'admirer.

« Guyet aussi avait commandé un jour à son valet et
« à sa servante de l'avertir lorsque midi sonnerait afin
« d'aller à la messe. Il arriva qu'ils oublièrent l'un et
« l'autre le jour de Pâques. M. Guyet demanda quelle
« heure il était. Ses domestiques, au lieu de lui répondre,
« parce qu'ils voyaient que l'heure était passée, rejetoient
« l'un sur l'autre avec chaleur la faute qu'ils avoient faite.
« M. Guyet voyant cela leur dit : « Ne faites pas tant de
« bruit, j'irai à vespres [3]. »

1. Pièce tirée des *Archives anciennes de la mairie d'Angers*. Série BB,
27, folio 59.
2. Voir *Menagiana*, II, p. 303.
3. Il convient aussi de citer cette page des *Historiettes* de TALLEMANT
DES RÉAUX (IV, 193), relative aux sentiments religieux de Guyet : « Ce
Guiet disoit qu'il montreroit qu'il y avoit je ne sçay combien de livres
de l'*Énéide* qui n'estoient point de Virgile, et retranchoit une des comédies de Térence. « Que ne travaillez-vous, luy dit un de MM. Du Puys,
chanoine de Chartres (Jacques Du Puy), sur le bréviaire? Vous me feriez
grand plaisir. » Il disait aussi que, s'il eust esté juif, il aurait appelé de la
sentence de Pilate *a minima*. »

Ainsi « vespres » ou messe de midi, c'était pour Guyet à peu près la même chose, ou tout au moins la messe ne paraît pas l'avoir vivement préoccupé, puisqu'il savait si bien l'oublier. Un commentaire, une annotation, une correction de texte étaient sans doute plus d'une fois une cause d'oubli, de négligence.

Guyet n'était donc pas, quoiqu'on l'appelât M. l'abbé Guyet, un modèle de piété. Mais si, durant sa vie, il semble parfois être indifférent en matière religieuse, à l'approche de la mort il sut se montrer chrétien, fidèle à la religion dans laquelle il était né.

C'est le 13 avril 1655 qu'il mourut [1]. Le 9 avril, en rentrant chez lui, après avoir pris part pendant toute une après-midi à la conversation qui avait lieu à la bibliothèque du Roi, sous la présidence de Jacques Du Puy, il sentit une tumeur se produire derrière les oreilles et atteindre le cou. La nuit, ce mal fut compliqué d'un catarrhe. Il dut mander son ami et confident Pellaut, qui lui fit goûter de son vin, à ce que nous apprend Portner. Pellaut, de son côté, voyant que Guyet était sur le point de mourir, et malgré les recommandations du philologue qui désirait que ses autres amis ne fussent pas informés de son état, Pellaut, dis-je, prévint Jacques Du Puy, Ismaël Boulliau et Ménage. A partir de ce moment, ils ne quittèrent plus François Guyet, qui, jusqu'au dernier instant de sa vie, conserva toute la lucidité de son esprit. Mais l'âge ne lui pardonna pas. Il avait quatre-vingts ans; la poitrine était atteinte. Le 13, il s'éteignit à deux heures de l'après-midi.

Sur le désir exprimé par Jacques Du Puy, il fut enterré auprès de Pierre Du Puy, qui était mort trois ans auparavant. Son corps fut déposé dans le cimetière de l'église

---

1. Renseignements fournis par Portner.

Saint-Cosme et Saint-Damien, située à l'angle de la rue
de La Harpe et de la rue des Cordeliers, aujourd'hui rue
de l'École-de-Médecine [1].

Guyet, en mourant, ne laissait que des neveux, les
enfants de son unique sœur.

Sa mort fut un véritable deuil pour ses amis. Ismaël
Boulliau annonça à Portner ce douloureux événement, en
ces termes que nous croyons devoir reproduire :

« Ante octiduum Franciscum Guyetum extulimus. Tri-
duo nec ultra decubuit, et die 13 hujus mensis exstinctus
est, cui tardius, quam ut vis morbi vehementiaque reprimi
ac retundi potuerit, ab ipso occursum. — Vir ille αὐθάδης,
suisque viribus nimium, quam octogenarium decet, confi-
sus, plura lustra fore ut sibi adhuc decurrerent sperabat.
— A rectore Parœciæ nostræ S. S. Cosmæ et Damiani sacris
procuratus est, et juxta illustrissimi Petri Puteani sepulchrum mortui funus terræ mandatum. Jacturam non
levem consessus noster fecit, assiduus quippe aderat, et
inter ævi nostri eruditissimos doctissimosque jure cense-
batur, in litteris Græcis Latinisque versatissimus, et Italici
idiomatis quoque peritissimus. In familiaribus colloquiis

1. Voir, sur l'église Saint-Côme et Saint-Damien, LEBEUF, *Histoire de
Paris*, t. III, p. 36; *Paris à travers les âges* (Firmin Didot, 1882), 11e livraison, p. 39. — Lebeuf nous dit : « On reconnaît par quelques tombes qui
se voyent dans cette église qu'on y a fait des inhumations dès le xiiie siècle. Parmi les sçavans qui y ont eu leur sépulture, il faut compter Claude
Despence, grand théologien, décédé en 1571, et du dernier siècle, il faut
compter Messieurs Du Puy. Parmi les grands magistrats, Messieurs
Talon, sçavoir Omer Talon et Jacques, son fils, et leurs descendants. » —
Vendue en 1797, comme propriété nationale, l'église Saint-Côme et Saint-
Damien a servi durant plusieurs années d'atelier de menuiserie. Elle n'a
été démolie qu'en 1836 pour élargir les abords de la rue Racine. — Le
carton L, 634 des Archives nationales renferme un registre (copies) des
actes de naissance, mariages et décès produits à l'appui des droits de la
paroisse Saint-Côme, sur une partie de la rue de La Harpe. — Aujour-
d'hui, l'emplacement de l'église Saint-Côme est occupé par une boulan-
gerie entre la rue Racine et la rue de l'École-de-médecine, sur le boulevard Saint-Michel.

contradicendi studio festivissimus, inque judicio ferendo liberrimus ac intrepidus [1]. »

Cette mort inspira à Jacques Du Puy de très vifs regrets :

« C'est une perte notable pour les lettres, écrivit-il, et pour mon cabinet, duquel il estoit un fort tenant, et des plus anciens y ayant plus de cinquante ans que feus mes frères et moy le cognoissions, quoy qu'il fust fort vigoureux et qu'il ne parust point abbattu de l'aage, il avoit pourtant quatre-vingts ans passez. Je luy ay rendu les derniers devoirs avec regret. »

Dans une seconde lettre, Jacques Du Puy disait de Guyet :

« C'estoit un homme de rare sçavoir, vous l'avez assez prattiqué pour cognoistre ses qualitez. Il s'est vérifié par ses héritiers qui sont venus ici, qu'il avoit quatre-vingts ans passez, néantmoins, il avoit encore une grande vigueur du corps et d'esprit et c'estoit un des grands tenants de mon cabinet. »

Tous ceux qui connurent Guyet le pleurèrent; plus d'un éloge fut écrit en son honneur; mais nul ne célébra sa mémoire avec plus de talent et avec plus de sincérité qu'un étranger, Portner. Lorsqu'il apprit la mort du savant philologue, il écrivit à Boulliau :

« Je vous suis très reconnaissant de nous avoir annoncé la mort de l'illustre François Guyet, et de nous avoir raconté avec tant de détails ses derniers moments; du jour où j'ai connu ce vénérable vieillard, je l'ai vivement admiré, et j'ai moins apprécié en lui cette érudition si remarquable, cette connaissance des langues qui lui a

---

1. Cette lettre, ainsi que la suivante, est citée par Portner à la suite de sa *Biographie de Portner* dans l'édition de Térence, de Bœcler (Strasbourg, 1657).

assuré parmi les plus grands savants de notre siècle le
rang qui lui était dû, que je n'ai admiré à cette époque
sa vivacité naturelle à prendre part à toute sorte de conversation et la franchise de son langage. Quelquefois, à
l'approche de l'automne, au moment où il avait la goutte,
je l'ai vu chez lui, et assurément c'est avec grand plaisir
et non sans un véritable profit, que je l'ai entendu parler
sagement de ses voyages, de l'aspect des pays qu'il visita,
des mœurs des hommes qu'il a fréquentés; et ma présence ne paraissait nullement l'importuner. Je désire
savoir ce que deviendront ses notes qu'il ne me fit voir
qu'une fois. L'activité de Guyet mérite bien que ses travaux ne soient pas ensevelis dans la même tombe que
lui, et que son souvenir ne s'éteigne pas avec sa vie.

« ... C'est votre devoir et celui des autres amis de Guyet
de veiller à sa renommée..... et de rendre immortel le
nom de cet écrivain en publiant ses travaux [1]. »

Portner, nous l'avons dit, acquitta cette dette envers la
mémoire de François Guyet; il raconta sa vie, et la ter-

---

1. Bibl. nat., fonds fr., 13041, fol. 105. L'original est en latin : « Tibi
autem ingentes habeo gratias, quod Cl. accuratissimique Franc. Guyeti
nostri mortem, ac fati genus tam distincte perscripseris ; ego illum
venerandum senem, ex quo primum ei cœpi innotescere, summopere
admiratus sum, nec tam in eo summam illam, qua cum in doctissimo-
rum ævi nostri censu merito suo collocavit, eruditionem linguarumque
scientiam æstimari, quam in illa ætate promtam in omnia sermonum
genera ingenii vivacitatem et dicendi παρρησίαν suspexi. Aliquoties cum
cum pedibus æger proximo autumno esset, domi suæ invisi, et profecto
magna cum voluptate nec sine eximio fructu cum tum de peregrinationum suarum temporibus, tum de locorum, quæ adiit, natura, tum
de hominum, quibuscum versatus est, moribus sapienter disserentem
audivi; et ille conspectum præsentiamque meam minime fastidisse mihi
quidem visus est. De notis ejus, quarum inspiciendi copiam semel mihi
tantum fecerit, quid futurum sit, scire percupio, debetur certe post
humum hoc officium eximiæ Guyeti nostri industriæ, ne lucubrationes
ejus eodem, quo ipse, tumulo sepeliantur, neve cum vita defuncti memoria ejus simul evanescat. Tuum aliorumque est, qui Guyetum ama-
verunt, famæ ejus hac potissimum ratione consulere, et iturum in
secula nomen editione maxime monumentorum illius mortuo jam autori
procurare. »

mina par ces mots qui pouvaient servir d'épitaphe, et qui seront la conclusion de ce chapitre :

D. O. M. S.

FRANCISCI GUIETI

ANDEGAVENSIS

VARIA· ERUDITIONE· PRISCIS

MORIBUS· MAGNIS· IN· LITERAS

MERITIS· CELEBERRIMI

PIETATE· IN· DEUM· TRANQUILLITATE

VITAE· FIDE· IN· AMICOS· SUMMOS

INFIMOSQUE· GRATISSIMI· AMICI

MAERENTES.

CHAPITRE II

Caractère de Guyet. — Les amis de Guyet : Ménage, Balzac, Nicolas Bourbon, Luillier, Saumaise, le P. Pétau et le P. Sirmond, Gabriel Naudé. — Guyet et Grotius : leurs poèmes sur la bière. — Influence de Guyet sur la société qui l'entoure.

Çà et là, en racontant la vie de Guyet, nous avons été amené à parler de son caractère, de son jugement franc et sain, de sa fermeté, de sa loyauté. Mais peut-être ce que Guyet fut vis-à-vis de ses amis ne ressort-il pas suffisamment de ce qui précède. Quels furent ses amis? Quel fut le caractère des rapports qu'il eut avec eux? C'est là ce que nous nous proposons de marquer dans ce court chapitre.

Nous avons montré que Guyet, après avoir été le maître du fils du duc d'Espernon, du futur cardinal de la Valette, était devenu l'hôte habituel, le familier des réunions du Cabinet du Puy.

Or c'est dans cette assemblée que Guyet se fit des amis. Nous ne parlerons pas des grands personnages de la cour qu'il y connut. Ce ne pouvait être pour lui que des protecteurs passagers.

Nous ne parlerons non plus de l'amitié qui le liait à Pierre et à Jacques Du Puy; les témoignages que nous avons apportés dans le précédent chapitre prouvent combien elle était vive; nous en citerons d'autres dans la suite de cet ouvrage.

Mais à côté des grands seigneurs, des membres du Parlement, à côté des Du Puy, il s'est rencontré un certain nombre de gens de lettres, d'érudits pour qui Guyet a été un ami véritable.

Trois qualités dans Guyet devaient en effet lui attirer des amis : un jugement droit, un esprit vif, une science remarquable.

Aussi tous les savants étrangers qui venaient à Paris recherchaient-ils sa conversation, de même que les gens de lettres demandaient avant tout à connaître l'appréciation que Guyet portait sur leurs œuvres, car on savait que ses jugements n'avaient rien de fardé, rien d'étudié. Quand quelque chose lui déplaisait, il le disait franchement, rudement même; quand au contraire un écrit, quel qu'il fût, présentait des qualités, il n'exagérait pas la louange, et parfois même son silence était considéré comme la marque la plus profonde de sa satisfaction [1].

Ce qui n'empêcha pas Guyet d'avoir de nombreux amis.

1. C'est ainsi que Chapelain chercha à consoler Balzac, très affecté de n'avoir pas été loué par Guyet. « Au surplus, écrit-il, en cette occasion, il ne vous fist autre tort que de ne vous louer pas, et de demeurer pour vous dans son humeur ordinaire, et encore ce ne fut pas vous faire tort, selon luy, puisqu'il ne loue jamais personne, ou qu'il ne loue que par son silence, du moins vous pouvés vous asseurer qu'il n'a rien trouvé à redire à l'ouvrage, puisqu'il n'en a rien témoigné. Pour mon particulier, je luy aurais grande obligation s'il m'avoit traisté aussy favorablement, et qu'il se fust abstenu de me mordre auprès de son maistre (le cardinal de la Valette), qui n'a jamais eu depuis bonne opinion de mes bagatelles. (*Lettres inédites de Chapelain*, n° CCLXXXI, p. 420.) — Chapelain appréciait déjà ainsi la critique de Guyet dans la lettre n° CCLXXIX, p. 416 des *Lettres inédites* : « Vostre lettre sur les *Supposés* a été aussy leue chés M. Du Puy par M. Lhuillier et admirée de toute la trouppe. Guyet y estoit présent *qui demeura dans le silence. Nostre amy dit que c'est sa façon de louer*, et que, tout au moins, c'est un signe infaillible qu'il n'y a rien trouvé à dire, car sa langue n'espargne rien de ce que son esprit n'approuve pas. »

Parmi eux, il convient de placer au premier rang Gilles
Ménage.

Ménage était Angevin comme Guyet. C'était là une raison essentielle pour qu'ils fussent unis l'un à l'autre par
une amitié intime. Du reste, il est permis de croire que,
si Ménage naquit après que Guyet fut déjà parti pour
Paris, Guillaume et Mathieu Ménage n'avaient cependant
pas manqué de signaler à Gilles combien devait lui être
utile l'amitié d'un savant aussi grand que le fut François
Guyet. Il profita de ses conseils.

Ménage, on le sait, aimait passionnément les recherches étymologiques. De qui tenait-il ce culte de l'étymologie? Qui donc lui apprit la meilleure méthode à suivre
pour découvrir les origines des mots? Ménage nous le dit :
c'est François Guyet. Dans l'Avertissement de son grand
dictionnaire des *Origines de la langue française*, il écrit :
« Celuy qui m'a davantage aydé en ce travail, c'est
M. Guyet! car non seulement il m'a appris un nombre
infini d'origines, mais encore la façon de les chercher, et
de les trouver par le moyen de l'analogie; et je puis dire
qu'il est le principal auteur de cet ouvrage. »

Cette dernière déclaration est bonne à recueillir, car
s'il faut en croire Jolly, l'auteur des *Remarques sur le
dictionnaire de Bayle*, Ménage poussa bien loin, trop loin
même, les droits qu'il tenait de son intimité avec François Guyet. Le président Bouhier raconta en effet à Jolly
que les exemples de la *Conversion des lettres* placés
en tête des *Origines de la langue française* de Ménage sont
de Guyet, bien que ce savant Angevin ne soit nommé que
dans l'Avertissement. Ce fut peut-être même une cause
de brouille entre les deux compatriotes. Guyet remarqua
que Ménage avait pillé presque tout son traité sur la *Conversion des lettres*. Il parla alors avec sa franchise ordi-

naire. Il se plaignit hautement à Ménage de son procédé, et déclara qu'il saurait bien « réduire un petit compagnon comme Ménage ». Celui-ci essaya de se justifier. Mais c'était chose peu aisée que de démontrer à Guyet qu'il se trompait, et que lui, Ménage, n'était pas un plagiaire. Ménage se servit donc d'une autre arme, mais sans plus de bonheur. Il fit savoir à Guyet que, s'il le chagrinait, il ferait voir des vers que Guyet avait faits autrefois contre la reine Anne. C'était assurément mal connaître le philologue que de croire qu'une menace l'intimiderait. Qu'importait-il à Guyet d'avoir médit de la reine? « Morbleu, répondit-il à Ménage, je ne vous crains point, et ces vers-là sont trop beaux pour que je les désavoue. »

Ménage était vaincu, et peut-être n'oublia-t-il jamais la conduite de Guyet en cette circonstance.

Jusqu'alors Ménage avait su toujours rendre hommage aux grandes qualités de savant et d'érudit de son compatriote. N'est-ce pas lui qui appela Guyet « le plus savant des Angevins qui soit venu à sa connaissance » [1]? N'est-ce pas lui qui dans des vers adressés à François-Paul de Gondi, cardinal de Retz, écrivit :

> « Nec vero te etiam fas sit tacuisse, Guyete,
> Ingenio felix, arte, Guyete, potens [2]? »

N'est-ce pas lui enfin qui passa aux yeux de Balzac pour le meilleur ami de Guyet? Mais, vers la fin de la vie de Guyet, il semble que l'amitié de Ménage pour son compatriote fût moins vive qu'autrefois.

Quand Portner voulut raconter la vie du grand critique, c'est à Ménage [3] que Boulliau s'adressa pour obtenir des

----

1. Voir plus haut, p. 68, note 1.
2. *Menagius ad Paulum Gondium, cardinalem Radesium.*
3. Voir à l'appendice, correspondance de Portner et de Boulliau.

détails sur l'origine, sur l'éducation de Guyet, sur son enfance, son séjour à Angers.

Ménage ne fournit aucun renseignement. Était-ce parce qu'il voyait d'un œil d'envie cet hommage rendu par un étranger à la science d'un Angevin ?

On serait disposé à le croire, si Ménage n'avait pas montré que le souvenir de François Guyet lui était cher, en achetant à ses héritiers la bibliothèque qu'il avait laissée en mourant.

En résumé, l'amitié de Ménage et de Guyet fut celle de deux hommes nés dans une même ville, élevés dans les mêmes sentiments. La passion de Ménage pour l'érudition et surtout le désir de la satisfaire aisément, la franchise de Guyet devaient les séparer quelque temps. Mais l'admiration profonde que Ménage ressentait pour le savant Angevin devait être plus forte que leur inimitié d'un instant.

C'était là la seule amitié que Guyet eût contractée directement; tous ses autres amis ne s'étaient attachés à lui que parce qu'ils l'avaient connu chez les deux frères Du Puy.

Il n'en est point, parmi ceux-ci, qui aient parlé de Guyet plus souvent que Balzac.

Balzac n'avait dû connaître Guyet à Paris que pendant peu de temps; mais de la terre de la Charente, où il vivait retiré, sa pensée se portait souvent vers le philologue; c'est que Guyet avait une réputation de critique fin et délicat bien établie, et Balzac tenait beaucoup au suffrage du savant Angevin.

C'est à Balzac, nous l'avons vu, que Guyet dut sa place de précepteur de l'abbé de Grandselve; qu'il dut aussi de n'être pas mort à l'hôpital, ou d'avoir cessé « de gueuser dans le collège ». « En un temps, nous dit Balzac, où Guyet *avait besoin de pain*, Balzac le remit auprès de M. le

cardinal de la Valette, qui lui avait donné son congé à la
prière de M. le duc d'Espernon son père, et qui commen-
çait à l'oublier. Ce fut un coup de sa faveur auprès du
duc, et il l'employa tout entière en cette occasion. » C'est
à Balzac que Guyet doit de voir son nom associé à celui
du grand écrivain par ceux qui lisent encore les *Lettres*
de Balzac. C'est de Balzac enfin que Guyet reçut les plus
beaux éloges.

Si l'on parcourt en effet ses œuvres, on y voit plus d'une
fois cité le nom du savant critique.

A deux reprises, il s'adressa à M. l'abbé Guyet, comme
il l'appelait. Les deux lettres qu'il lui écrit sont intéressantes, d'abord parce qu'elles montrent quels liens
d'amitié unissaient « le grand épistolier » et le grand
érudit, ensuite parce qu'elles témoignent de la réputation
de savant dont Guyet jouissait auprès de ses contemporains. C'est dans ces lettres que nous trouvons l'expression
la plus éloquente du respect qui était dû à la personne de
Guyet.

« Je ne crains pas beaucoup de perdre une chose que j'estime peu, écrit Balzac à Guyet; mais prisant vostre amitié
au point que je fais, si je ne l'avois plus, je ne serois plus
capable de consolation..... Maintenant que Monsieur ***
a calmé l'agitation de mon âme, et m'a assuré que vous
m'aimez, je ne puis m'empescher de vous tesmoigner la
joye que j'en ay, et de vous dire que dans la conversation
d'un ami de vostre mérite, je ne considère pas beaucoup
la perte de celuy qui me veut quitter. On ne void quasi
plus parmi les hommes que de la malice ou de la foiblesse
et la pluspart des bons sont infirmes. C'est pourquoy un
esprit ferme et constant, comme le vostre, est de très
grand usage dans la société : et ce n'est pas une commodité
à ceux qui sont las et travaillez comme moy de se pou-

voir reposer sur une personne qui ne peut tomber [1]. »

Ce que Balzac aimait donc en Guyet, c'était cette loyauté, cette fermeté qui ont été l'honneur de sa vie. Aussi combien ne se sentira-t-il pas heureux, le jour où Guyet l'appellera auprès de lui, souhaitera sa présence.

« Vous me désirez un grand bien, lui écrit-il, quand vous me désirez auprès de vous. Je sçay quel advantage c'est à un homme qui a de bonnes oreilles, et j'aurois l'âme trop dure, si je ne me laissois amollir aux remontrances que vous me faites. Quoy que je sois un des plus confirmez anachorètes qui habitent le désert, il faut advouer que vous avez ébranlé la fermeté de mon vœu, et qu'une compagnie du mérite de la vostre est une violente tentation pour me porter à l'apostasie. La vie solitaire a bien ses charmes et ses délices. Mais qui ne deviendrait maigre, estant réduit à se nourrir toujours de son propre suc [2] ? »

Nous arrivons ici au plus brillant éloge que Guyet ait jamais pu recevoir :

« Ce sont les livres vivants, lui dit Balzac, qui éclairent l'esprit, sans incommoder la vue, *et vous estes*, Monsieur, *un de ces livres si commodes et si agréables*. Qu'il y a de plaisir d'avoir de ces livres qui sçavent respondre et répliquer ! Ils espargnent la peine de la recherche et du choix, présentant les choses pures et séparées : ils ont je ne sçay quoy de sensible et de puissant, dont il n'y a point moyen d'animer notre lecture. Et bien que vos trois grands favoris, je veux dire Térence, Horace et Virgile, soient aussi mes trois plus anciennes inclinations, je vous confesse que je ne les ay jamais trouvez si honnestes gens que quand ils me parloient par vostre bouche. Mais que vous m'avez dit de vous-mesme d'excellentes choses ! Que vous

1. *Lettres* de Balzac, 1665, in-fol., p. 366.
2. *Op. cit.*, p. 669.

avez rendu d'oracles en ma présence, ou, pour parler plus vulgairement, que je vous ai veu composer et réciter d'admirables vers ! De vostre grâce, je les ay eus autrefois parmi mes papiers, et les aurois encore aujourd'huy, si quelque sçavant curieux n'avoit mis la main dans la cassette [1]. »

Balzac avait de Guyet une opinion si haute qu'il consacra au grand philologue une longue pièce de vers. Il est vrai que Guyet avait à ce moment loué des vers latins de Balzac ; un éloge du « redoutable Guyet » valait bien un long poème.

C'est dans ces vers de Balzac qu'est résumée toute l'œuvre du savant Angevin, et que surtout la critique à laquelle Guyet soumettait les écrits est présentée sous son véritable aspect.

Toute la pièce de vers où Guyet est chanté sous le nom de *Galesus* mériterait d'être citée. Ce que Balzac y célèbre en la personne de l'illustre Angevin, ce sont d'une part les qualités qu'il avait comme juge en matière de poésie latine, c'est d'autre part son talent de philologue ; c'est du cœur que partent ces vers auxquels Balzac attachait tant de prix, et dans lesquels il accorde à Guyet ces éloges :

> Arbiter ille lyræ, prisci germana propago
> Ille Remi, multa cultissimus arte Galesus.
> O quantum tamen ille sapit, quantumque veremur
> Nos rerum extremis Aquitani in finibus orti,
> Cujus Roma notas et dulcis Hetruria sensit :
> Per quem non licet indocto prodire Poetæ,
> Et Lugdunensi scopulus qui durior ara,
> Apparet nimium chartis metuendus ineptis !
> Hoc, pœnas, censore, novi dat prodiga luxus
> Nasonis Musa, et mores jam vellet avitos.

1. *Op. cit.*, p. 669.

Hoc Flaccus suus ac melior, dignusque Marone
Fit Maro, nec patitur deformia damna senectæ.
Hic vaga luxati componit membra Terenti,
Detersaque omni labe, et squalore remoto,
Jucundos oculis orique aspirat honores ;
Gratam Scipiadæ curam, et quam Lælius optet.
Quid majus dedit hæc ætas? Quidve amplius addam?
Nulla virum fraus, nulla fugit ; neque longa vetustas
Erroris, tantum in dubiis frustratur acumen :
Sic certo ingenuos explorat lumine versus ;
Sic spurios jubet ire foras, Pindoque relegat,
Anseribus Baviisque obscura in nocte futuros
Æternum comites, Stygiove in gurgite ranas,
Murmur ob ingratum, et raucam sub sole querelam.
Fasces ille tamen, Musarum in monte timendos
Ostentans et sceptra tenens inimica profanis,
Lenem animum in nos accepit mentemque benignam,
Candide Menagi, tibi credimus, ac minus uti
Justitia voluit, veterem miseratus amicum.
Et potuit flecti, sontesque absolvere versus;
Et celebrare etiam et sacras promittere lauros
Ereptis flammæ ultrici pœnisque reorum.

Et Balzac, qui dans sa pièce de vers a pris le nom
d'Amyntas, poursuit en adressant directement à Guyet
cette apostrophe élogieuse :

Te fera barbaries, te cæca inscitia veri,
Quanquam audax fidensque sibi, non sustinet hostem.
Per te monstra cadunt. Tota spectante corona
Semideum, qui vel nati melioribus annis
Redduntur tabulis, vel quorum tangere dextras
Spirantesque Thuana domus dat cernere vultus,
Tu tua bella geris. Tu nostri incommoda secli
Progeniemque Getarum, et falsos urbe Quirites
Exigis ; et sanctas revocans ab origine leges,
Ausoniumque legens veteri de more senatum
Intonsi censes cum relligione Catonis.

On ne saurait concevoir de plus bel éloge.
Mais ce qui fait croire que Balzac célèbre ici Guyet d'une

façon peu désintéressée, c'est que le jour où le critique ne fera plus un accueil bienveillant aux productions du « grand épistolier », ce jour-là le malheureux Angevin sera absolument perdu dans l'estime de Balzac; il sera rayé complètement des papiers de celui qui voudrait bien le rayer de la société savante elle-même. Balzac était en effet informé des dispositions de Guyet à son égard par son fidèle ami Chapelain. Quelle attention Guyet a-t-il prêtée à telle ou telle poésie latine, sortie de l'imagination de Balzac? Voilà ce que celui-ci veut savoir exactement, et si le critique a montré trop de franchise, malheur à lui! C'est la lutte entre Oronte et Alceste. Les éloges, les flatteries même, dont Balzac s'était montré si prodigue jusqu'alors, feront place aux expressions les plus amères, disons le mot, à l'injure. Toutes les qualités que Balzac avait reconnues en Guyet s'évanouiront. Les jugements du philologue n'auront plus aucune valeur. Il ne faudra plus lui prêter la moindre attention dans la société qu'il « régente »; il faudra l'en bannir.

Nous n'exagérons pas ici la portée du mépris que Balzac ressent dès lors contre Guyet. Ses lettres, les expressions dont il se sert contre lui chaque fois qu'il en parle, montrent d'une façon évidente que Guyet devait payer bien cher l'excès de sa franchise.

Qu'est devenu Guyet, aux yeux de Balzac, à partir de ce moment-là?

« Guyet est un vieux fou confirmé, qui, dans ses meilleures heures, n'agit que par caprice et par occasion. Il excommunie le soir les personnes qu'il a canonisées le matin. Je l'ay veu disputer jusqu'à la fureur contre son bon maître, le cardinal de la Valette, et contre son bon amy, le Père Bourbon. Je luy ay ouy dire mille biens et mille maux de l'un et de l'autre, selon l'hu-

meur où il estoit et le parti qu'avoit celuy qui lui en
parloit :

> Velle tuum nolo, Dyndime nolle volo.

« Si je voulois le traiter comme il le mérite, quelle fertile
et ample matière ! Je ferois un second *Barbon* qui seroit
tout pour luy [1]. »

Et, plus tard, le sentiment de Balzac ne change pas.
Son dépit s'accroît.

« Pour le *Barbon*, écrit-il, ma parolle est donnée, mon
cher Monsieur, et je vous prie de ne pas trouver mauvais
que je rende quelque chose à une personne à qui je dois
tout. Mais, avant qu'il soit achevé d'imprimer avec certaines pièces estrangères, de mesme genre que je feray
mettre en suitte, le Capanée Grammairien (voilà comment
Balzac traite Guyet !) pourra bien estre en estat de faire
l'arrière-garde de ce petit corps. Au reste, ne vous ay-je
jamais dit l'obligation que m'a Capanée? *Sans moi, il
serait mort à l'hôpital, ou il gueuserait encore dans le collège.* En un temps où il avoit besoin de pain, je le remis
auprès de M. le cardinal de la Vallette qui luy avoit donné
son congé à la prière de M. le duc d'Espernon son père,
et qui commençoit à l'oublier. Ce fut un coup de ma
faveur auprès du duc et je l'employay toute entière en
cette occasion :

> Sic nocui mundo, communemque omnibus hostem
> Servavit pietas incauta, feramque cruentam
> Immisi populis, nec nescia corda futuri
> Balzacio debet Respublica læsa Guietum,
> Qui lacerat sine fine bonos, qui bella profanus
> Æternoque Jovi et Superis, etc. [2]. »

1. *Mélanges historiques*, nouvelle séric, tome I. *Lettres inédites* de
Balzac, p. 797.
2. *Ibid.*, p. 808.

L' « ennemi commun », la « bête féroce », voilà ce qu'est
devenu Guyet, qui autrefois était « l'arbitre de la lyre »,
le critique sévère et sûr. Chapelain fit tous ses efforts
pour apaiser la colère de Balzac et surtout pour expliquer
au « grand épistolier » pourquoi l'on ne chasse point cet
esprit médisant de la société qu'il gouverne.

« Je ne sçay que vous dire de Guyet, lui écrit Chapelain, sinon que j'en croy tout ce que vous dittes. Mais il
seroit mal aisé d'obtenir de M. L'Huillier ny d'aulcun de
l'Académie Putéane qu'ils mesprisassent son jugement en
matière de lettres ni qu'ils entreprissent de le berner.
Parmi toute sa brutalité qu'ils condamnent, mais à quoy
il les a accoustumés, ils trouvent en luy un sens ferme et
net, qui ne pêche, disent-ils, que dans sa rudesse et la
brusque manière de le débiter, et je n'ay point ouy dire
qu'ils l'ayent convaincu plus d'une fois de s'estre engagé
mal à propos dans la dispute en ce lieu-là [1]. »

Et voici de quelle façon Chapelain cherche à excuser le
pauvre Guyet qui a courroucé si fort Balzac :

« Au surplus, en cette occasion, il ne vous fist autre
tort que *de ne vous louer pas,* et de demeurer pour vous
dans son humeur ordinaire et encore ce ne fust pas vous
faire tort, selon luy, puisqu'il ne loue jamais personne,
ou qu'il ne loue que par son silence, du moins vous
pouvés vous assurer qu'il n'a rien trouvé à redire à
l'ouvrage puisqu'il n'en a rien tesmoigné. Pour mon particulier, je luy aurois grande obligation s'il m'avoit traicté
aussy favorablement, et qu'il se fust abstenu de me
mordre auprès de son maistre qui n'a jamais eu depuis
bonne opinion de mes bagatelles [2]. »

---

1. *Lettres inédites de Chapelain*, publiées par M. Tamizey de Larroque
dans les Documents inédits de l'histoire de France, n° CCLXXXI, p. 420.
2. Voir note précédente.

Ce passage des lettres de Chapelain nous indique clairement, d'une part, la véritable raison de la brouille qui
avait éclaté entre Balzac et Guyet; il nous fait pénétrer
ensuite dans les dispositions d'esprit les plus intimes de
notre personnage, et Guyet se montre à nous avec toute
sa franchise; il se montre encore une fois tel que Chapelain n'a cessé de le dépeindre, ne louant qu'avec mesure, mais sachant dire sincèrement son avis, car « sa
langue n'épargnait rien de ce que son esprit n'approu-
vait pas ».

Balzac et Guyet, unis d'abord de la façon la plus étroite,
se sont témoigné longtemps la plus profonde affection.
Mais, le jour où Balzac est devenu ou s'est cru une victime
de la franchise de Guyet, Balzac a paru regretter tous les
services qu'il avait rendus à l'hypercritique, et leur amitié
s'est affaiblie.

A l'amitié sévère de Balzac, il convient d'opposer
l'amitié, pleine de bonne humeur, que Nicolas Bourbon
témoigna à Guyet.

Nicolas Bourbon [1] est ce père de l'Oratoire, peu savant,
dont la chambre ne pouvait contenir que quatre personnes, si bien que, lorsqu'une cinquième survenait, une
de celles qui étaient dans la chambre était obligée de sortir
pour lui faire place. Lorsqu'on voulait le prier à dîner, il
ne fallait pas non plus l'inviter la veille; il n'en aurait
pas dormi. Nicolas Bourbon est enfin ce grand homme
sec, dont on parle dans le *Menagiana*, qui aimait le bon
vin, ce qui lui faisait dire que, lorsqu'il lisait des vers
français, il lui semblait qu'il buvait de l'eau.

La gaieté, l'esprit faisaient tous les frais des conversations qu'il eût avec Guyet. Celui-ci en conserva un

1. Voir *Menagiana*, I, 314.

agréable souvenir. Aussi consacra-t-il à son ami ces deux
épitaphes si fines, et qui sont signalées dans le *Menagiana*[1] comme « ayant le goût de la bonne antiquité » :

> Pervigilis tandem laxatus carcere vitæ
> Borbonius campos cessit ad Elysios.
> Illic populea stertit securus in umbra,
> Posthabitis vatum lusibus atque jocis.
> Vos, Orpheu, Musææ, viro ne rumpite somnum,
> Hunc oculis numquam viderat ante suis.

Voici l'autre épitaphe :

> Traxit in angusta qui tot quinquennia cella
> Pervigil, infirmo corpore, Borbonius,
> Extremum media gustans in morte soporem :
> O bene! ait : tandem dormio ; vita, vale.

Il n'y eut place au contraire que pour la science et
l'étude de l'antiquité dans les rapports de Guyet et de
Saumaise.

Ces deux philologues étaient à peu près du même âge,
mais de tempérament différent. Saumaise, nous l'avons
montré dans notre introduction, travaillait avec une
extrême rapidité. Cette facilité au contraire ne se retrouvait pas chez Guyet. Ce savant critique, si difficile pour
les autres, ne l'était pas moins pour lui-même. Aussi est-ce
avec une certaine lenteur qu'il mettait ses pensées sur le
papier. Le savant Bourguignon l'intimida même. Mais
Saumaise aussi était effrayé de la hardiesse que Guyet
apportait dans sa critique. Il n'en a pas moins reconnu le
mérite, la science considérable de l'Angevin, et, dans la
préface de ses *Observations sur le droit attique*, il a pro-

---

1. Voir *Menagiana*, I, 316.

clamé Guyet le plus savant des hommes qu'il ait connus et a attribué à ses opinions une importance considérable[1].

Ces deux philologues ont donc pu ne pas être d'accord ;
mais ils n'en furent pas moins des amis en même temps
que des émules. L'un et l'autre reconnurent réciproque-
ment leurs mérites. Guyet vanta les services rendus par
Saumaise aux lettres, comme Saumaise estima hautement
l'érudition de Guyet.

Si Guyet parut s'incliner devant Saumaise, il fut plus
dur à l'égard d'hommes comme le P. Sirmond et le
P. Pétau. L'un et l'autre admirèrent la science de l'Angevin ; l'un et l'autre restèrent jusqu'au dernier jour de sa
vie ses fidèles amis.

Et pourtant le P. Pétau, qui n'avait pas bon caractère,
qui soutint une lutte si vive contre Saumaise et se montra dans cette circonstance si violent, le P. Pétau, dis-je,
aurait eu des droits de s'emporter contre Guyet, car il fut
aussi une des victimes de la franchise et même de la
rudesse de ce savant.

« Quand les lettres du P. Pétau parurent, nous raconte
Huet, on en fit (chez les Du Puy) comparaison avec celles
de Scaliger. Cette question donna lieu à une dispute chez
MM. Du Puy où était le réduit ordinaire des savants de
Paris. Les gens du Collège se déclarèrent pour M. Pétau ;
mais M. Guyet, homme d'un goût raffiné, mais avec des
manières dures, leur dit pour toute réponse qu'ils méritaient qu'on leur présentât du foin[2]. »

Le P. Pétau supporta cela sans se plaindre. Et le nom
de Guyet lui fut si cher, ainsi qu'au P. Sirmond, qu'après

1. Voir dans *Vie de Saumaise*, par PHILIBERT DE LA MARRE, le jugement
sur Guyet cité plus loin, p. 144.
2. Voir *Hueliana*, p. 70.

la mort du critique, ils firent son éloge et témoignèrent ainsi de l'admiration qu'ils avaient ressentie pour lui.

Quels amis Guyet compta-t-il encore? Ce serait passer en revue tous les érudits qui se réunissaient au Cabinet Du Puy, que de vouloir les citer tous. Nicolas Rigault, Ismaël Boulliau, qui écrivit après la mort de Guyet une lettre si touchante; Émeric Bigot, Sarrasin, Sarrau et beaucoup d'autres furent connus de Guyet et vinrent écouter sa conversation.

Mais il convient de s'arrêter à deux personnages qui se rapprochaient de l'Angevin par leur scepticisme. Nous voulons parler de Luillier, de Gabriel Naudé.

De ces deux amis de Guyet, nul ne s'attacha plus à lui que Luillier.

Nous avons déjà rappelé comment il défendit Guyet contre les attaques de Chapelain, qui, poussé par Balzac, aurait voulu réduire à néant la puissante influence exercée par le grand critique [1]. Lorsque Luillier quitta Paris pour devenir conseiller au parlement de Metz, il ne perdit pas le souvenir de la conversation aimable qu'il avait eue avec Guyet, et, plus d'une fois, dans les lettres qu'il écrivait à MM. Du Puy, nous trouvons la trace de l'affection qu'il lui portait : « Je voudrois scavoir principalement, écrit-il en 1643, comment va la santé de M. Guyet, s'il a toujours peur des esprits, et si M. Naudé l'a enfin persuadé de la vérité des diables de Loudun [2]. » En 1650, il écrit : « L'indignation de M. Guyet m'a pleu davantage que toute vostre narration du palais : j'ay ouy

---

1. *Lettres inédites de Chapelain,* publiées par Tamizey de Larroque, I, n° CCLXXXI, p. 420. « Il serait malaisé d'obtenir de M. L'Huillier n'y d'aucun de l'Académie Putéane qu'ils méprisassent son jugement en matière de lettres, n'y qu'ils entreprissent de le berner. »

2. Lettre écrite par Luillier le 20 octobre 1643 et citée dans l'*Appendice aux Historiettes de Tallemant des Réaux,* IV, p. 503.

tousjours M. Mesnage parler fort bien de luy et dire qu'il en tenait beaucoup de choses qu'il ne pourrait apprendre d'autres [1]. »

On peut voir aussi comment Guyet s'attira tant d'amis. D'une part, cet esprit vif et spirituel, si naturellement porté à la contradiction, devait rendre sa conversation agréable; d'autre part, sa science profonde devait rendre cette conversation utile. C'est ce qui fut remarqué de tous ceux qui le connurent. C'est ce que n'oublia pas Luillier, qui nous paraît, dans ses lettres, regretter de ne pas pouvoir assister aux discussions de Naudé et de Guyet.

Naudé ne connut d'ailleurs que tardivement le savant critique.

Dans une lettre datée de Rome, 22 juin 1640 [2], et adressée par Naudé à MM. Du Puy, nous lisons en effet :

« Pour commencer par ce qui pressoit le plus en la vostre encore bien que *je n'aie point l'honneur de cognoistre M. Guyet autrement que pour vous en avoir entendu parler quelquefois*, et que je ne sache rien pareillement du dessein qu'il a de travailler sur Térence..... »

Ainsi, en 1640, Guyet n'avait pas encore eu de conversation avec Naudé; mais, le jour où ils se connurent, ils durent s'attacher sans peine l'un à l'autre. Tous deux ressentaient cette passion pour les livres qui est la qualité la plus brillante des érudits du xvie et du xviie siècle; tous deux aussi étaient de profonds sceptiques en même temps que de grands érudits.

Nous pourrions ajouter, au nombre de ces amis de Guyet, La Hoguette, qui écrivait, après avoir appris la

----

1. Lettre écrite par Luillier le 26 décembre 1650, et citée dans l'*Appendice aux Historiettes de Tallemant des Réaux*, IV, p. 514.
2. Bibl. nat., fonds Du Puy, vol. 754, fol. 110.

nouvelle de la mort de Guyet : « Je suis bien marry de la
mort de Monsieur Guyet, mais, vu sa complexion naturelle, je m'étonne que le mal qui l'a faict mourir luy a
fait grâce de l'avoir épargné si longtemps [1]. » Nous pourrions parler de Bouchard, qui, ayant écrit un éloge de
Peiresc pendant son séjour à Rome, demandait quel était
l'avis des membres du Cabinet Du Puy sur cet opuscule,
et « surtout l'avis de Monsieur Guyet [2] ».

Mais ce ne sont là que des témoignages fort peu importants, et qui ne sont rien auprès de ceux que nous avons
tirés des lettres de Balzac, de Chapelain et de Ménage, et
des œuvres de Saumaise. Il en ressort nettement que
Guyet exerça une influence très puissante sur la société
qui l'entourait, que ses avis étaient écoutés avec l'attention qu'on prête aux paroles d'un savant, que son érudition était appréciée à sa juste valeur, et que sa franchise,
qu'il poussait jusqu'à la rudesse, ne contribuait qu'à
donner à ses avis plus de poids [3].

Guyet ne fut pas moins connu ni moins apprécié des
savants étrangers. Nous verrons plus loin quelle opinion
les Bœcler, les Portner avaient de Guyet, et comment ils
prouvèrent l'estime qu'ils avaient pour lui. Ils recher-
chèrent la conversation et surtout les éloges de Guyet, et
tous ceux qui, recommandés par des amis de MM. Du
Puy, venaient soit chez le président de Thou, soit à la
bibliothèque du Roi, s'intéressaient aux discussions du
savant Angevin et ne les oubliaient jamais.

1. Bibl. nat., fonds Du Puy, vol. 787, fol. 165.
2. Bibl. nat., fonds Du Puy, vol. 785, fol. 22. Cf. *Ibid.*, fol. 39. « J'ai con-
seillé au Sr Lili (qui se rendait au Cabinet Du Puy) de faire connaissance principalement avec MM. La Motte, *Guiet*, Luillier et P. Vassan. »
3. *Lettres de Balzac*, XX, 6, on lit : « Je vous advoue néantmoins
que je n'ay veu celle-ci qu'en gros, et sans dessein de l'examiner *à la
Guyette*. »

Il ne fut en désaccord qu'avec Hugo Grotius. Qu'est-ce qui le sépara du savant Hollandais? La bière.

Guyet détestait la bière surtout parce qu'elle nuit à l'inspiration poétique; comment pouvait-il en dire du mal sans critiquer en même temps les peuples qui ne mettent rien au-dessus de cette boisson? Il médit donc du peuple batave. Un Batave intervint. Ce fut Hugo Grotius. De là ce différend entre ces deux savants. De là ces deux pièces de vers où les deux philologues rivalisèrent d'esprit et de talent poétique [1].

Guyet fit ainsi la critique de la bière :

> « Triticei latices, mensis Borealibus apta
> Munera, sed Celtis tetra venena meis,
> Quæ vos sacra tulit tellus, quæ Numinis ira
> Æmula lethæis pocula finxit aquis ?
> Qui vos odit, amat Musas, Bacchumque Cyprinque
> Et superos odit, si quis amare potest.
> Vos vitiata Ceres temeratis devovet undis,
> Nais, et aversis Cinthius horret equis,
> Cui sapitis, nihil ille sapit, dignusque suillo
> Jure sit, et socios glandis habere sues.
> Qui bibet, irato tentabit Apolline carmen,
> Arcadiosque dabit rusticus ore sonos.
> Hinc Batavi, fumis Cerealibus ebria turba,
> Carmina tot Musis inficianda vomunt ;
> Et miseri placuere sibi, gaudentque profanas
> Frondibus æternis implicuisse comas.
> At Deus e Pindo crassæ deliria gentis
> Ridet, et has pœnas impietatis habet ;
> Ducite damnatos, gens barbara, ducite succos,
> Nectareus nobis proluet ora liquor.

Les défauts que Guyet reprochait à la bière sont, aux yeux de Grotius, autant de qualités qui distinguent cette boisson entre toutes les autres. Il s'écrie :

---

1. Ces pièces de vers sont citées par Balzac à la suite d'une lettre à M. Morin. *Œuvres*, I, 663.

Humor dulcis aquæ, sed igne coctæ,
Quam succo Ceres imbuit salubri,
Qui corpus vegetas, nec impotente
Commotam furias vapore mentem,
Quo potu fruitur Batava tellus,
Neptuni domus horreumque Mundi,
Et quotquot populos mares ab alto
Cæli culmine conspicatur Arctos,
Ipsæ te sitiunt novem Sorores,
Nec Permesside proluuntur unda,
Ex quo Græcia Barbaro sub hoste est,
Nec Bacchi cyathos amant puellæ,
Sed Rheni Vahalisque temperatos
Almis postibus hauriunt liquores.
Duræ mentis, iners, merumque rus est,
Si quem Basia non movent Secundi,
Et quos Dousa canit parente major
Cælo sydereos rotante cursus,
Et quæ spicula Baudio vibrante
Non unum sibi destinant Lycamben,
Et quos dat numeros nihil vetustis
Cedens vatibus Heinsii Thalia.
At me (sentio) larga cum sequatur
Vini copia, frigidique fontes,
Heu Musæ fugiunt. Venite quondam
Dilecti latices : nec esse crudum,
Nec contra decet, ebrium Poetam.

Ainsi Guyet se distingua avant tout par sa franchise.
Il sut plaire aussi par sa science; cette science, il nous
appartient maintenant de la faire connaître et de la faire
juger.

DEUXIÈME PARTIE

L'ŒUVRE DE GUYET

CHAPITRE PREMIER

Guyet n'a jamais rien publié. Différent de ces savants qui chaque jour écrivaient un opuscule nouveau, chaque jour faisaient paraître des notes nouvelles sur tel ou tel écrivain ancien, le philologue angevin se contentait d'écrire sur ses livres les observations que leur lecture lui suggérait.

Toute son œuvre consiste soit en notes marginales, soit en notes écrites sur des bouts de papier, sur le verso des lettres qu'il recevait; et ces notes n'étaient communiquées à personne.

Guyet ne fait pas étalage de sa science; il étudie pour lui-même.

Est-ce par timidité qu'il agit ainsi? Recule-t-il devant les menaces de Saumaise auxquelles nous avons fait allusion plus haut? Exercent-elles sur Guyet une influence si puissante qu'il n'ose faire paraître aucune de ses œuvres, de peur d'être écrasé par le philologue bourguignon?

Guyet a été beaucoup trop franc, il a eu beaucoup trop, pour ainsi dire, le courage de son opinion, pour qu'il ait pu redouter un seul instant et les critiques de son ami et les jugements des savants étrangers. Ne vaut-il pas mieux croire que lui, si difficile pour les autres, ne l'était pas moins pour lui-même, qu'il n'est jamais parvenu à se contenter, et qu'alors il n'a jamais cru pouvoir publier ses œuvres? Ne vaut-il pas mieux s'associer à l'opinion que Bayle a formulée sur l'attitude du philologue, le louer, comme l'a fait Bayle lui-même, et considérer cette réserve de Guyet, cette défiance de lui-même, comme une qualité venant s'ajouter à toutes les autres dont il était doué? « Heureux les savants, s'écrie Bayle, qui, comme notre Guyet, se contentent d'avoir planté la foi dans la république des lettres; je veux dire d'y avoir une réputation d'habiles gens fondée sur le témoignage d'autrui! »

Mais, bien qu'on puisse expliquer cette façon d'agir, il faut cependant (c'est ce que notre thèse devra démontrer) savoir gré aux amis de Guyet d'avoir considéré son œuvre comme assez importante pour qu'elle méritât d'être arrachée à l'oubli.

Ces amis sont les frères Du Puy, Ménage et Émeric Bigot.

Ce sont eux qui ont recueilli les livres de Guyet, ses notes, ses manuscrits; ce sont eux qui les ont communiqués à des savants étrangers.

Jacques Du Puy écrivit à Bœcler [1] : « Ses héritiers « m'ont mis entre les mains tous ses mémoires et recueils « qu'il a laissez en littérature; son commentaire sur « Térence, où il prétendoit avoir veu des choses inco-« gnues à tous ceux qui ont travaillé sur cet autheur, est « parfait et mis au net; quoy que pourtant, comme il « estoit d'un esprit qui ne se satisfaisoit jamais, il y ait « beaucoup d'endroits corrigez depuis, mais comme son « escriture est assez élégante et lisible, si cette sorte d'es-

---

1. Lettre citée par Portner à la suite de sa *Biographie de Guyet* dans l'édition de Térence de Bœcler. Strasbourg. 1657.

« tude estoit présentement en vigueur, comme elle a esté
« autres fois, et qu'un homme tant soit peu entendu en
« eust la direction, ce livre se pourroit sauver du nau-
« frage : si vous sçaviez à Strasbourg quelqu'un qui en
« voulust prendre la peine et faire la dépense de l'im-
« pression, je le luy confierais bien volontiers. »

Ménage, de son côté, nous l'avons déjà dit, avait rendu
hommage à la mémoire de Guyet, son compatriote, en
achetant sa bibliothèque à ses héritiers; il la légua ensuite
à la maison professe des jésuites [1], où elle devait être
dispersée en 1763; nos recherches n'en ont été que plus
difficiles. Dès qu'on apprit que Ménage avait acquis les
livres de Guyet, on s'adressa à lui pour pouvoir lire les
notes du philologue.

De tous ceux qui s'attachèrent à publier les notes que
Guyet avait écrites de son écriture fine, nette et élégante,
nul ne mérite plus d'être cité que Michel de Marolles,
abbé de Villeloin, auteur de *soixante-neuf* ouvrages dont
Ménage a pu dire : « Tout ce que j'estime des ouvrages
de M. Villeloin, c'est que tous ses livres sont reliés avec
une grande propreté et dorés sur tranche : cela satisfait
beaucoup la vue. » Nous verrons plus loin comment il
sut tirer parti des notes de Guyet.

Les savants étrangers s'adressèrent aussi à Ménage, et
les éditions, qui se publièrent soit à Leyde, soit à Amsterdam, renfermèrent les observations ou plutôt une
partie des observations du savant Angevin.

---

1. Ce que devint la bibliothèque de Ménage, nous le savons d'une
façon précise par l'inventaire de cette bibliothèque que possède la bibliothèque nationale (fonds latin, 10378). « Inventaire faict des livres faisant
partie de la bibliothèque de deffunt Messire Gilles Ménage, conseiller et
aumônier du Roy (et un renvoi en marge : par luy léguée aux Révérends
Pères Jésuites de la maison professe, rue Saint-Anthoine de cette ville de
Paris), par moy Jean Guignard, libraire à Paris, nommé par M. Lebailly
et Chambrier.

Émeric Bigot, enfin, acquit une partie des notes philologiques de Guyet, qu'il communiqua à Grævius, à Scheffer [1] et à Spanheim.

Il est donc clair que si nous pouvons faire la bibliographie des œuvres de Guyet, c'est aux Du Puy, à Ménage, à Bigot, à Michel de Marolles et aux savants étrangers que nous le devons.

L'œuvre de Guyet comprend trois grandes divisions.

Elle comprend les œuvres qui se rapportent à la philologie pure, celles qui ont trait à la science de l'étymologie, et enfin des œuvres de moindre importance qui sont le délassement d'un esprit érudit, nous voulons parler des œuvres poétiques.

Dans chacune de ces divisions, il faut distinguer les notes de Guyet qui ont été imprimées, celles qui sont restées sur la marge des livres, enfin ses œuvres manuscrites.

Pour ce qui touche à la philologie, le savant ne semble avoir étudié exclusivement aucun ouvrage des anciens, mais il les a presque tous lus, presque tous annotés, qu'ils appartiennent à la grécité ou à la latinité.

Hésiode, Lucien, Oppien, Hésychius, dont il ne pouvait manquer de s'occuper, car, suivant le mot de Huet, nul au xviie siècle n'était réputé savant s'il n'avait commenté Hésychius, * Apollonius de Rhodes [2], Nicandre, Étienne de Byzance, * l'Anthologie grecque et les Adages d'une part, Plaute, Térence, * César, * les Académiques de Cicéron, Ovide, Virgile, Horace, * Properce, * Tibulle,

---

1. C'est ainsi que Scheffer obtint le *Phèdre* de Guyet. *Sylloge epistolarum*, V, 103, Ep. XCVII, on lit : Phædrus meus lento pede procedit : Notæ tamen meæ nunc finitæ sunt. Sequuntur Guyeti... Upsal, 7 décembre 1666.

2. Nous marquons d'un astérisque les éditions de Guyet que nous ajoutons à la liste donnée par les autres biographes de ce savant philologue.

Lucain, *Juvénal, *Perse, *Sulpicia, Martial, *Sénèque le Tragique, Valère-Maxime, Phèdre, Stace, Nonius Marcellus d'autre part, ont été étudiés et annotés successivement par lui.

Nous distinguerons ici soigneusement les écrits de Guyet qui ont été publiés soit par les savants étrangers, soit dans les traductions de Michel de Marolles, et ceux qui sont restés sous forme de notes marginales.

Pour le grec, les seules notes de Guyet qui aient été imprimées sont celles qu'il a écrites sur Hésiode, Lucien, Hésychius et Étienne de Byzance.

Nous les rencontrons dans les éditions suivantes :

HÉSIODE. — *Hesiodi Ascræi quæ exstant opera, ex recensione J. G. Grævii cum ejusdem animadversionibus et notis. Accedunt notæ ineditæ Jos. Scaligeri et* **Franc. Guieti.** Amstelodami, 1667, in-8 [1].

Les notes de Guyet sur Hésiode sont aussi reproduites dans l'édition suivante :

Hesiodi Ascræi quæcumque exstant græce et latine, ex recensione Joannis Clerici cum ejusdem animadversionibus. Accessere notæ Josephi Scaligeri, Danielis Heinsii, **Francisci Guieti** *et Stephani Clerici. Necnon in altero volumine Joan. Georgii*

---

1. Voici ce que *Grævius* dit dans la préface de son édition d'*Hésiode* touchant les notes de François Guyet : « Ineditas quasdam annotationes illustris Scaligeri, et perpetuas fere notas eruditissimi Francisci Guyeti, ex duobus exemplaribus, quorum marginibus eas adscripserat, excerptas ad me curavit, Emericus Bigotius, decus illud suæ Galliæ, qui natus est ornandis litteris, illorumque conatibus, qui in arte aliqua egregia illustranda elaborant, promovendis. Has Guyeti curas (quas novissimas ei fuisse, et postremum librorum, quem evolvit, antequam in fatalem morbum incideret, is, cui eas debemus, nobis confirmavit Bigotius) si maturius vidissem, correctior hæc editio non uno in loco prodiisset. Sed cum mihi traderentur, jam maxima pars Hesiodei operis, mearumque in id lucubrationum erat profligata et descripta typis : certe quæ in Ἔργα postea scripseram et in *Aspidem* omnia. Hinc non licuit annotare, in quibus virum illum egregium mecum in easdem cogitationes et emendationes incidisse deprehendi, ne quis suspicetur ejus me compilasse scrinia. »

Grævii lectiones hesiodeæ, nunc auctiores, et Danielis Heinsii introductio in doctrinam operum et dierum, cum indice Georgii Pasoris. Amstelodami, MDCCL.

Lucien. — *Luciani Samosatensis opera omnia ex versione Joannis Benedicti cum notis integris J. Bourdelotii, J. Palmerii a Grentemesnil, T. Fabri, Æg. Menagii,* **Fr. Guieti**, *J. G. Grævii, G. Gronovii, L. Caclæi, J. Tollii et selectis aliorum. Accedunt inedita scholia in Lucianum ex Bibliotheca Is. Vossii.* Amstelodami, 1687, in-8.

Notes de Guyet qui se trouvent aussi dans l'édition suivante :

Luciani Samosatensis opera cum nova versione Tib. Hemsterhusii, et Jo. Matthiæ Gesneri græcis scholiis, ac notis omnium proximæ editionis commentariorum, additis Jo. Brodæi, Jo. Jensii, Lud. Kusteri, Lamb. Bosii, Hor. Vitringæ, Joan. de la Faye, Ed. Leedes, aliisque ineditis ac præcipue Mosis Solani et J. M. Gesneri. Amstelodami, 1743 [1].

Hesychius. — *Hesychii lexicon cum notis doctorum virorum integris vel editis antehac, nunc auctis et emendatis Hadr. Junii, Henr. Stephani, Ios. Scaligeri, Claud. Salmasii, Jac. Palmerii,* **Franc. Guyeti**, *Godefr. Sopingii, Io. Fungeri, Io. Cocceji, Io. Fred. Gronovii, Io. Casp. Sinceri, Tanaq. Fabri, Corn. Schrevelii ac ex autographis partim recensuit, partim nunc primum edidit, suasque animadversiones perpetuas adjecit Ioannis Alberti.* Lugd. Batav., 1766, 2 vol. in-fol. [2].

---

1. Ces notes sont aussi citées dans l'édition de Lehmann. — Voici comment Jean Frédéric Reitzius dans sa préface nous raconte la façon dont les notes de Guyet lui sont parvenues : Tum etiam communicatæ mecum fuere notæ manu scriptæ Fr. Guyeti, ex quibus *Æg. Menagium* sua omnia hausisse mihi persuadeo, ita ad verbum eadem ubique habet quæ Guyetus, quo defuncto forsan nactus est exemplar Luciani in cujus marginem Guy. breves sua commentationes et conjecturas conjecerat, quas deinde describere ausit. Sunt enim *Guyeti* illæ notulæ aliquanto plures quam quas Menagius dedit; et veterem fuisse popularium hujus querelam, quod ex aliis sua desumere amaret, vid. in *Miscell. novis Lips.* quæ in forma minore prodiere anno 1742, vol. I, p. 122.

2. Pour *Etienne de Byzance*, Baillet, *Jugements des savants*, tome II, p. 442, nous dit : « Celles (les notes) qu'il (Guyet) a faites sur le *Stephanus* furent imprimées l'été dernier à Leyde. »

Les notes de Guyet sur les écrivains grecs qui sont restées sur les marges de ses exemplaires sont celles qu'il écrivit à propos d'Apollonius de Rhodes, de Nicandre, d'Oppien, des *Adages.*

Ces exemplaires d'Apollonius de Rhodes, de Nicandre ont appartenu à feu M. Antoine-Augustin Renouard, ancien libraire, ancien maire du XIe arrondissement, et ont été vendus le 24 novembre 1854, rue des Bons-Enfants, 28, le premier volume au prix de 18 francs et le second au prix de 11 francs, avec les indications suivantes [1] :

1° *Apollonii Rhodii Argonautica scholia vetusta, græce, cum annotationibus Henrici Stephani.* Excudebat Henricus Stephanus, 1574, in-4 vél.

Avec beaucoup de notes grecques et latines de la main de Fr. Guyet, dont la signature est sur le titre, ainsi que celles de Ménage.

2° *Nicandri Theriaca et Alexipharmaca gr. lat. Gorræo inter-terprete.* Parisiis, Guill. Morell., 1557, in-4 vél.

Chargé de notes de la main de François Guyet, ce qui est certifié par un attestat de Simon de Valhébert, à qui le volume fut légué par Ménage avec beaucoup d'autres.

L'*Oppien* et les *Adages* ont appartenu à Charles Nodier, qui, très fier de posséder ces livres, leur a consacré quelques pages de ses *Mélanges tirés d'une petite bibliothèque* [2] et appelle Guyet « un homme extraordinaire ». Ils ont été vendus le 28 janvier 1830, sous les indications suivantes :

1° *Oppiani de Venatione libri IV, de Piscatu libri V, cum*

---

1. Voir Catalogue d'une précieuse collection de livres, manuscrits, autographes, dessins, et gravures composant la bibliothèque de feu M. Antoine-Augustin Renouard, dont la vente aura lieu le lundi 20 novembre et les trente jours suivants, à sept heures précises du soir, rue des Bons-Enfants 28, maison Silvestre. Les adjudications seront faites par M. Boulouze, commissaire-priseur, 69, rue Richelieu. 2e éd. Paris, Potier, Jules Renouard et Cie, 1834, 434 p.

2. Ch. Nodier, *Mélanges tirés d'une petite bibliothèque*, p. 379.

*interpretatione latina, commentariis et indice, confectis studio
et opera Conr. Rittershusii.* Lugd. Bat., Fr. Raphelengius,
1597.

*Bel exemplaire dont une grande partie des marges est chargée
de notes grecques et latines et de corrections de la main de
Guyet, savant scoliaste du XVIIe siècle, du cabinet duquel il
est passé dans celui de Ménage.*

2° *Adagia, sive proverbia græcorum, ex Zenobio, Diogeniano
et Suidæ collectaneis, partim edita nunc primum, partim latine
reddita, scholiisque parallelis illustrata, ab Andr. Schotto e S. I.*
Antuerpiæ, Morettis, 1612, in-4, v. f. fil.

Bel exemplaire signé et annoté par Guyet.

Les notes de Guyet sur l'*Anthologie* et le texte même
sont de la main du philologue.

Lorsqu'en 1607 Claude Saumaise, encore jeune, eut
la bonne fortune de découvrir dans la bibliothèque de
l'électeur palatin, à Heidelberg, le manuscrit de l'*Anthologie grecque*, telle qu'elle avait été constituée par Cons·
tantin Céphalas, le monde savant ressentit les émotions
qu'on avait éprouvées à l'époque de la Renaissance, alors
que les manuscrits grecs furent apportés de Constantinople, et que, dans les bibliothèques, on découvrit des
manuscrits restés inconnus.

Chacun voulut faire une copie du manuscrit de Heidelberg. Saumaise, de son côté, communiqua la copie qu'il
avait faite aux savants qui la lui demandaient. Guyet fut
le premier qui reproduisit le manuscrit de Saumaise [1].

____

1. *Analecta veterum poetarum græcorum* editore Rich. Fr. Phil. Brunck.
Præf., viij, on lit : « Apographum quod descripsit *Fr. Guietus, unus e
primis*, quocum communicatæ fuerunt Salmasianæ Schedæ, cujusque noti-
tiam dedit Io. Boivin, Academiæ Parisiensis Actorum Tomo II, ex quo
Bibliothecæ Regiæ fuit illatum, multorum eruditorum cum nostratum,
tum peregrinorum manibus versatum fuit, et illo plurima propagata
ἀντίγραφα. » Le Manuscrit palatin passa à la bibliothèque du président de
Thou, comme le prouve une lettre fort intéressante de Saumaise du fonds
français de la bibliothèque nationale, n° 13040, fol. 149.

C'est cette copie que la Bibliothèque nationale possède sous le n° 2742 du fonds grec, et qui nous est ainsi décrite par Boivin dans un mémoire (*Mémoires de littérature tirés des registres de l'ancienne Académie des inscriptions et belles-lettres*, tome II, p. 279) :

« C'est un in-folio en papier, de soixante feuillets, fort
« bien écrit de la main mesme de Guyet, qui a joint au
« texte un grand nombre de corrections et de restitutions,
« avec d'autres notes pour l'intelligence du texte.

« Le recueil est de plus de sept cents épigrammes. Le
« tout fait environ trois mille vers. Il est divisé en cinq
« parties :

« La première et la seconde sont composées d'épi-
« grammes la plupart licencieuses, et qui, si l'on en
« excepte un très petit nombre, ne doivent jamais voir
« le jour.

« La troisième partie a pour titre ἐπιγράμματα ἀναθημα-
« τικά. C'est ainsi qu'on nommait les épigrammes qui
« servaient d'inscription aux offrandes que l'on faisait
« aux dieux.

« La quatrième contient des inscriptions de tombeaux.

« La cinquième comprend des épigrammes sur divers
« sujets, dont quelques-uns sont inventés à plaisir. L'au-
« teur du recueil les nomme ἐπιγράμματα ἐπιδεικτικά, épi-
« grammes d'ostentation, c'est-à-dire des épigrammes où
« le poète ne cherche qu'à faire paroistre son esprit. »

Ce manuscrit de Guyet, qui, sur le point d'être acquis par un gentilhomme danois, M. de Rostgaard, fut acheté par M. l'abbé de Louvois et donné par lui à la Bibliothèque nationale, porte la suscription suivante :

« Fasciculum hunc epigrammatum ineditorum collegit et manu propria exaravit notisque illustravit Franciscus

Guyetus Andegavensis, cujus post obitum χειρόγραφον istud, una cum plurimis aliis vario eruditionis genere plenis, pecunia sibi comparavit Ægidius Menagius Andegavensis. Quæ omnia Mss. cum omnibus suis propriis quotquot reperti fuerint moriens testamento mihi legavit Menagius, cujus tunc eram ante annos 4 a studiis et nego·tiis. Obiit autem Æg. Menagius die Merc. 23 julii anni 1692 ad horam septimam serot. natus ann. 78 menses II.

« SIMON DE VALHÉBERT. »

Outre cette copie du *Codex Palatinus*, la Bibliothèque nationale en possède trois autres :

L'une (Suppl. grec 557) porte en titre *Anthologia Græcorum epigrammatum inedita cum notis Claudii Salmasii et* **Francisci Guyeti**. *Accedunt alia quædam quæ index sequens exhibebit. Codex Ms. Bibibliothecæ.* BIII. MDCCXXI.

L'autre (Suppl. grec 45) renferme également les notes de Fr. Guyet.

Si l'on compare ces différentes copies, on remarque que les deux dernières ont été faites d'après le manuscrit de Guyet lui-même. L'une d'elles (celle que possédait le président Bouhier) a été l'œuvre de La Monnoye. Toutes deux reproduisent les notes de Guyet en tout ou en partie.

La Bibliothèque nationale a enfin un fragment de l'***Anthologie*** de Guyet sous le nº 886 du Suppl. grec :

Anthologiæ Græcæ ineditæ **Fr. Guyeti** *manu exaratæ Fragmentum* (94 feuillets).

C'est une nouvelle copie du Ms. 2742, qui peut, en quelque sorte, être considérée comme l'archétype.

Telle est l'œuvre de Guyet en ce qui touche à la grécité.

Elle n'est pas moins féconde en matière de latinité.

C'est ici que Michel de Marolles a rendu le plus de services à la mémoire de François Guyet. C'est à lui que nous devons la plupart des notes de Guyet sur les écrivains latins. Il en a couvert ses traductions. C'est peut-être le meilleur de sa besogne, quoique sur ce point il y ait encore matière à la critique.

Quant aux notes de Guyet sur Plaute, sur Horace, sur Stace, sur Juvénal, sur Perse, sur Sulpicia, elles se trouvent dans les traductions de Michel de Marolles. Les autres notes de Guyet ont été publiées par des savants étrangers, quand elles ne sont pas sur les marges des éditions dont Guyet s'était servi, comme pour Plaute et Stace, par exemple.

Il y a donc ici, dans cette bibliographie des œuvres de Guyet, quatre cas à distinguer :

Ou bien les notes ne sont publiées que dans les traductions de Michel de Marolles;

Ou nous les retrouvons à la fois dans les traductions de Michel de Marolles et sur les marges des livres;

Ou elles ont été publiées par des savants étrangers ou mêlées à des éditions *variorum;*

Ou enfin elles constituent un manuscrit spécial.

Le premier cas s'applique à Horace, Juvénal, Perse et Sulpicia;

Le second, à Plaute et à Stace;

Le troisième, à Térence, Phèdre, Valère-Maxime, aux *Académiques* de Cicéron, à Martial, à Properce et Tibulle;

Le quatrième, à Valérius Flaccus et Nonius Marcellus.

1ᵉʳ cas. — L'*Horace* de Guyet a été publié par Michel de Marolles dans sa traduction (Paris, 1660), reproduit parfois par le P. Sanadon dans son édition de 1756, et enfin ces notes ont été signalées par Th. Fritzsche dans le trente-cinquième volume du *Philologus* (1876, p. 476-492).

Juvénal, Perse et Sulpicia [1]. — Les notes de Guyet
sont dans la traduction de Michel de Marolles qui a pour
titre « *D. Junii Juvenalis et Auli Persii Flacci satiræ cum
notis* **Francisci Guieti Andini,** *Joannis Peyraredi Aquitani,
et al. accurante Michaele de Marolles, abbate Villupensi cum
ejusdem versione et interpretatione Gallica.* Lutetiæ Parisio-
rum, apud Guillielmum de Luyne, MDCLVIII. »

Nous possédons à côté de cette traduction de Michel de
Marolles une édition de Juvénal qui sur la feuille de garde
porte une vignette avec écussons et l'inscription :

« *Ex libris quos domui professæ parisiensi Soc. Jesu testamento reliquit vir Clarissim. D. Ægidius Menagius patritius
Andegavensis, vir inter literatos eruditissimus. Anno 1692,* »
et de gros chiffres romains LXXXVII. J.

Ce Juvénal, qui a pour titre :

« *Junii Juvenalis Satiræ sexdecim, cum veteris scholiastæ
et Joa. Britannici Commentariis, quibus accesserunt P. Pithœi,
Cœlii Secundi Curionis, et Theodori Pulmanni notæ et variæ
lectiones. Additus est index geminus rerum et verborum omnium
absolutissimus. Lutetiæ, apud Claudium Morellum, via
Jacobæa ad insigne Fontis, MDCII. »
contient sur cette même page, sous les mots « omnium
absolutissimus », cette indication : « Domus Professorum
Paris. Soc. Jesu, » et, sous le mot *Lutetiæ,* le nom de
Guyet écrit de sa main.

---

1. Nous avons acquis ce Juvénal à la vente des livres du regretté latiniste M. Louis Quicherat. — Michel de Marolles parle ainsi des notes de
Guyet dans la Préface de sa traduction de Juvénal : « J'ay enrichi cette
édition de petites notes latines, mais fort utiles et de grande érudition,
de quelques sçavants hommes, qui ont acquis de nostre temps beaucoup
de réputation entre les gens de lettres pour cette sorte d'estude, je veux
dire de feu Monsieur Guyet de la ville d'Angers, de Monsieur Peyrarède
de Guyenne, et de quelques autres. Je tiens les premières des faveurs de
Monsieur Ménage, homme de grand mérite qui depuis la mort de Monsieur Guyet a recueilli ses écrits et sa bibliothèque avec un soin tout particulier, et m'a prêté son exemplaire manuscrit de Juvénal, avec ceux de
Plaute et de Stace, que nous faisons imprimer au mesme temps que nous
achevons celui-cy, pour conserver la mémoire de son illustre ami. »

Ce Juvénal, suivi des satires de Perse, est couvert çà
et là de notes et observations de Guyet écrites par lui sur
la marge de ce livre. Mais elles sont très rares. Ce n'est
donc pas le Juvénal d'où Michel de Marolles a tiré le grand
nombre de notes qui sont au bas des pages de sa traduction.

2e cas. — Les notes de Guyet sur Plaute et sur Stace
ont été, comme nous l'avons dit, publiées par Michel de
Marolles dans ses traductions de ces écrivains.

Mais nous possédons en même temps les éditions mêmes
sur les marges desquelles Guyet a écrit ses notes.

L'exemplaire de Plaute, sur lequel Guyet a écrit ses
observations, est, comme l'a dit M. Benoist dans un mémoire
inséré dans les *Mélanges Graux* [1], « l'édition donnée par
Gruter en 1621, celle que l'on appelle la troisième de
Taubmann. Malheureusement, pour rendre l'ouvrage plus
portatif, Guyet l'avait fait relier en deux volumes, et nous
ne possédons que la première partie, qui se termine à la
page 886 après l'argument du *Mercator*. Le volume porte
sur le feuillet de titre les marques suivantes : « Q, 50, B, 4°.
« Domus Prof. Paris. S. Jesu. » Sous l'écusson du libraire,
en capitales romaines d'une plume assez fine : « Fr. Guyetus
« S. A. » (que nous lisons *Sancti Andradæ* et non *Senator
Andinus,* comme le pense M. Benoist). Sur la feuille de
garde qui fait face au titre est écrite la note suivante :
« *Scatet hoc exemplar emendationibus ac notis Franc. Guieti* »
(il y avait d'abord *Guyeti*). Puis, sur le revers intérieur de
la reliure, une vignette collée après coup, avec des ar-
moiries et l'indication imprimées en italiques, que nous
avons déjà citée plus haut. En haut de la page, 1872. En
bas, en caractères grossiers, LXXVIIK. Tous les carac-

---

1. *Mélanges Graux,* p. 466.

tères ici encore une fois se rapportent à la tradition ; le livre a appartenu à Guyet, puis à Ménage, après à la maison professe des jésuites. Les marges, celles de droite et de gauche, comme celles d'en haut et d'en bas, sont couvertes d'une écriture très fine, et elles contiennent des notes de tout genre, explications, critiques, rédigées en général en latin, avec quelques mots de français çà et là. Plus d'une fois Guyet justifie en marge la leçon qu'il adopte. Les vers qu'il croit supposés sont barrés ou précédés du signe >.

« Enfin trois feuillets de garde et le revers intérieur de la reliure, où est collée une feuille blanche, portent à la fin du volume une sorte de table détaillée où, au moyen de renvois dans le corps du livre, Guyet donne un aperçu de ses opinions en prosodie, en métrique, en critique. Ces feuilles sont même notées en pages portant les chiffres 1, 2, 3, 4, 5, 6. Puis, la place n'ayant pas suffi, trois feuillets de garde au commencement font suite à cette table sous les nᵒˢ 7, 8, 9, 10, 11, 12. »

Ajoutons que le *Plaute* de Guyet, après avoir passé entre les mains de Ménage, puis de là dans la bibliothèque de la maison professe des Jésuites, fut plus tard acquis par le savant latiniste et traducteur de Plaute, M. Naudet, qui le légua à la bibliothèque de l'Institut.

Les indications que M. Benoist a données sur le *Plaute* de Guyet s'appliquent en grande partie au *Stace* de ce philologue.

L'exemplaire de Stace que Guyet a couvert (le mot n'est pas une exagération) de ses notes et de ses observations est le *Stace* de Bernartius. C'est un petit in-16 recouvert en parchemin.

P. Statii Papinii opera quæ exstant, Joh. Bernartius ad libros veteres recensuit, et scholiis illustravit. Antuerpiæ, ex officina typographica Martini Nutii, ad insigne duarum ciconiarum, MDCVII.

Tel est le titre de l'édition dont Guyet s'est servi.

Le feuillet de titre porte l'écusson du libraire, dont la devise est *Virtus, pietas homini tutissima.*

Au-dessus de cet écusson, Guyet a écrit son nom, suivant son habitude, et au même endroit que dans toutes les éditions qu'il a possédées.

Les feuillets de garde, les revers intérieurs du volume, au commencement et à la fin, sont couverts de notes complémentaires sur Stace, notes que, sans doute faute de place, il n'a pas pu écrire sur les marges de droite et de gauche, d'en haut et d'en bas du volume.

Le feuillet de garde du commencement porte l'indication suivante, indication qui semble être celle du catalogue de Guyet :

Y

N° 265.

Sur le feuillet de garde de droite, Guyet a écrit un renvoi à la page 304 de son *Stace.* Ce renvoi indique une restitution, telle qu'il a cru pouvoir la concevoir. Comme dans son *Plaute,* les interpolations qu'il a reconnues dans le texte sont marquées du signe $>$ entrelacé quelquefois du signe $<$.

C'est ce *Stace* que Michel de Marolles a eu entre les mains, quand il a ajouté au bas des pages de sa traduction des *Sylves* et de la *Thébaïde* les remarques de Guyet.

La traduction de de Marolles est en 3 volumes in-8, et elle est de 1658. L'abbé de Villeloin a tenu de Ménage cet exemplaire de Stace :

« Je dois à la civilité de M. Ménage, ami et compatriote de M. Guiet de la ville d'Angers, dit-il dans sa préface,

l'exemplaire manuscrit de ses petites notes latines qui
sont..... de grande érudition et dignes d'être conservées
pour la mémoire d'un si excellent homme. »

Le *Stace* de Guyet, après avoir été recueilli par Ménage,
emprunté par Michel de Marolles, fut légué par le compatriote de Guyet à Simon de Valhébert, comme l'indique
cette note inscrite en tête du verso du feuillet de titre
du *Stace* :

« *Ce livre vient de feu M. François Guyet et les notes mss.
dont il est chargé sont de sa main. Il a passé ès mains de feu
M. Ménage qui me le laissa en mourant au mois de juillet 1692.*
Simon de Valhébert. »

Il passa ensuite dans le domaine public et fut acheté
en dernier lieu par M. Louis Quicherat, que le monde
savant a eu le regret de perdre il y a quelque temps.

Nous avons pu jusqu'à présent reconnaître, dans les
œuvres philologiques de Guyet, deux groupes :

Nous avons distingué les notes que nous ne possédons
que grâce à Michel de Marolles, celles qui se trouvent conservées à la fois sur les marges des exemplaires dont Guyet
s'est servi et dans les traductions de l'abbé de Villeloin.

3ᵉ *cas.* — Les éditions de Guyet, que nous allons citer
à présent, nous ont été conservées par les savants étrangers.

Ce sont eux qui, ayant connu Guyet dans le Cabinet Du
Puy et ayant pu y apprécier toute la valeur de sa science,
l'immense portée de ses connaissances, ont considéré que
l'œuvre d'un pareil homme ne devait pas périr; ils ont
donc imprimé ses notes; ils les ont mêlées aux observations des plus grands philologues que l'Allemagne, la Hollande, la Suède et l'Angleterre aient produits au xvııᵉ siècle.
C'est à Leyde, Amsterdam, Cambridge, Strasbourg qu'ont
été imprimées les notes du grand philologue angevin.

Il nous serait aisé, grâce aux lettres des savants étrangers que nous avons lues et copiées, d'entrer dans le détail même de la publication des notes de Guyet, de faire voir à la suite de quelles négociations, et après quelles difficultés parfois, le commentaire de Guyet sur Térence par exemple a été imprimé à Strasbourg [1].

Mais ces détails sont, dans une thèse, des infiniment petits et ne présenteraient qu'un intérêt médiocre. Ils serviraient à montrer tout au plus ce qu'à l'étranger on a pensé d'un savant français, resté inconnu en France. Ces témoignages d'estime et même d'admiration, rendus à Guyet, trouveront leur place dans la suite de ce livre.

Pour le moment, contentons-nous de faire en quelque sorte le Catalogue critique des Commentaires de Guyet qui ont été publiés par des philologues étrangers.

1° Le commentaire de Guyet sur Térence a été publié à la suite de l'édition de Bœcler :

« *Publii Terentii Carthaginiensis Afri VI comœdiæ cum annotationibus Io. Henrici Bœcleri. Accedunt seorsum exquisitæ doctrinæ commentarii* **Francisci Guyeti** *nunquam antehac editi.* Argentorati, sumptibus Joannis Joachimi Bockenhofferi, MDCLVII.

Comme Bœcler l'annonce lui-même dans son « Avis au lecteur », c'est de Jacques Du Puy qu'il obtint la communication des notes de Guyet.

« Eo ipso tempore, *dit-il*, quo ad edendum comicorum, qui unquam vixere usquam, principem, animum applicueram, illustrissimæ vir memoriæ Jacobus Puteanus, Lutetia ad me transmisit Guyeti commentarios; tanquam thesaurum quemdam variarum lectionum, quæ in optimis Galliæ Italiæque codicibus præsertim reperirentur. Statim

1. Voir par ex. à l'*Appendice* la *Correspondance de Portner et de Boulliau* au sujet des notes de Guyet sur Térence. .

animadverti eas esse viri longe doctissimi curas, in quibus multum reconditæ eruditionis et literaturæ exquisitioris, congestum ac repositum inveniretur. Res loquetur ipsa; et verissima dulcissimaque prædicatione, qui vitam ejus composuit vir inter egregios primore loco colendus. »

Bœcler publia d'ailleurs le Commentaire de Guyet avec le plus grand soin; il ne le mêla pas à ses propres notes; tout au plus y fait-il çà et là quelque allusion, porte-t-il sur lui quelque jugement. Il lui assura une place spéciale dans son œuvre. Il le fit précéder d'un long récit de la vie de Guyet qu'écrivit Portner sous le pseudonyme de *Periander Rhætus*. Il y ajouta tous les éloges dont Guyet a été l'objet de la part de Balzac, de Ménage, de Boulliau et de Jacques Du Puy. Puis il imprima le Commentaire de Guyet, qui comprend 383 pages. C'est l'œuvre la plus complète que nous possédions du savant Angevin.

2° Les notes de Guyet sur les *Académiques* de Cicéron sont insérées dans l'édition *Variorum*, dont le principal auteur est Jean Davies :

M.-Tullii Ciceronis Academica recensuit variorum notis suas immiscuit et Hadr. Turnebi Petrique Fabri commentarios adjunxit Joannes Davisius. Cantabrigiæ, typis Academicis, 1725.

Ces notes ont été copiées sur un exemplaire de Gruter, à Paris, dans la bibliothèque de la maison professe des jésuites, par Jean Walker.

« Francisci Guyeti stricturas, *dit l'auteur de la préface*, ex ora editionis Gruterianæ, quæ servatur in bibliotheca jesuitarum Parisinorum, descripsit, dum Lutetiæ degebat, vir doctissimus Joannes Walkerus, suumque apographum, prout solet, amicissime mecum communicavit. Omnes tamen ejus notulas non vulgavi, cum nonnullæ ex Turnebo vel Fabro essent contractæ; aliæ vero latina verba græcis reddita tantum repræsentarent, adeoque nullum tibi commodum ferre possent. Reliquæ summa fide sunt editæ, quarum tamen pleraque pars mihi non probatur, licet paucæ quædam sint quibus calculum lubens adjicio. »

Les notes de Guyet sur les *Académiques* semblent reproduites d'une façon assez exacte et assez complète.

3º Les observations de Guyet sur les *Fables* de Phèdre nous ont été transmises de la même manière que ses notes sur Térence. Elles ont été imprimées à part, à la suite des notes de Scheffer sur le fabuliste latin. Scheffer les avait reçues d'Émeric Bigot, et elles se trouvent placées dans l'édition suivante :

Phædri fabularum Æsopiarum libri V cum annotationibus Joannis Schefferi Argentoratensis et **Francisci Guyeti** *notis nunquam antea publicatis. Editio tertia prioribus emendatior et auctior in qua jungitur interpretatio gallica cum notis, et index latinus uberrimus.* Hamburgi et Amstelodami, MDCLXXIII.

Les notes de Guyet comprennent sept pages.

4º Les notes de Guyet sur Properce et sur Tibulle sont mê lées aux notes des éditions de Broukhusius (Brœkhuyzen).

Propertii Elegiarum libri IV ad fidem vett. membran. curis secundis Jani Broukhusii sedulo castigati. Acced. notæ et terni indd. quorum primus omnes voces Propertii complectitur. Amstelodami, 1727.

Tibulli quæ exstant ad fidem veter. membranar. sedulo casti gata. Accedunt notæ cum varr. lectt. libello et terni indices quorum primus omnes voces Tibullianas complectitur (Studio I Broukhusii). Amstelodami, 1708.

C'est dire que les notes de Guyet ne sont pas reproduites complètement. Nous n'excepterons que ses observations sur Properce, que nous retrouvons dans les *Adversaria* d'Heinsius.

Rangeons, en dernier lieu, dans ce groupe, les notes de

Guyet sur Valère Maxime et les notes sur Martial, publiées
les unes dans l'édition de Torrenius, Leyde, 1726; les
autres dans l'édition *Variorum* de 1670. N'oublions pas ses
Notes sur Lucain publiées par *Oudendorp* à la suite de son
édition (Leyde, Samuel Luchtmans, 1728, in-4). Ces notes
avaient été retrouvées par le P. Oudin sur un exemplaire
de Lucain (édition de Grotius), dans la Bibliothèque de la
maison professe des jésuites de Paris, comme nous l'apprend Michault dans ses *Mélanges historiques et philologiques* [1] (t. II, p. 307).

4ᵉ cas. — Le quatrième groupe, que nous avons établi,
comprend le *Valerius Flaccus* de Guyet et ses notes sur
Nonius Marcellus.

C'est sur l'édition de Carrion que Guyet avait écrit ses
notes sur les *Argonautiques.*

*Valeri Flacci (C.) Argonauticon lib. VIII a Lud. Carrione
ex vetustissimis exemplis emendati, cum notis ejusd. Carrionis,
And. Schotti et Laur. Balbi Liliensis.* Coloniæ, Allobrog.,
Es. Le Preux, 1617, in-8 vél.

« Exemplaire du savant Gilles Ménage, de l'Académie
française, avec son ex libris et de nombreuses corrections
de sa main et de son ami François Guyet [2]. »

---

1. Ch. Nodier a possédé le *Lucain* de Guyet, comme il le dit lui-même
en tête de l'article de ses *Mélanges* que nous avons déjà cité plus d'une
fois. Ch. Nodier nous le fait connaître sous ce titre :

« M. Annæi Lucani Pharsalia ex emendatione Hug. Grotii. Lugd. Batav.,
Maire, 1626, in-8, v. fauve ancien, 1ʳᵉ reliure. — Exemplaire chargé de
leçons, de corrections et de notes de Guiet et celui même qui a servi
à l'édition imprimée à Leyde en 1728. Il a fait partie de la bibliothèque
posthume de de Thou. — Oudendorp s'est servi de cet exemplaire,
comme nous l'indiquent les quelques mots qu'il consacre aux notes de Guyet
sur Lucain : « ..... notulas audacissimi Critic. Fr. Guyeti, quas bona fide
excerptas, non tamen a me ubique probatas........... addere operæ pretium
mihi visum fuit. Codex vero, ad quem Guyetus has notas adleverat, est
unus ex libris, quos domui professæ Parisiensi Soc. Jesu testamento
A. MDCXCII reliquit vir clariss. D. Ægidius Menagius. »

2. Cet exemplaire de Valerius Flaccus a été vendu par M. Claudin,
libraire, à un « savant de province » dont le nom nous est resté inconnu.

Les notes de Guyet sur Nonius Marcellus constituent
un manuscrit spécial, comme les notes du philologue sur
l'*Anthologie grecque*. Ce manuscrit se trouve à la Bibliothèque nationale, fonds latin, n° 11272, 196 pages in-4°. Il
est couvert en parchemin et porte au revers intérieur un
écusson prouvant qu'il est sorti

ex bibliotheca publica
Collegii Divio Godranii.

(Collège fondé à Dijon par Odinet Godran, président au parlement.)

A vrai dire, ces notes sur Nonius Marcellus ne nous
paraissent pas écrites de la main de Guyet. Nous ne retrouvons pas là son écriture élégante, très fine et cependant
très nette.

Ce manuscrit est plutôt une copie postérieure, très
lisible, des notes que Guyet avait écrites sur la marge
d'une édition de Nonius.

Avec Nonius Marcellus s'achève la liste des œuvres
philologiques de Guyet, que nous avons pu retrouver.

Il est certain qu'il s'est occupé [d'Ovide, qu'il a étudié
Virgile [1], et que même, s'il faut en croire Bayle, il a voulu
retrancher de l'*Enéide* quelques livres qu'il jugeait indignes du poète de Mantoue. Nous avons trouvé aussi des
indications prouvant qu'il a annoté César et Sénèque le
Tragique [2]. Ses notes sur ces deux écrivains ont été

1. Une lettre de Balzac (28 octobre 1644, p. 669 de l'édition in-fol. 1665)
nous apprend que les trois poètes favoris de Guyet étaient Térence,
Horace et Virgile. — Ménage possédait les corrections de Guyet sur
Ovide (*Menagiana*, tome III, p. 141).

2. *Lettres inédites* de Jean Chapelain, II, p. 132 : « A Spanheim, gouverneur du jeune prince palatin à Heidelberg, 25 avril 1661. — Je vous
ay ouvert la plus seure voye d'obtenir les notes de feu M. Guyet. Mais si
elles ne valent pas mieux sur Lucain que M. Gronovius ne les a trouvées
sur Sénèque le Tragique, vous ne perdiés guères à ne les pas avoir. Je
prendrois pourtant le hazard de les voir, si j'estois en vostre place,
quand ce ne seroit que pour ne rien négliger, et ne vous pas faire repro-

communiquées, les unes à Bœcler, les autres à Gronovius, mais nous ne les possédons pas. Peut-être les volumes sur lesquels Guyet avait écrit ses notes marginales ont-ils été vendus, et figurent-ils dans des catalogues de vente [1].

S'il nous est permis d'ajouter ainsi des œuvres à la liste de celles qui sont dues à Guyet, liste déjà longue, comme il est aisé de le constater, nous pouvons en retrancher une que Portner lui a attribuée, mais à tort. Ce sont des *notes sur Philoxène*. Dans une lettre qu'Émeric Bigot écrit à Ismaël Boulliau, il déclare que Guyet ne s'est jamais occupé de Philoxène.

Néanmoins, si nous comptons le nombre d'écrivains anciens que Guyet a commentés, nous remarquons qu'il a annoté vingt-neuf écrivains.

Là ne s'est pas arrêtée la tâche du philologue angevin. S'il a été grand philologue, il n'a pas moins été linguiste, et ces recherches étymologiques, qui avaient tant séduit Scaliger et Vossius, ne pouvaient manquer de l'intéresser.

Sur ce point, l'œuvre de Guyet est importante.

Dans une lettre que Jacques Du Puy écrivit à Bœcler après la mort du philologue angevin, Jacques Du Puy s'exprimait en ces termes [2] :

cher que vous n'avés pas eu assez de soin ou de crédit pour orner vostre édition des remarques d'un homme qui d'ailleurs a beaucoup de nom dans les lettres. » Cf. BURMANN, *Sylloge*, III, 446, n° CCCLVIII, Nic. Heinsius J. Fr. Gronovio, La Haye, 1660, 20 oct. : « Tardius ad tuas respondeo, quam fieri oportuit. Sed dum Bullialdi nostri adventum ac congressum operior, officium scriptionis differre sum coactus. Is ergo, quod mirere, nihil mihi tibique a Menagio attulit, cum tamen tibi *Senecam Guyeti*, mihi *Virgilium manu exaratum* obtulisset. »

1. Morhof (*Polyhistor literarius philosophicus et practicus*, t. II, p. 57) parle d'un *Justinianus Magnus* de François Guyet et ajoute : *hunc librum edidit Christoph. Arnoldus*, Norimb., 1660, in-12.

2. Cette lettre est citée par Portner à la suite de la « biographie de Guyet » dans l'édition de *Térence* de Bœcler 1657.

« Guyet avait aussi un grand dessein pour les origines des langues grecque et latine. »

Et, dans une deuxième lettre, il ajoutait au sujet de ce dessein :

« Pour ses origines de la langue latine, qu'il dérivait de la grecque et dont vous pouvez l'avoir entendu parler, c'est à la vérité un grand travail, mais qui n'a pas sa dernière main, de sorte que je ne vois pas que le public en puisse tirer aucun avantage. Il y a plus de vingt-cinq ou trente mains de papier in-fol. sur cette matière, dont la lecture serait très tédieuse, n'y ayant aucune liaison de discours, mais une suite de mots grecs et latins entassés les uns sur les autres. »

Bayle, de son côté, nous dit que la principale occupation de Guyet fut un ouvrage où il prétendait démontrer que la langue latine était dérivée de la grecque, et que tous les mots primitifs de celle-ci n'étaient composés que d'une syllabe. Il était le premier « à qui ce dessein fût monté dans la pensée : c'est ce qui faisait qu'il voulait être le seul qui eût la gloire de l'exécution ; ainsi il ne montrait à personne les essais de son travail. Quelque longue et continuelle qu'ait été son application à composer cet ouvrage, elle a été entièrement inutile, car on n'a trouvé après sa mort qu'une vaste compilation de termes grecs et latins, sans ordre ni suite, et sans aucune préface qui expliquât son projet [1]. »

Les vingt-cinq ou trente mains de papier in-fol. ont passé pour perdues. Pocquet de Livonnière déclare qu'il ignore ce qu'elles sont devenues. Nous avons pu les retrouver en partie.

---

1. Extrait de Pocquet de Livonnière, manuscrit 1067, fol. 179 : « Guyet se retira au collège de Bourgogne et fit un ouvrage *qui a péri;* il y prétendait montrer que la langue latine était dérivée de la grecque. »

La Bibliothèque nationale possède trois volumes de notes étymologiques de Guyet, deux appartenant au Supplément du fonds grec, et le troisième au fonds latin.

Les deux premiers sont des in-folio ; le troisième est un in-quarto. Ils portent, les deux premiers, les n°s 835 et 888 du Supplément grec, le dernier, le n° 11271 du fonds latin.

Ces manuscrits sont curieux à étudier, parce qu'ils nous montrent comment Guyet travaillait, avec quelle opiniâtreté il recherchait les origines des mots les plus difficiles à découvrir, avec quelle sévérité il retranchait ce qui lui paraissait défectueux, à quelle critique il soumettait ses travaux. Ses notes sont souvent écrites sur les plus petits bouts de papier, sur le dos des lettres qu'il recevait ; pas un coin n'y est perdu ; pas une place n'est laissée en blanc. Le même mot est étudié à des reprises différentes. On reconnaît partout l'esprit d'un savant qui cherche, qui pèse ce qu'il doit confier au papier.

Le n° 835 du Supplément grec se compose de 284 feuillets in-fol. et contient une lettre à « M. Guyet, prieur de Saint-Andreas », à Paris.

Le n° 888, également in-fol., comprend 98 feuillets dont 1 bis. Les deux manuscrits semblent être l'un la suite de l'autre et renferment donc 382 feuillets.

Ce sont les mains de papier dont parlait Jacques Du Puy, et après lui Bayle et Brunot de Tartifume.

S'il fallait ajouter une preuve à celle qu'apporte leur format, nous pourrions indiquer cette note qu'on lit au premier feuillet du n° 835 du Supplément grec : « Ces cinq cahiers pourraient bien avoir fait partie de ceux dont parle M. Du Puy dans sa lettre du 20 mai 1655 et que nous avons citée plus haut. Ce que j'avais d'abord seulement conjecturé se trouve vérifié par une lettre que j'ai

rencontrée en parcourant ces cahiers. Elle est adressée à
M. Guyet, prieur de Saint-Andreas, qui y a écrit quelques
observations, comme il en traçoit souvent sur des lam-
beaux de papier. »

Le manuscrit 11271 du fonds latin de la Bibliothèque
nationale est, comme nous l'avons déjà dit, un in-4°.
C'est un gros volume, recouvert en parchemin et renfer-
mant 303 pages, littéralement couvertes de notes étymologiques.

Sur les revers intérieurs et sur les feuillets de garde,
Guyet a écrit des notes philologiques, des conjectures
qu'il faisait sur Térence, Horace et Sénèque.

Ce manuscrit porte au verso d'un feuillet de garde la
rubrique que nous avons déjà pu signaler plusieurs fois :

*Ce Ms. est ouvrage de feu M. François Guyet, qui, à sa
mort, a passé à feu M. Ménage, qui me l'a laissé en mourant
au mois de juillet* 1692. (Simon de Valhébert.)

Outre ces notes étymologiques, outre cet ouvrage dont
il n'a pu que rassembler les matériaux, Guyet a écrit une
petite dissertation de phonétique qui n'a été signalée par
aucun de ses biographes, et dont nous avons trouvé l'indication dans un *Catalogue ms. des pièces trouvées dans les
manuscrits de M. Boulliau, secrétaire de M. de Thou, 1 vol.
in-fol. (Bibl. nationale, fonds Boulliau, n° 13051).*

Les pièces retrouvées dans les manuscrits de Boulliau
semblent avoir été cataloguées par liasses, par paquets.
C'est ainsi en effet que le catalogue est divisé.

Dans le volume E se trouvait la pièce suivante :

*Francisci Guieti demonstratio conjugationum verborum
latinæ linguæ ex Græcis doricis derivatarum.*

Longtemps nous avons ignoré ce qu'était devenu ce travail de Guyet, lorsque, sur les précieuses indications de
M. Omont, de la Bibliothèque nationale, nous en avons

trouvé la mention dans un catalogue du British Museum, *Catalogue of additions to the mss. in the British Museum in the Years 1846-1847-1864*, in-8°, p. 320-322, au milieu d'*Adversaria literaria* d'Ismaël Boulliau (Londres, British Museum, Additional ms. 16912, fol. 91).

Telles sont les recherches étymologiques auxquelles s'est livré François Guyet.

Il ne nous reste plus à citer que ses œuvres poétiques.

Ce sont :

1° Les deux épitaphes de Nicolas Bourbon que nous avons mentionnées dans le cours de cette thèse.

2° Un poème sur la bière, que nous avons déjà signalé.

3° Un poème sur la mort de Henri le Grand, poème dédié au cardinal Du Perron, et qui est ainsi intitulé : *Superstitio furens sive de morte Henrici Magni ad illustrissimum cardinalem Perronium*, deux cent quarante-sept vers imprimés à Paris en 1610 chez Pierre Chevalier, typographe, demeurant au Mont-Saint-Hilaire (Parisiis e typographia Petri Chevalier in Monte D. Hilarij, MDCX).

A la suite de cette pièce de vers est imprimé dans le même opuscule un *Genethliacon Ludovici XIII Galliarum et Navarræ regis Christianissimi*, *editum anno* 1601 (111 vers).

4° Un recueil de pièces : *Monobiblos sive generosæ poeseos specimen*, Paris, Et. Prevosteau, 1604, dont nous parle Bruneau de Tartifume (Angers, Ms. 870, p. 1141), mais que nous n'avons pu retrouver.

5° Quatre distiques en l'honneur de Jeanne d'Arc, qui ont été recopiés au fol. 39 du Ms. 837 (collection Du Puy) et que Ménage a cités dans ses *Observations sur les œuvres de Malherbe*, 1723.

6° Un éloge de « Monsieur l'Admiral de la Valette »

et une épitaphe de « Madame la duchesse d'Espernon » dont parle Balzac (*Œuvres*, I, p. 366) et où il trouve Guyet « *tam Tibullo similis quam ipse Tibullus sibi.* »

A cette liste, déjà donnée par les biographes de Guyet, nous pouvons ajouter deux pièces de vers qui n'ont pas été signalées jusqu'à présent :

1° Une pièce de vers, adressée par Guyet au chancelier Séguier, *ad illustrissimum virum Petrum Segherum, Franciæ cancellarium*, imprimée au fol. 247 des *Adversaria literaria* de Boulliau que nous avons déjà indiqués.

2° Des vers de Guyet sur le maréchal d'Ancre, en 1617, et qui se trouvaient dans les manuscrits de Boulliau, mais qui sont restés introuvables pour nous.

Des notes sur vingt-neuf écrivains grecs et latins, trois volumes de notes étymologiques, une dissertation de phonétique, onze pièces de vers, telle est donc l'œuvre de François Guyet. Il nous serait peut-être facile, en consultant des catalogues de vente, de découvrir d'autres travaux du philologue angevin.

Plus d'un bibliophile possède peut-être dans sa bibliothèque un volume de Guyet, dont il tient peu de compte.

Mais il faut imposer une mesure à tout, et nous croyons avoir poussé assez loin nos recherches.

Nous avons sous la main assez d'œuvres de Guyet pour apprécier ce savant selon son mérite comme philologue, comme linguiste et comme poète.

CHAPITRE II

> Comment il faut juger l'œuvre de Guyet philologue. — Jugements qui ont été portés sur sa critique. — L'œuvre de Guyet et Michel de Marolles. — Travaux de Guyet qu'il faut examiner surtout. — Méthode de Guyet en matière de critique. — Sa pénétration. — Exemples. — Son influence sur les philologues. — Sa hardiesse. — Exemples. — La critique subjective. — Ses défauts. — Comment on peut l'expliquer. — Comment on peut rendre compte des corrections de Guyet. — La métrique de Guyet. — La critique conjecturale. — Appréciation générale de la critique de Guyet.

Pour bien connaître Guyet comme philologue, pour apprécier d'une façon exacte l'influence qu'il a pu exercer sur les savants de son temps et sur ceux qui lui ont succédé, le meilleur moyen serait assurément d'examiner une à une chacune de ses notes, de voir ce qu'elles sont devenues à travers les éditions d'écrivains anciens publiées aux xviie, xviiie et xixe siècles. Les services que Guyet a pu rendre ainsi pour la constitution des textes grecs et latins apparaîtraient alors clairement. On verrait combien de fois il a restitué ce qui était altéré, supprimé avec raison ce qui était interpolé.

Mais entreprendre une pareille tâche, ce serait vouloir refaire toute l'œuvre du philologue que nous essayons de tirer de l'oubli où il est tombé. Ce serait vouloir se perdre dans une foule de détails trop menus, si intéressants qu'ils soient en eux-mêmes.

Ce n'est pas ainsi que nous entendons faire revivre notre personnage. Ce n'est pas ainsi que nous apprécierons son œuvre.

Notre tâche est tout autre. Elle consiste à exposer la méthode que Guyet a suivie dans l'étude des textes, à dégager des milliers d'observations, que lui a suggérées cette étude, ce que nous appellerons des vues d'ensemble.

Comment Guyet a-t-il lu les anciens? Quels procédés a-t-il employés pour les corriger et les améliorer? Dans quelles circonstances a-t-il fait ce travail?

Telles sont les questions auxquelles ce chapitre servira de réponse.

Mais tout d'abord il faut savoir quelle opinion on s'est faite de Guyet, comme critique de textes, au xviie siècle. Il faut ensuite examiner sur quel fondement nous devons nous appuyer pour juger sa méthode.

Nous avons déjà vu ce que Balzac a pensé de son œuvre. Si son opinion pouvait faire loi en matière de critique, il nous suffirait de rappeler ces vers qu'il écrivit sur le philologue angevin, et où il loue la sévérité avec laquelle Guyet juge les textes :

> Hoc pœnas censore novi dat prodiga luxus
> Nasonis Musa, et mores jam vellet avitos.
> Hoc Flaccus suus ac melior, dignusque Marone
> Fit Maro, nec patitur deformia damna senectœ.
> Hic vaga luxati componit membra Terenti,
> Detersaque omni labe, et squalore remoto,
> Jucundos oculis orique aspirat honores ;
> Gratam Scipiadæ curam, et quam Lælius optet.
> Quid majus dedit hæc ætas? quidve amplius addam?
> Nulla virum fraus, nulla fugit; neque longa vetustas
> Erroris, tantum in dubiis frustratur acumen :
> Sic certo ingenuos explorat lumine versus :
> Sic spurios jubet ire foras, Pindoque relegat,

Anseribus Baviisque obscura in nocte futuros
Æternum comites, stygiove in gurgite ranas,
Murmur ob ingratum, et raucam sub Sole querelam.

Cette opinion était partagée par tous les membres du Cabinet Du Puy.

Parmi eux, Ismaël Boulliau appelle Guyet : « Vir ille αὐθάδης... in literis Græcis latinisque versatissimus. » Saumaise, suivant ce que rapporte Philibert de La Marre dans la vie de ce savant, prétend que Guyet est un critique audacieux : « Franciscum Guyetum... audaciorem « criticum licentioribus obelis infinitos veterum auctorum « locos configentem et omnia fere in illis arbitratu suo « invertentem seu potius pervertentem. »

Huet, évêque d'Avranches [1], confirme ce jugement quand, parlant des savants qu'il a rencontrés chez les frères Du Puy à son arrivée à Paris, il écrit de Guyet : « Criticen... excoluit et exercuit, at nimis licenter, nam « in veterum scriptis dijudicandis tantum sibi juris tri- « buit et auctoritatis ut in eos grassari videatur. »

Bœcler, de son côté, qui s'est attaché à conserver le souvenir de Guyet, à maintenir son renom de savant, dit de lui qu'il fut un « acerrimi vir ingenii ».

La hardiesse de sa critique est signalée aussi par Michel de Marolles, qui, dans la préface de sa traduction de Stace, juge ainsi Guyet : « Il était du nombre de ces critiques un peu trop sévères, qui seraient peut-être bien marris de ne trouver pas à redire aux ouvrages les plus achevés, n'ayant pas traité Virgile et Horace, qui sont tant admirés, plus favorablement que les autres. »

Bayle enfin résume en ces termes toutes les apprécia-tions qui ont été portées sur Guyet philologue :

---

1. Voir *Commentarius de rebus ad eum pertinentibus*, p. 57.

« M. Guyet n'était point de ces lecteurs qui courent de livre en livre; il se fixoit de telle sorte à un seul qu'il ne touchoit point à d'autres avant que de l'avoir lu tout entier avec une attention extrème..... Il y avoit sans doute de l'excès dans sa critique, et quelque chose de si outré qu'il étoit impossible qu'elle ne donnât quelquefois dans le faux goût. M. Guyet avoit effacé je ne sai combien de vers dans son *Virgile;* il prétendoit que l'on avoit supposé beaucoup d'enfants à ce grand poète, et que ces poésies étoient semblables à des troupes, où quantité de passevolants ont été fourrez. Il se donnoit donc la charge d'un commissaire rigide, qui ne passe à la montre que les véritables soldats. »

Pénétration et témérité : voilà donc, s'il faut admettre ces différents jugements , les deux traits essentiels du génie de Guyet.

A nous de rechercher si ce savant doit passer à la fois pour un esprit pénétrant et téméraire.

Quand on veut juger l'œuvre de Guyet, examiner sur quels principes repose sa méthode, le plus sûr est de ne pas s'arrêter seulement aux notes de ce philologue qui nous ont été transmises par Michel de Marolles.

Sans doute l'abbé de Villeloin est de tous les amis du philologue angevin celui qui a le plus fait pour qu'il ne fût jamais oublié. Mais on sait combien Marolles a été mauvais traducteur; il a montré bien souvent combien est vrai l'adage si connu : « traduttore traditore. »

Ces défauts se retrouvent dans la réimpression des notes de Guyet, telle qu'il l'a entendue. Plus d'une fois il s'est trompé, plus d'une fois il a trahi celui qu'il voulait servir.

Dans un article intéressant qu'il a consacré au *Plaute* de

Guyet [1], M. Benoist a montré par un exemple comment Marolles s'est servi des notes de Guyet.

Comparant les notes que de Marolles a insérées dans sa traduction, et les notes manuscrites du savant Angevin, M. Benoist a clairement prouvé que le plus souvent le traducteur a mal lu, qu'il ne s'est pas toujours tiré de l'écriture « nette, mais fort menue » de Guyet, et qu'il n'a reproduit son texte qu'inexactement. Le texte du *Plaute* est l'imprimé de Gruter, souvent surchargé, raturé, gratté, remanié par Guyet. Guyet justifie souvent en marge la leçon qu'il adopte. Ce texte, Marolles le reproduit d'une façon assez fautive, prenant quelquefois celui de Gruter pour celui de Guyet, s'embrouillant dans les notes de l'auteur, et donnant un Guyet inexact, se trompant souvent dans la division du dialogue entre les différents personnages, passant des mots, en ajoutant à sa manière, réimprimant parfois étourdiment le texte de Gruter, et, ce qui est beaucoup plus grave de la part d'un traducteur tel que fut Michel de Marolles, choisissant entre les leçons de Guyet, les approuvant ou les blâmant.

Les mêmes critiques peuvent être adressées au *Stace* de de Marolles. On en vient à se demander d'après quels principes il a fait un choix entre les notes de Guyet, pourquoi il a cité celle-ci plutôt que telle autre, pour quelles raisons il les a citées d'une façon incomplète, et a omis tant d'observations intéressantes qui donnent une idée exacte du talent de Guyet [2]. Sans doute le plus souvent il a bien lu ce que Guyet avait écrit, mais bien des fois il a laissé de côté telle ou telle ligne qui expliquait la pensée du savant.

---

1. *Mélanges Graux*, p. 480, sqq.

2. Voir à l'appendice les notes de Guyet sur les deux premiers livres de la *Thébaïde* de Stace, notes dont Michel de Marolles ne parle pas et que nous publions d'après l'édition originale de Guyet.

C'est que Michel de Marolles semble, dans cette publication de l'œuvre du philologue, dominé par cette pensée que Guyet a poussé dans ses critiques la hardiesse jusqu'aux extrêmes limites de la témérité, mauvaise condition pour accomplir la tâche qu'il s'était imposée.

C'est pourquoi nous considérons comme suspectes les observations que Marolles a attribuées à Guyet au sujet d'Horace. Guyet a écrit toutes ses notes en latin. L'abbé de Villeloin les a reproduites ainsi dans son *Plaute* et son *Stace*. Mais, pour Horace, Michel de Marolles se plaît à traduire ses notes en français ou bien à les analyser. Quelle confiance mérite un pareil travail? Michel de Marolles ne traduit peut-être pas mieux les notes de Guyet qu'il n'a traduit les vers de Virgile ou de Stace. Ne faut-il pas s'associer au vœu exprimé par Fritzsche [1], souhaitant qu'on retrouve l'exemplaire même d'Horace sur les marges duquel Guyet a écrit ses notes, tellement les observations de Guyet que Marolles nous rapporte sur Horace ont peu d'analogie avec les autres notes du savant Angevin? Elles sont peut-être exactes, mais il est incontestable qu'elles sont incomplètes, et il est impossible de juger l'œuvre d'un savant, de critiquer ses observations, quand nous ne retrouvons pas les raisons pour lesquelles il a émis tel ou tel avis.

Nous ne saurions accorder plus de crédit au P. Sanadon, qui, dans son édition d'Horace de 1756, cite plus d'une

---

1. *Philologus*, XXXV, 477 : « Ich halte einen Abdruck der Guietschen Randnoten für um so nöthiger, als nicht bloss die neueren Anhänger der Interpolationsmanie ihre hypothesen durch die Thatsache zu stützen unterlassen haben, dass bereits vor mehr als zweihundert Jahren ein der scharfsinnigsten und gelehrtesten, aber eben so willkürlichen als genialen französischen Gelehrten mit dem Messen der Subjektiven Kritik aus Horaz herumsecirte, sondern auch die Keller-Holdersche Ausgabe, welche die neuere Literatur sorgfältig augiebt, sich für Guiet auf das dürftigste Maass des durch Sanadon und demnächst durch Peerlkamp bekannten beschränkt. »

fois l'opinion de Guyet. Le P. Sanadon avait sans doute vu l'*Horace* de Guyet dans la bibliothèque de la maison professe des jésuites, à qui Ménage l'avait légué. Mais quel parti en a-t-il tiré?

Chaque fois qu'il fait connaître la pensée du philologue angevin, il mêle à la citation une critique véhémente; son œuvre n'est pas celle d'un commentateur rapportant fidèlement l'opinion de ses devanciers. Au milieu d'une note, il dira de Guyet : « Sa plume est entre ses mains un glaive exterminateur. » Souvent on serait amené à croire avec lui que Guyet est un esprit paradoxal, capricieux, pour qui les textes sont un jeu et un amusement.

Ce ne sont donc pas les notes de Michel de Marolles, ni celles du P. Sanadon, qui peuvent et qui doivent servir exclusivement de critérium quand on veut connaître sérieusement l'œuvre de Guyet et la juger sainement.

S'il fallait s'en tenir à elles (et si nous insistons sur ce point, c'est parce que beaucoup ne connaissent Guyet que par ces notes), il serait impossible de l'apprécier avec justesse. Guyet ne serait pas autre chose qu'un P. Hardouin exagéré [1], qu'un esprit paradoxal, dont l'œuvre ne serait d'aucune valeur, et qui ne mériterait d'occuper aucune place dans l'histoire de la philologie. Il semblerait obéir à une imagination trompeuse, dans un domaine qui doit être soumis à la raison.

Pour arriver à bien connaître Guyet, l'ouvrage qui peut nous servir de critérium, car ses notes y sont reproduites avec une exactitude scrupuleuse, c'est son Commentaire sur Térence publié par Bœcler à la suite de sa propre édition. Ici, nous nous trouvons en présence d'une œuvre de 383 pages, de l'œuvre la plus complète de Guyet. Rien n'y

---

1. Voir sur le P. Hardouin une page du *Minos* où Gruppe caractérise fort exactement la méthode de cet esprit profondément paradoxal.

reste sans explication. Sa pensée y est tout entière. C'est
là principalement que nous irons la chercher, et le jugement que nous porterons sur elle à propos de Térence en
particulier conviendra à son œuvre tout entière, car les
principes sur lesquels Guyet a appuyé sa critique, la
façon dont il a annoté les textes qu'il a étudiés, les règles
auxquelles il a soumis leur constitution n'ont jamais varié,
si différents qu'aient été les écrivains dont il s'est occupé.
Partout il trouve la confirmation des principes faux ou
vrais qu'il a posés, partout il les applique sans relâche.

Ce n'est donc pas faire un choix arbitraire que de prendre, sans négliger les autres œuvres, le *Térence* de Guyet
comme modèle de ses œuvres ; à cet ouvrage nous ajou-
terons ses notes marginales. De cette façon seulement
on aura une idée juste de son talent, et on verra nettement si Guyet est aussi téméraire que l'ont cru les
Marolles, les Sanadon, et les philologues étrangers du
XIXe siècle qui ont appuyé leurs opinions sur les observations du grand philologue français et se sont placés
en quelque sorte sous sa protection.

Ce qu'on remarque avant tout, lorsqu'on lit les notes de
Guyet, c'est le parti qu'il a tiré des manuscrits; c'est la
complaisance avec laquelle il aime à les citer, à les énumérer. C'est enfin la véritable ténacité avec laquelle il
s'en autorise.

Qu'on lise ses notes sur Térence, on le voit parler per-
pétuellement des *Quatuor Palatini*, du *vetustissimus Codex
Rubricatus*, du *Codex Regius*, du *Bembinus* et du *Basilicanus*,
des *Mediolanenses Tres*, du *Quadratus*, du *Vetus liber opti-
mus Bibliothecæ regiæ*.

A propos de Lucain, il s'appuie dans ses restitutions
sur les *quatuor optimi Vossiani*, le *Codex Amstelodamensis*,
l'*Oxoniensis primus*, les *V Mss. Pulmanni*.

Il ne procède pas autrement pour Stace. Il lui arrive même de parler de quinze manuscrits qu'il a consultés sur un passage. Aussi bien il nous suffirait de rappeler la lettre de Gabriel Naudé, que nous avons citée plus haut[1], et dans laquelle le grand bibliophile parle d'une collation de manuscrits qu'il a faite à Rome pour Guyet, au sujet d'un passage de Térence? Guyet est donc loin d'avoir méconnu l'autorité des manuscrits. Nul n'a poussé plus loin le respect qu'ils méritent.

Mais s'il les énumère, s'il les cite volontiers, il ne les a pas classés.

Classer les manuscrits, c'est-à-dire, comme le dit si bien M. Tournier dans l'*Introduction* à ses *Exercices de critique*[2], « examiner la parenté plus ou moins prochaine qu'ont nécessairement entre elles toutes les reproductions d'un même texte, diviser les manuscrits en un certain nombre de groupes d'après le rapport plus ou moins grand qu'ils paraîtront au premier coup d'œil avoir entre eux, comparer ensuite deux à deux ceux qui ont le plus de ressemblance, afin de s'assurer si l'un des deux n'est pas une simple copie de l'autre », c'est là un travail que François Guyet n'a pas connu ou du moins dont il n'a pas été le premier à reconnaître l'utilité. Il énumère les manuscrits, il les cite un peu pêle-mêle, il ne s'est pas inquiété de leur valeur respective. Tout au plus les a-t-il groupés suivant leur âge. *Vetustissimi codices*, c'est là une expression dont il se sert souvent. La valeur d'un manuscrit semble, à ses yeux, s'être confondue avec son ancienneté. Plus un manuscrit est âgé, plus il a d'autorité. Tel est

1. Voy. plus haut, p. 107.
2. Bibliothèque de l'École des hautes études, 10⁰ fascicule, *Exercices critiques de la conférence de philologie grecque, recueillis et rédigés par Ed. Tournier*, 12⁰ livraison.

le principe auquel Guyet paraît s'être conformé, souvent peut-être à tort, car on sait que l'antiquité relative d'un manuscrit ne prouve nullement qu'il représente une tradition plus pure que les autres.

Malgré cela, il faut savoir gré à Guyet d'avoir respecté l'autorité des manuscrits, s'il ne les a soumis à aucune critique [1]. Avec lui, nous sommes loin du P. Hardouin.

Que nous sommes loin aussi de Bentley s'écriant : « *Nobis et ratio et res ipsa centum codicibus potiores sunt* [2]. »

Si Guyet conserve aux manuscrits l'autorité et la place qu'ils doivent avoir, il ne néglige pas non plus de consulter les éditions antérieures à celle qu'il prépare. Avec quel empressement il accueille leurs leçons et les mêle à celles qu'il propose! Mais il ne les accumule pas, il n'entasse pas davantage les variantes des manuscrits.

Quand il s'occupe de Térence, il s'en rapporte souvent aux travaux de Goveanus, de Muret, d'Asulanus, de Gabriel Faerni, de Fabricius, d'Erasme, de Robert Estienne. Étudie-t-il Stace, il aime à citer Bernartius, Gevartius. Annote-t-il Lucain, c'est à Pulmann qu'il s'adresse surtout.

---

1. Gruppe (*Minos*, p. 143) juge ainsi le P. Hardouin dans ses rapports avec Guyet : « Hardouin, ein Zeitgenoss Bentleys, ist mit den Paradoxen hervorgetreten; es sei nicht nur der grössere Theil der profanen Schriftsteller, sondern auch ein beträchtlicher Theil der kirchlichen Autoren unecht, ihre auf uns gekommenen Werke nicht von ihnen herrührend, sondern von den Mönchen des Mittelalters, namentlich im 13^{en} Jahrhundert verfasst. Die letztere Hinsicht knüpft offenbar an die Bentleysche an, wenn sie nicht aus gemeinsamen Gründen mit ihr fliessen sollte; jenes aber kündigt sich selbst an *als eine Uebertreibung der Guyetschen Kritik.* Leider kann in der Welt niemals irgend eine auffallende Wahrheit ans Licht treten, ohne durch Uebertreibung ins Gegentheil geführt zu werden, d. h. zum Irrthum, ja diese Uebertreibung ist oft schädlicher als der einfache Widerstand. Ein Zusammenhang zwischen *Hardouin und Guyet* wird aber nach Zeit und Ort und nach näherer Erwägung dessen was beide bringen, wohl nicht in Abrede zu stellen sein, um so weniger als gerade Guyets Exemplare mit seinen Handbemerkungen sich zu Paris in der Bibliothek der Gesellschaft Jesu befunden, zu welcher Hardouin gehörte. »

2. Voir Bernhardy, *Römische Literatur*, p. 153. Cf. *Minos*, p. 142.

Manuscrits et éditions antérieures, tel est le fondement sur lequel repose la critique de Guyet. C'est là la base de l'œuvre immense qu'il a construite.

A quoi lui ont servi ces manuscrits et ces éditions? Quel parti en a-t-il tiré?

Pour bien comprendre l'œuvre de Guyet, il faut rappeler deux principes essentiels et bien connus de la critique des textes.

Il est un fait certain, incontestable, c'est qu'il y a des fautes dans les manuscrits. Les manuscrits sont plus d'une fois altérés, et les respecter lors même qu'ils nous trompent manifestement, ce serait leur témoigner une confiance aveugle et illégitime. Qu'on prenne deux ou plusieurs manuscrits se rapportant à un même écrivain, qu'on les compare, il arrivera souvent qu'ils ne nous présenteront pas toujours le même texte, et, si leur diversité ne porte pas sur des passages entiers, elle apparaît cependant pour des mots. Dans ces cas-là, il est impossible de ne pas reconnaître qu'ils sont altérés. Comme le dit M. Tournier [1] : « Quand bien même toutes les règles de la « syntaxe seraient des inventions des grammairiens, quand « les Grecs et les Latins auraient eu un esprit si différent du « nôtre, que ce qui est absurde à nos yeux ait été raison- « nable aux leurs, quand leurs poètes auraient fait des hexa- « mètres de cinq pieds et demi, enfin quand nous ne serions « juges à aucun degré de la langue, de la métrique, de la « manière de penser des écrivains anciens, il resterait tou- « jours une preuve irréfragable de l'existence des fautes : « c'est la diversité des leçons. Quand je trouve un mot dans « un manuscrit et qu'un autre manuscrit me donne un mot « différent à la même place, il est évident pour moi que l'un

____

1. Ouvrage déjà cité, Introduction, p. xix.

« des deux copistes au moins ou un de ceux dont ils ont
« transcrit les copies s'est trompé. » Donc il y a des fautes
dans les manuscrits.

Il est certain qu'il y a dans les textes qui n'ont pas été
soumis au sévère contrôle de la critique des leçons ab-
surdes ou barbares, qu'on y rencontre des acceptions sans
exemple, des constructions incorrectes, des idées contra-
dictoires ou ridicules.

Il y a aussi dans les écrits des interpolations. Bien des
fois, des gloses, qui se trouvaient à la marge des manuscrits, ont passé dans le texte lui-même. Il est arrivé même
que des passages entiers ont été introduits soit par les
grammairiens, soit par les copistes dans les ouvrages des
anciens, qu'il y a telle ode d'Horace qui est faussement
attribuée à ce grand lyrique latin, qu'il y a telle œuvre
qui n'est pas de Cicéron, qu'il y a tel passage d'Hésiode
qui n'est pas du poète d'Ascra, qu'il y a telle épigramme
de Martial dont Martial n'est pas l'auteur, qu'il y a enfin
dans un texte tel ou tel membre d'une énumération qui a
été inséré après coup. Nous ne préjugeons pas jusqu'à
quel point on s'est permis ces interpolations; nous cons-
tatons seulement le fait; nous déclarons qu'il est possible.

C'est ce qu'avait reconnu François Guyet, après J.-J. Scaliger.

Il avait vu que les manuscrits étaient fautifs, et, partant
de là, il a pensé que la critique des textes devait être une
critique éminemment conjecturale, que le philologue
devait s'attacher avant tout à restituer les textes, à les
rétablir dans leur forme primitive, à voir si nous lisons
véritablement les œuvres d'Hésiode, de Cicéron, d'Horace
et de Lucain, telles qu'elles ont été écrites.

Puisqu'il y a des fautes dans les manuscrits, puisque les
manuscrits sont interpolés, il est naturel qu'on nourrisse

à leur égard une certaine défiance. Cette défiance, nul mieux que Guyet ne devait la ressentir, lui qui avait de l'art une idée si élevée, qu'il n'a jamais rien publié, doutant de ses propres forces et des qualités de son esprit.

Inspiré d'un tel sentiment, pouvait-il s'empêcher de faire des conjectures? Pouvait-il ne pas s'efforcer de faire adopter des leçons nouvelles, plus dignes de figurer dans les textes des écrivains anciens?

C'est en cela que consiste l'œuvre de Guyet. C'est dans ce travail qu'a éclaté toute la sagacité, toute la finesse du philologue angevin, dont on a vanté le *delicatum fastidium*, l'*acerrimum ingenium*, l'*odora canum vis* [1].

Ces éloges, Guyet les a en effet mérités. De tous les critiques, il est peut-être un de ceux à qui on a le plus le droit de reconnaître ces qualités de goût que doit posséder celui qui étudie l'antiquité. Convaincu qu'il existe « une pathologie des textes », Guyet se considère comme un médecin (il le dit lui-même bien des fois) chargé de les guérir. Il lui arrive comme à beaucoup de médecins de se tromper. Mais souvent aussi il est guidé par un instinct merveilleux, par une saine critique, et il parvient à mettre en évidence les erreurs des copistes et les erreurs auxquelles exposent ces interpolateurs dont il a horreur, et à qui il ne ménage pas les épithètes les plus dures.

Il ne s'est pas trompé par exemple, pour le début de la *Théogonie* d'Hésiode. On a beaucoup écrit sur ce poème, qui est un vaste champ ouvert à l'imagination de ceux qui aiment à construire des hypothèses sur un terrain où

---

1. Ce mot est emprunté à l'*Epistola critica* de Ruhnken, p. 80, où Ruhnken s'exprime ainsi : « Multos quidem versus adulterinos ex Hesiodo sustulerunt critici veteres, Plutarchus maxime: sed multis partibus plures reliquerunt. E recentioribus non male hoc nomine ejus de carminibus meritus est *Franciscus Gujetus*, vir doctus, cui in tali fraude olfacienda obligerat *odora canum vis.* »

l'hypothèse est le plus souvent déplacée. On a beaucoup écrit, et on écrira encore des opuscules sans nombre sur l'authenticité de la *Théogonie*, et on continuera à s'adonner à une espèce d'arithmétique, consistant à ramener le nombre de vers du poème à un nombre parfait, exactement divisible en autant de strophes de trois, de quatre, de cinq ou de dix lignes que le veut celui qui s'est lancé dans la voie de la conjecture.

La *Théogonie* d'Hésiode [1] se prête certainement à ces calculs, à ces hypothèses. Une lecture attentive de ce poème montre clairement que son unité n'est pas complète, que des morceaux dont la cohésion n'est pas entière s'y trouvent réunis, que les rapsodes y ont inséré des passages ne se reliant pas suffisamment ni à ce qui précède, ni à ce qui suit, et qu'il s'y présente aussi parfois des énumérations dont les termes peuvent être accrus sans difficulté.

Il n'est pas à dire pour cela qu'on ne soit pas allé trop loin, qu'on n'ait peut-être pas trop retourné dans tous les sens ce poème, qui, malgré ses imperfections, contient plus d'une pensée suivie et un plan réfléchi.

Mais cette unité est moins évidente pour le début de la *Théogonie*, nous voulons parler des cent quinze premiers vers.

Guyet est le premier, nous dit Schœmann [2], qui se soit élevé au-dessus de cette petite critique (minutam illam διορθωτικὴν) à laquelle s'étaient arrêtés ses devanciers,

---

1. Voir dans Bernhardy, *Griechische Literatur*, II, 1, p. 247, la bibliographie de la question.

2. *Georg.-Fred. Schœmanni Opuscula Academica*, vol. II, *Mythologica et Hesiodea*, Berolini, MDCCCLVII, p. 393, *De falsis indiciis lacunarum Theogoniæ Hesiodeæ :* « Et primus quidem Guietus ultra minutam illam διορθωτικὴν in qua priorum curæ substiterant, altiorem etiam criticen attingere ausus, versus sat multos sibi spurios videri pronuntiavit, rationes tamen judicii sui vix unquam exposuit. »

pour aborder une critique plus haute et déclarer de nombreux vers de la *Théogonie* indignes d'Hésiode et notoirement altérés. Il a supprimé le début de cette *Théogonie* en disant :

« Priores centum quindecim versus sunt suppositi. *Theogonia* incipit versu 116 : Ἤτοι μὲν πρώτιστα χάος γένετο, etc. ; » et au vers 116 :

« Hic incipere videtur Hesiodus. Superiora supposita et addititia videntur. »

L'expression *supposita et addititia* est excessive, si elle s'applique aux cent quinze vers pris ensemble. Guyet parut le reconnaître lui-même en les étudiant, en les annotant tous et en cherchant surtout à montrer ce que ce début peut avoir de défectueux. Dans son Commentaire, il n'applique l'épithète de « nothus », qui lui est si familière, qu'à quelques vers, par exemple aux vers 32, 36, 48, 69, 74, 93. Il ne nous indique malheureusement pas les raisons qui l'ont déterminé à supprimer ce début de la *Théogonie*, mais si nous comprenons bien sa pensée, telle qu'elle se dégage des commentaires de détail auxquels ont donné lieu différents vers de cet exorde, nous croyons que ce qui a choqué surtout Guyet, c'est l'incohérence de certains passages : c'est, par exemple, ce nouveau poème commençant au vers 39, c'est l'emploi irrégulier de certains temps, ne correspondant pas à ceux qui se rencontrent dans les vers précédents, c'est la répétition de pensées fort analogues, c'est enfin l'introduction dans le texte de vers supprimant le lien des idées.

Si la formule dans laquelle Guyet résume sa pensée dépasse un peu la mesure, il n'en faut pas moins reconnaître que ce n'est pas sans raison qu'il a signalé à l'attention des commentateurs d'Hésiode l'imperfection du début de la *Théogonie*, et que c'est quelque chose que d'en avoir mis en lumière la profonde altération.

Le début des *Travaux et des Jours*, début moins long, puisqu'il ne comprend que neuf vers, ne plaît pas davantage à Guyet.

A son avis, les Ἔργα καὶ Ἡμέραι commencent au 11ᵉ vers :

« Sic incipit Hesiodi liber ἔργων καὶ ἡμερῶν. Anteriora addititia sunt teste Plutarcho. »

Cet avis a été partagé par tous ceux qui se sont occupés des *Travaux et des Jours*. Hermann, Kœchly, Spohn, Steitz, Schœmann, Flach ont supprimé ces neuf premiers vers du poème d'Hésiode, comme étant un mélange de sentences empruntées à des écrivains différents de différentes époques.

Ici Guyet s'est laissé guider dans ses appréciations par des raisons tirées de la composition même des morceaux qu'il juge. L'incohérence des idées lui a démontré que ces différents passages n'étaient pas authentiques.

C'est pour des motifs à peu près analogues qu'il conteste, par exemple, à Térence la paternité du prologue de l'*Hautontimorumenos*. Il a remarqué que sur quelques points ce prologue ne différait pas par les idées d'autres prologues du poète, qu'il n'en était que la répétition et que, par suite, c'était l'œuvre d'un imitateur servile.

Voici un exemple que nous nous plaisons à citer en entier, non pas que nous soyons en tous points de l'avis du philologue, mais parce qu'il prouve avec quel soin ce savant étudiait les textes, et quelle profonde connaissance il en avait.

Térence, une fois de plus, proteste contre ceux qui l'accusent de *contaminatio*. Il dit :

> Nam quod rumores distulerunt malevoli
> Multas contaminasse Græcas, dum facit
> Paucas latinas, factum hic esse id non negat,
> Neque se pigere et deinde facturum autumat.
> Habet bonorum exemplum, quo exemplo sibi
> Licere id facere, quod illi fecerunt, putat.

Guyet remarque à ce sujet [1] : Hæc ex Andria prologo expressa esse quis non videt?

> Id qui vituperant factum, atque in eo disputant
> Contaminari non decere fabulas.
> Faciunt næ, intelligendo, ut nihil intelligant.
> Qui cum hunc accusant, Nævium, Plautum, Ennium
> Accusant, quod hic noster autores habet.

Ex Adelphis vero ista :

> Tum quod malevolus Poeta dictitat
> Repente ad studium hunc se applicasse musicum,
> Amicûm ingenio fretum, haud natura sua.

Sic enim ibi scriptum est :

> Nam quod isti dicunt malevoli, homines nobiles
> Eum adjutare assidueque una scribere :
> Quod illi male dictum vehemens esse existimant,
> Eam laudem hic ducit maximam, cum illis placet
> Qui vobis universis et populo placent, etc.

D'autres fois, Guyet se conforme aux principes généraux de la critique des textes et appuie sur eux ses corrections.

C'est ainsi que la diversité des leçons lui révèle l'altération d'un texte. « *Lectionis varietas falsi indicium,* » s'écrie-t-il en plus d'un endroit.

---

1. *Notes de Guyet sur Térence,* publiées par Bœcler, p. 110, sqq.

Parfois aussi, et non sans raison, la diversité des
mètres dans une même scène le choque, et cette confu-
sion le détermine à y corriger de nombreux vers.

Il se fonde enfin quelquefois sur le caractère même du
morceau qu'il a sous les yeux.

Nous abordons ici la question du deuxième dénouement de l'*Andrienne*, cette question que Ritschl a traitée
d'une manière si approfondie et que Guyet a soulevée le
premier.

Ce que nous appellerons la première conclusion de la
pièce nous montre Pamphile épousant une courtisane,
Glycère, après que celle-ci a été reconnue pour la sœur
de Philumène, que son père lui destinait, et Philumène
deviendra la femme de Charinus.

C'est ce second événement qui est le sujet du deuxième
dénouement de l'*Andrienne*.

Mais cette seconde scène finale ne se rencontre pas
dans les meilleurs manuscrits. Guyet nous apprend
qu'il la tire de plusieurs manuscrits de Térence, manuscrits inférieurs, et la considère comme le type des vers
que le comique latin n'a pas pu écrire. Tous ceux qui,
après le philologue angevin, se sont occupés des comédies
de Térence, ont admis avec lui que cette seconde scène
finale ne devait pas figurer dans l'*Andrienne*. Westerhov,
Zeune, Grauert, Dœderlin et en 1845 Ritschl ont tous
adopté la manière de voir de Guyet [1]. C'est à lui qu'ils
ont emprunté cette scène; c'est avec lui qu'ils ont reconnu
qu'aucun des vers n'était l'œuvre de Térence. Il est incontestable que ce second dénouement de l'*Andrienne* n'est
que le développement de la véritable scène finale, qui

---

1. Voir, sur le second dénouement de l'*Andrienne*, *Parergon Plautinorum Terentianorumque* de F. Ritschl, vol. I, p. 583-602, *De gemino
exitu Andriæ Terentianæ*.

était son canevas. Il est incontestable qu'il y a dans ces vers, comme l'a remarqué Ritschl et comme l'avait senti Guyet, des choses absolument choquantes soit au point de vue des idées, soit au point de vue de la forme.

Guyet a donc eu raison de dénier à Térence cette scène finale ; ni la langue de ces vers, ni la composition de ce morceau ne portent la marque de son génie.

C'est en s'appuyant sur des raisons analogues que Guyet a contesté à Plaute plusieurs scènes de ses comédies, qu'il n'a pas admis qu'on pût considérer comme étant son œuvre et la septième scène du cinquième acte du *Pœnulus*, et trois scènes de l'*Amphitryon* et deux scènes de l'*Aululaire*, et la dernière scène du *Curculion*, et la troisième scène du premier acte de la *Cistellaria* [1].

Toutes ces scènes, suivant lui, ont été écrites après coup.

Telle était aussi la pensée de Guyet au sujet du onzième livre de la *Thébaïde* de Stace [2] et des derniers livres de *la Pharsale* [3]. Il estimait que le style, la langue de ces chants ne permettaient pas de les attribuer ou à Stace ou à Lucain.

1. Guyet s'exprime ainsi à ce sujet. — Contestant l'authenticité de la fin du *Phormion*, il ajoute : « Pleræque scenæ itidem suppositæ in Plauti comœdiis occurrent. In *Pœnulo* act. V, post scenam sextam *septima addita* est ad supplendas fabulæ reliquias, quæ alioqui satis a peritis artis intelliguntur. In *Amphitrione* tres; in *Aulularia* una et altera reperietur. Apud nostrum in *Andria* act. V, in quibusdam codicibus una legitur, cujus *Donatus* et *Eugraphius* fecerunt mentionem. Eam nos totam lectori, quanquam depravatissima est, ex antiquo codice exhibuimus. Illa autem Charini nuptiarum causa conficta est, ut hæ quinque recuperandi argenti causæ. Huc adde exemplum comœdiæ Plautinæ *Curculionis*, quod imitati videntur interpolatores. In ejus enim scena postrema argentum a lenone repetitur, quo virginem liberam vendiderat. Item *Cistellaria*, act. I, sc. III. Prologus suppositus est in persona Dei auxilii, quod ineptum et ridiculum.

2. A côté du titre du XIe livre de son exemplaire de Stace, Guyet écrit : « Totus hic liber undecimus ita prioribus dissimilis est ut Papinio prorsus indignus videatur. »

3. Il retranche à partir du IXe livre de *la Pharsale* un grand nombre de vers.

Remarquons aussi que très souvent Guyet suspend son jugement. Ἐπέχω, tel est le mot que l'on rencontre plus d'une fois dans ses commentaires comme réponse aux questions qu'il se pose [1].

A ces exemples, un peu généraux, que nous avons cités plus haut, nous croyons devoir en ajouter quelques-uns d'une nature plus particulière qui montreront avec plus de précision quels sont les procédés de la méthode de Guyet.

Prenons ses notes sur les *Académiques* de Cicéron. On y lit, par ex. :

Acad., 1, 2, 4 : *Non hæsitans...* « Je suis d'avis, dit-il (nous traduisons ses notes), qu'il faut ajouter *multum*, car *non multum hæsitans* répond à *rem a me sæpe deliberatam et multum agitatam requiris;* c'est-à-dire : tu me demandes une chose que j'ai *longtemps* examinée; je te répondrai sans hésiter *longtemps. Multum* a été ici laissé de côté à cause du voisinage du mot *multum* qui précédait. »

Acad., 1, 5, 21, on trouve les mots *animi* bonis et *corporis.* « *Bonis*, dit Guyet, paraît être ici superflu, et quelques-uns le suppriment. Mais ce que Cicéron veut dire n'est pas clair. Le reste assurément ne paraît pas être lié avec cela. »

Guyet s'appuie donc ici sur l'ensemble même du passage qu'il a sous les yeux. Un manque de suite dans les idées, un mot de trop sont les raisons déterminantes des changements qu'il apporte aux textes.

Une correction plus complète, plus importante est introduite par le philologue angevin dans le passage suivant :

Acad., liv. II, 11, 34, on lit : ... *quo modo ista aut pers-*

____

1. Les exemples sont si fréquents qu'il serait trop long de les énumérer.

picua dicemus, aut impressa subtiliter, *cum sit incertum vere inaniterne moveatur?* Guyet écrit à propos de ce passage : « Il semble, pour que la pensée soit entière, qu'il faille ajouter ici *in animo :* car à quoi se rapporterait *moveatur*, qui est à la fin de la période, si ce n'est à un mot tel que *animo* ou *menti* qu'un copiste négligent a oublié? Ainsi donc il convient de rétablir de la façon suivante tout le passage : « *Aut quo modo ista aut perspicua dicemus* aut « *in animo* impressa subtiliter, cum sit incertum vere ina· « niterne moveatur. »

On ne peut s'empêcher de reconnaître ici, d'une part la vraisemblance de la conjecture de Guyet, d'autre part un véritable sentiment de la langue latine.

C'est ce que prouve aussi cette autre correction :

Acad., liv. II, 23, 74 : *Esse sensus*, etc. Faber : esse sensus quidem obscuros dicit, hic tenebricosos. Sic enim appellat eos. Is qui hunc maxime est admiratus, etc.

« J'adopterais volontiers cette leçon-ci, dit Guyet, *si je pouvais m'appuyer sur un ancien manuscrit :* « Ille verum « esse plane negat. Esse sensus si quidem dicet, sed obs-« curos, sed tenebricosos. Sic enim appellat eos. » — La plupart des Mss. ont, au lieu de *non, nec,* ce qui a pu être supposé au lieu de *sed* par des demi-savants qui ont pensé qu'on ne pouvait pas dire *sensus obscuros et tenebricosos.* »

Acad., liv. II, 36, 116 : *Lineamentum longitudinem latitudine carentem.* « Ou bien, dit Guyet, *lineam autem longitudinem latitudine carentem.* Mais le passage tout entier, qui est fort confus, semble devoir être constitué de la façon suivante : *Punctum esse,* etc., *lineam autem longitudinem latitudine carentem. Extremitatem et quasi libramentum in quo nulla omnino crassitudo fit.* Voici comment ce passage a été corrompu : Un copiste a mis en troisième lieu ce qui devait être à la deuxième place, et a oublié *longitudinem;*

d'autres alors, s'apercevant que quelque chose manquait,
ont eu le mauvais goût d'écrire à la place *sine ulla*. »

C'est à un même travail que Guyet a soumis Plaute,
par ex. :

Epidicus, III, 16, on lit :

« *Chærib.* Absurde facis, qui angas te animi.

Si hercle ego illum semel prehendero,

Namque irridere nos illum inultum sinam servom hominem.

Strat. Quid illum ferre vis, *qui tibi quoi* divitiæ domi
maximæ sunt.

Is minimum nullum habes nec sodali tuo in te copiast. »

Ces deux derniers vers présentent un fait tout à fait
étrange au point de vue de la syntaxe; nous voulons parler de la construction *qui tibi quoi* et du changement du
relatif en démonstratif, dont Plaute ne présente pas d'autre exemple. C'est là un point qui dut attirer l'attention
de Guyet. Aussi changea-t-il *quoi* en *quom*, correction que
Geppert a adoptée depuis.

Ces quelques exemples particuliers et ceux d'une
nature plus générale, que nous avons cités d'abord,
montrent bien, croyons-nous, quels sont les procédés
essentiels de la méthode de Guyet, si l'on se place au
point de vue de la pénétration de son esprit.

Guyet consulte d'abord les manuscrits et s'appuie avant
tout sur leur autorité (ce qui n'est pas le fait d'un esprit
paradoxal); il consulte aussi les éditions antérieures. Ce
sont là les matériaux dont il se sert; ce sont pour lui des
instruments nécessaires. Lit-il un écrivain grec ou latin,
la composition de l'œuvre, les caractères généraux de la
langue de l'auteur, la valeur même de l'écrivain, la place
qu'il occupe dans l'ensemble de la littérature sont autant
de renseignements qu'il recueille avant de pénétrer dans

le détail. Mais par là il diffère peu des autres philologues. Ce qui lui est particulier, c'est la nature même des corrections qu'il introduit dans les textes, corrections que lui paraissent rendre indispensables la diversité des leçons fournies par les manuscrits, les imperfections et les irrégularités de la langue au point de vue de la syntaxe, les variations du mètre chez les comiques, et surtout le manque de suite dans les idées. Quand aucun de ces défauts n'est manifeste, il suspend son jugement. C'est ici que Guyet fait preuve de deux qualités essentielles : la connaissance profonde du grec et du latin, et la sagacité de son esprit.

La connaissance du latin chez Guyet, elle est attestée par chacune de ses corrections; mais rien ne la prouverait mieux que la manière même dont il a interprété les *Académiques* de Cicéron. Le philologue angevin a senti que la langue philosophique de Cicéron ne pouvait être comprise que si, sous les termes techniques dont il se sert, on place les mots grecs qu'il avait cherché ainsi à traduire et à faire passer dans la langue latine.

C'est ainsi qu'il rapproche sans cesse le texte de Cicéron des écrits philosophiques de la Grèce.

Citons quelques exemples :

Acad., 1, 6, 24 : *Ea quæ efficeretur aliquid.* Turnebus et Lambinus *ex qua.* Guyet rapproche cette expression d'une observation d'Achilles Tatius sur *Aratus*, chap. III : Ζήνων ὁ Κιτιεὺς ἀρχὴν εἶναι λέγει τόνδε ὅλον Θεὸν καὶ ὕλην. Θεὸν μὲν τὸ ποιοῦν, ὕλην δὲ τὸ ποιούμενον.

Ibid. : *Illa vis.* Id est forma. Platon : Σείεσθαι μὲν ὑπ' ἐκείνων αὐτήν· κινουμένην δ'αὖ πάλιν ἐκεῖνα σείειν. τὴν ὕλην scilicet.

Ibid., liv. II : *In conserendo.* Id est ἐν τῷ φυτεύεσθαι τὸν ἀγρόν. Xenoph., lib. I de dictis Socratis : Οὔτε γὰρ τῷ καλῶς ἀγρὸν φυτευομένῳ δῆλον ὅστις καρπώσεται.

Ibid., liv. II, 36, 116 : *Extremitatem*. Id est superficiem τὸ ἐπίπεδον. *Proclus* in *Euclidem* : τοῖς μὲν παλαιοτέροις τῶν φιλοσόφων οὐκ ἐδόκει τῆς ἐπιφανείας εἶδος τίθεσθαι τὸ ἐπίπεδον, ἀλλ' ὡς ταυτὸ ἑκάτερον παρελάμβανον.

Quant à cette sagacité, cette habileté à reconstituer les textes ou à démontrer leur altération, elle est reconnue par les plus grands commentateurs des textes grecs et latins.

Si nous voulions étudier cette question dans ses plus petits détails, nous verrions de quelle autorité Guyet a joui auprès de Nicolas Heinsius, de Bentley, de Godefroi Hermann, quel intérêt ses observations ont présenté aux yeux de Bothe, de Wolf, de Heyne, de Ritschl, de Ribbeck, de Wagner, d'Umpfenbach, d'Ussing, de Flach, et de tant d'autres interprètes des écrivains de l'antiquité.

Nous verrions combien de fois dans ses *Adversaria* le savant éditeur des élégiaques latins a rendu hommage à la critique profonde de Guyet [1].

Nous verrions que Bentley, qui semble avoir regardé d'un œil d'envie l'œuvre du philologue angevin, qui n'a jamais proclamé hautement la valeur de cette œuvre et reconnu les mérites de son auteur, qui s'est plu davantage à le rabaisser, à le *dénigrer*, a modelé en quelque sorte son *Térence* sur celui de Guyet, s'est rencontré avec lui sur la plupart des points délicats, lui a emprunté tellement ses vues et ses idées que, les leçons données par les deux philologues étant les mêmes, on ne sait si Bentley ne s'est pas le plus souvent contenté de reproduire les leçons de son devancier [2]. Il semble avoir hérité de sa mé·

---

1. Dans ses *Adversaria*, Nic. Heinsius cite Guyet, p. 8, 9, 18, 26, 34, 241, 348, 387, 425, 567, 655-658, 670, 680, 689, 690, 695, 733, 735, 748, 754, 759, etc.

2. C'est ce qu'Umpfenbach a remarqué fort justement. Citant les leçons de Bentley qu'il a admises dans son texte, il reconnaît que la plupart de ces leçons avaient déjà été proposées par Guyet.

thode, et, pour emprunter à Gruppe une expression dont il se sert dans un parallèle qu'il fait entre Bentley et Guyet, Bentley semble avoir en quelque sorte « porté Guyet sur les épaules [1] ».

Nous constaterions que Godefroi Hermann, soit dans son *Hésiode*, soit dans son *Horace*, soit à propos de Plaute, s'est très souvent rallié aux sentiments de Guyet; que Bothe [2] n'est que le fidèle imitateur de sa méthode et de son œuvre; que Ritschl [3] lui a consacré les pages les plus importantes de son *Parergon*, a discuté ses opinions, a rendu hommage dans ses *Prolégomènes* à son esprit ingénieux, et dans l'édition du *Trinummus*, par exemple (pour ne parler que de cette pièce de Plaute), a admis dix-huit leçons de Guyet, qu'enfin le *Plaute* du philologue allemand est rempli des notes de Guyet. On peut dire en

1. *Minos*, p. 144. Gruppe écrit : In seinem Terenz der zuerst 1726, und darauf 1727 erschien, versucht Bentley zwar auch in der Weise von Guyet zu verfahren, und ganz unverkennbar ist hier dessen Einfluss, sowohl auf metrischer Seite als in mehr æsthetischer Kritik, wovon in seinem Horaz so wenig einzuheffen. Allein er befand sich hier auf einem fremden Felde und war, seinem Vorgänger gegenüber, weder unbefanden noch gerecht... P. 525, Gruppe dit : Vergleicht man beide (Bentley et Guyet), genau, so dürfte sich zeigen dass Bentley in seinem trefflichen Vorgänger weder recht noch edel handelte. Während *er offenbar auf seinen Schultern steht,* ja bei ihm in der Schule geht, verleugnet er dies, ja sucht ihn in jeder Weise herabzudrücken.

2. Bothe (*Publi Terenti Afri Comœdiæ*, Berolini, 1806) admet la leçon de Guyet, *Haut.*, v. 13, 185, 253, 460, 496; *Hec.*, 420, par exemple. Voir à l'appendice, comparaison des *Bacchis* de Plaute, éd. Bothe et éd. Guyet.

3. Nous avons déjà cité le *Parergon*, à propos du second dénouement de l'*Andrienne*. Dans ses *Prolegomena de rationibus criticis grammaticis prosodiacis metricis emendationis Plautinæ*, Ritschl dit : Ex reliquis criticam operam Plauto eamque non una de caussa memorabilem duo soli navarunt, Franciscus *Guyetus*, et F. H. Bothius nostras ingenii et usu et abusu similes. De quibus non dubito quin satis honorifice sensurus sit, qui ex annotationis tantum nostræ testimoniis judicium faciat : tam vel feliciter inventa vel sollerter excogitata ad illos referri viderit non adeo pauca. — Dans le *Trinummus*, Ritschl admet la leçon de Guyet, v. 428, 601, 602, 829, 833, 834, 861, 916, 962, 965, 989, 1016, 1123, 1140, 1176, 1188. Dans l'*Appendix Critica*, Ritschl cite Guyet, p. 134, 135, 145, 147, 148, 153, 155, 157, 158, 160, 166, 172, 173, 174, 176, 179, 182, 185, 186, 192.

effet qu'il n'y a pas une page de cette œuvre si remarquée où le nom du philologue angevin ne se trouve cité, où ses observations, ses leçons ne soient mentionnées et très souvent approuvées. Il est permis d'en tirer cette conclusion que la méthode d'interprétation de Plaute a été à peu près la même pour Guyet et pour Ritschl. Nous verrions aussi que Ribbeck a, dans son édition de l'*Asinaria* par exemple, adopté plus d'une conjecture du savant Angevin, qu'un très grand nombre de ses leçons sur le texte d'Hésiode ont passé dans les éditions de Heyne, de Gaisford, de Dindorf et de Flach. Umpfenbach, enfin, pour Térence; Reize, Ussing [1], pour Plaute, plaçant Guyet au meilleur rang parmi les critiques, dont les conjectures doivent être considérées comme ingénieuses et précieuses, serviraient à prouver jusqu'à l'évidence de quel esprit fin, délicat, Guyet était doué.

Mais à côté de ce Guyet, dont nous venons de faire le portrait, que nous avons peint tirant le plus grand parti des manuscrits et des éditions, y cherchant la meilleure leçon et les corrections les plus heureuses; à côté de ce Guyet, dont les observations sont si souvent citées par ceux qui sont venus après lui, il y a, pour ainsi parler, un autre Guyet plus hardi et parfois plus téméraire.

C'est ce qui valut à son œuvre d'être vantée par toute une école de philologues étrangers, par cette école dont le chef et le maître a été en ce siècle Hofman Peerlkamp [2].

---

1. Voir à l'*Appendice* la liste des leçons de Guyet sur les principaux écrivains anciens qui ont été signalées ou admises par les éditeurs les plus distingués.

2. C'est pourquoi Gruppe lui a consacré dans son *Minos* un très grand nombre de pages où il se plait à reconnaitre plus d'une fois que Guyet faisait honneur à son pays. Peerlkamp de son côté déclare que souvent, dans son *Horace*, il s'est rencontré avec Guyet; mais, ajoute-t-il, il n'a connu les notes de l'hypercritique du xviie siècle qu'après avoir annoté lui-même le lyrique latin.

Mais ici Guyet devient la victime de sa sagacité, de l'admiration profonde que l'antiquité lui inspire.

Ce ne sont plus les manuscrits, ce n'est plus la diversité des leçons ou des mètres, qui sont les principes de sa méthode ou qui servent de point de départ à ses corrections. Le goût seul règle ses jugements. C'est à un point de vue purement esthétique qu'il se place. Rien d'imparfait ne peut plus et ne doit plus paraître chez les écrivains qu'il étudie, et tout ce qui s'éloigne de cette perfection idéale, qu'il veut retrouver chez eux, est indigne de leur génie. Souvent corriger, mais plus souvent encore effacer : telle est la méthode de Guyet, dans ces moments où la témérité prend la place de la prudence, qu'il apporte habituellement dans ses corrections.

C'est ce genre de critique, il faut le dire, qui a attiré sur lui l'attention, mêlée d'admiration, des Peerlkamp, des Lehrs, des Meineke, des Gruppe [1]. Cette hardiesse, cette critique purement subjective : voilà ce que toute cette école a exalté.

C'est en particulier de sa critique du texte d'Horace que Peerlkamp et ses disciples ont fait le plus de cas.

Nous avons déjà dit avec quelle réserve, avec quelle mesure il fallait juger Guyet d'après les corrections du texte d'Horace, telles que Michel de Marolles nous les a rapportées.

L'exagération, qui marque ces observations, a inspiré des doutes même à ceux à qui cette exagération ne déplaisait pas; tous ont exprimé le vœu qu'on pût un

---

1. Gruppe juge ainsi Guyet, par exemple : Wir haben von den Kritikern und Commentatoren noch einen übrig der mit *ungewöhnlichen Scharfsinn* und *mit der feinsten Kennerschaft* in den Autor (il parle de Térence), eingedrungen ist, eben jenen jetzt den meisten Philologen *kaum dem Namen nach bekannten Mann,* der in unserer Sache eine so grosse Rolle spielt : *François Guyet.*

jour retrouver l'original même des notes de Guyet sur Horace.

Mais, quelles que soient les réserves sous lesquelles nous acceptions l'*Horace* de Marolles et celui du P. Sanadon, nous ne pouvons pas nous empêcher de montrer par des exemples en quoi consiste ici la critique de Guyet. Passer sous silence le travail du philologue angevin sur Horace, ce serait vouloir se faire taxer de partialité. En faisant connaître quelques-unes de ses notes sur le grand poète lyrique, nous ferons voir plus nettement jusqu'à quel point il y a de l'exagération dans son système, et nous prouverons que, si nous aimons à mettre en lumière les qualités de notre personnage, nous n'hésitons pas à signaler les défauts de sa méthode.

On lit, par exemple, dans les notes de la traduction d'Horace par Michel de Marolles :

Odes, I, 2, 6 : Mais Guyet la (la description du déluge du genre humain) retranche avec les deux stances qui la contiennent depuis ces mots *torruit (sic) gentes* jusqu'à *æquore damæ*.

Ibid., 24 : Cette stance est encore effacée par Guyet.

Ibid., 36 : La critique de Guyet efface encore icy la stance qui commence *heu nimis*.

Ibid., I, 3, 14 : Icy Guyet retranche six vers de suitte après ces mots *quo non arbiter*, et oste encore le 25 et le 26 sans en dire de raison.

Ibid., I, 31, 9-16 : Fr. Guyet efface icy huit vers de suitte, comme des vers supposez. *Quis hæc spuria esse non videt ?*

Ibid., II, 13, 1 : Monsieur Guyet efface icy les quatre premiers vers de cette ode sans en dire le sujet.

Ibid., II, 19, 5 : Monsieur Guyet efface icy quatre vers de suitte.

Ibid., 16, 16 : Le 27 (*sic*) vers et les sept ensuitte sont retranchez par Monsieur Guyet.

Odes, III, 8, 26 : Monsieur Guyet retranche tout à fait depuis le 25 vers.

Ibid., 10, 1 : Monsieur Guyet oste la 3ᵉ stance de cette ode.

Ibid., 11, 34 : La dernière stance de cette ode est ostée par Monsieur Guyet.

Ibid., 13, 13 : Guyet efface la dernière stance de cette ode parce qu'elle ne luy semble pas digne d'Horace.

Ibid., 16, 41 : Monsieur Guyet retranche les seize derniers vers de cette ode.

Ibid., 23, 11 : Monsieur Guyet efface la dernière stance de cette ode.

Ibid., 27 *ad fin.* : Monsieur Guyet efface la 12 et 18 (*sic*) stance de cette ode.

Odes, IV, 4, 17 : Après cecy, il y a quatre vers que Monsieur Guyet efface [1].

Nous ignorons les raisons pour lesquelles Guyet a supprimé tant de vers des *Odes* d'Horace. L'état dans lequel ses notes sur cette œuvre nous sont parvenues, la forme brève et analytique sous laquelle elles nous sont présentées nous donnent le droit et nous imposent l'obligation de nous livrer à de pures hypothèses.

Si Guyet a effacé tant de passages des *Odes* d'Horace, c'est qu'ici il s'est laissé guider non pas par ces principes que nous avons signalés dans la première partie de ce chapitre, mais par de pures raisons tirées de son goût

---

1. Fᴦɪᴛᴢꜱᴄʜᴇ (*Philologus*, XXXV, 478) résume ainsi l'œuvre de Guyet sur Horace : « Guyet a admis des interpolations dans 116 passages d'Horace. » De ces 116 passages, Keller et Holder n'en citent que *six* sous le nom de Guyet, et d'une façon imparfaite. En 10 endroits, ils mettent des athétèses de Guyet sous le nom de Peerlkamp, en 2 sous les noms de Bentley et de Gruppe, en 1 de Apitz, Francke, Gesner, Haupt, Linker, Nauck, Paldamus.

personnel. Ici il a été le précurseur de Peerlkamp et de
tous les partisans de cette critique subjective que Keller
appelle peut-être avec raison une critique « destructive ».

Après Lucien Müller [1], Teuffel, Eckstein [2], après Keller
et surtout après M. Benoist [3] et M. Boissier [4], il peut
paraître superflu de refaire la critique de cette méthode
qui consiste à retrancher d'Horace et à considérer comme
interpolé tout passage qui est jugé indigne du génie de ce
poète.

Mais la méthode que Guyet a employée nous oblige à
un nouvel examen de la question.

Un fait certain, que nous nous plaisons à reconnaître,
c'est que les manuscrits qui nous ont conservé les *Odes*
d'Horace ne valent pas ceux de Virgile, qu'on y rencontre
des passages *désespérés*.

Mais ce que nous admettons moins, c'est l'avis de ceux
qui, ne pouvant parvenir à dissiper ces obscurités du
texte d'Horace, déclarent que toutes ces difficultés qu'il
présente sont le fait d'interpolateurs, que tous ces passages difficiles ne sont pas l'œuvre d'Horace, qu'ils ne
sont nullement en rapport avec l'idée qu'on se fait de
son génie poétique. Employer une pareille méthode,
c'est donner raison à un savant et regretté philologue,
M. Charles Thurot, qui disait : « Quand on change arbi-
trairement les textes, quand on cherche des interpolations partout, c'est qu'on ne comprend pas! »

C'est recourir à une méthode qui ne repose pas sur un
principe fixe, un principe solide. Dire avec Peerlkamp [5] :

---

1. Dans *Jahrbücher für Philologie und Pädagogik*, 1863, p. 176, sqq.
2. Cf. Eichstädt, *Paradoxa horatiana*, Part. VIII, a. 1837.
3. Dans le *Journal des savants*, février 1883.
4. Dans la *Revue de philologie*, 1878.
5. *Horatii Flacci Carmina* recensuit P. Hofman Peerlkamp, Amstel., 1862,
Præf., v.

« *Equidem Horatium non agnosco nisi in illis ingenii monumentis quæ tam apta et rotunda sunt ut nihil demere possis quin elegantiam minuas,* » c'est faire reposer une méthode tout entière sur le goût, le goût seul.

Or rien n'est plus variable, rien n'est plus divers, et, comme l'a dit La Bruyère, « on dispute des goûts avec fondement ». On ne saurait du reste trouver de meilleures preuves de la vérité de cette pensée qu'en consultant les jugements portés par Guyet, par Peerlkamp, Lehrs, Meineke, Gruppe eux-mêmes sur les odes d'Horace. L'un dit d'un passage qu'il est indigne, *indignus,* l'autre qu'il est plus indigne, *indignior,* qu'on ne l'a pensé jusqu'à présent; le troisième déclare que ce passage est absolument indigne, *indignissimus,* du génie d'Horace. L'un retranche telle strophe, l'autre retranche telle autre; l'un supprime cinq vers, l'autre les supprime à son tour et fait subir le même sort à trois ou quatre autres. La critique est la même, les résultats auxquels elle aboutit sont différents. Et il n'y a assurément rien d'exagéré dans les expressions dont nous nous servons.

Ainsi, dans la deuxième ode du premier livre, cette ode si connue et qui commence par ces mots :

> Jam satis terris nivis atque diræ
> Grandinis misit Pater..........

Horace a inséré trois vers où il décrit le déluge de Deucalion et Pyrrha. C'est cette description qui a déplu à Guyet et après lui à Buttmann, à Peerlkamp, et à Lehrs; ils l'ont effacée, comme si l'on pouvait douter (disons-le de suite) de l'authenticité d'un passage [1] qui a été rapporté par les grammairiens Priscien, Marius Victorinus, Ser-

---

1. Voir KELLER et HOLDER, *Epilegomena,* I, p. 9.

vius, qui a été imité par Ovide, qu'Horace lui-même avait imité et presque traduit d'Archiloque, comme si l'on pouvait supprimer une digression mythologique, digression naturelle à la poésie lyrique, et si familière au maître des lyriques, Pindare. Toutes ces raisons, qui militaient en faveur du maintien de ce passage, ne l'ont pas emporté sur le goût de Guyet et de ses imitateurs.

Guyet a supprimé dans cette ode les vers 5 à 12, 21 à 24, 37 à 40. Buttmann, de son côté, a admis l'opinion du philologue angevin ; Peerlkamp s'y est rallié aussi, mais il ajoute les vers 17-21, les vers 26-30, le vers 34. Lehrs adopte ces conclusions, mais le dernier vers lui paraît également douteux : *Te duce, Cæsar*.

Vingt-neuf vers sont donc supprimés dans cette ode sur cinquante-deux.

Bien d'autres odes d'Horace sont soumises à la même opération, des passages différents déplaisant successivement aux différents critiques.

Il est donc clair que le principe sur lequel repose la critique de Guyet et de ses disciples manque absolument de consistance.

Si nous opposions maintenant au goût de ces savants le nôtre, notre sentiment au leur, combien nos opinions paraîtraient différentes ! Que de fois nous jugerions très dignes d'Horace, tout à fait authentiques des passages qu'ils renient, des odes entières qu'ils déclarent interpolées !

Entre les odes dont Guyet a retranché des vers, choisissons comme exemple la trente et unième ode du livre I^r.

Cette ode est consacrée à Apollon, à qui Auguste, vainqueur à Actium, venait de consacrer un temple sur le mont Palatin. Horace se demande quelle prière le poète peut adresser au dieu.

« Il ne demandera pas les moissons de la riche Sardaigne, il ne demandera pas le bétail qui paît en Calabre, il ne demandera ni l'or, ni l'ivoire indien, ni les campagnes que le Liris baigne de ses eaux paisibles et silencieuses ; il laissera à ceux qui ont le bonheur de posséder les vignes de Calès le soin de les tailler, il laissera le marchand sécher dans des coupes d'or des vins de Syrie, produit de ses échanges. Le poète, au contraire, veut se nourrir d'olives, de chicorée, de mauve. Il veut jouir des biens qu'il possède, jouir de la santé, avoir l'esprit bien sain, avoir une vieillesse honorable, et n'être pas privé de sa lyre. »

Il nous semble que les idées dans cette ode sont parfaitement ordonnées. Horace cite d'une part ce que le poète ne demande pas, et d'autre part ce qu'il demande. Il y a là une antithèse nettement établie.

Guyet pourtant, sans qu'il nous en donne la raison, ou du moins sans que Michel de Marolles nous l'ait fait connaître, supprime huit vers dans cette ode ; il efface tout le passage relatif au riche qui a de la vigne, au marchand qui a du vin, et Peerlkamp, qui est d'accord avec Guyet, qui ne comprend pas pourquoi le P. Sanadon n'a pas admis cette suppression, nous explique pourquoi ces vers doivent disparaître. « C'est, nous dit-il, qu'ils troublent la suite des pensées, » comme si une ode devait avoir la disposition d'une démonstration mathématique.

« Je ne demande ni blé, ni laine, ni or, ni ivoire, ni vins. Je me contente du peu que je possède. Laisse-moi, Apollon, en jouir, accorde-moi bonne santé, bon esprit, accorde-moi une vieillesse vigoureuse, recréée par les Muses. »

Tel doit être, suivant Peerlkamp, le sens de l'ode, en quoi il ne se trompe pas ; telle doit être aussi la liaison

des idées. L'exemple du riche et celui du marchand
bouleversent, suivant lui, l'ordre qui règne dans le
poème.

Ce n'est pas notre avis. Ces huit vers nous paraissent
être à leur place ; ils ne dérangent rien, et il est tout
naturel que le poète cite ces exemples à la suite des
autres.

Nous n'admettons pas davantage la suppression des
quatre premiers vers de la 13e ode du livre II, de cette
ode si connue où Horace s'indigne contre un arbre qui, en
tombant, avait failli l'écraser, et dont la chute lui inspire
quelques réflexions sur la fragilité de la vie humaine et
sur le séjour des enfers qu'il a été bien près d'aller voir.

Ces quatre vers, tous ceux qui ont lu Horace les savent
par cœur :

> Ille et nefasto te posuit die,
> Quicumque primum, et sacrilega manu
> Produxit, arbos, in nepotum
> Perniciem opprobriumque pagi.

« Monsieur Guyet efface ces quatre vers sans en dire
le sujet. » Il semble, à entendre Peerlkamp, qui partage
absolument l'avis du philologue du xviie siècle (il paraît
le partager toujours), que rien n'est plus indigne d'Horace
que ces quatre vers.

Voici comment il s'exprime touchant ce début de la
13e ode du livre II. Il est nécessaire de citer sa pensée
tout entière, car elle est celle de Guyet, et critiquer l'un
c'est critiquer l'autre. Il nous dit :

« Guietus etiam quatuor versus sustulit. Neque hæc
tam perturbato verborum ordine a bono scriptore dici
potuerunt... Versus sunt spurii, et propter intricatam
illam constructionem, et ineptas rei ejusdem sine ulla

gravitate repetitiones. Quis enim æquo animo hæc ferat :
« Quicumque te *posuit, produxit, o arbos,* qui te *statuit*
agro meo, *o triste lignum !* »

Le début de cette ode, peut-être difficile à saisir si l'on se
place au point de vue purement grammatical, parce qu'il
faut sous-entendre *posuit* après *primum*, ne laisse cependant place à aucun doute sur son authenticité. Ces quatre
vers (nous continuons à nous placer au point de vue
esthétique) sont l'expression la plus charmante et la plus
vive de la surprise et de l'indignation que la chute de
cet arbre a causées à Horace. Comment peut-on traiter
d' « ineptes » des vers où le poète se borne à dire :

« C'est en un jour de malheur qu'il t'a planté, celui qui
ensuite t'a donné tous ses soins pour le malheur de ses
descendants et la honte du village qui te possède. »

C'était là le début naturel de cette ode, et nous ne com-
prendrions pas qu'elle commençât par ce « *Illum et parentis crediderim...* » comme le voulaient Guyet, Peerlkamp, comme le veut Gruppe.

Partir d'un sentiment esthétique pour apprécier l'authenticité d'une ode ou d'une œuvre quelconque, c'est donc
s'appuyer sur un principe essentiellement variable, pour
aboutir à la suppression des passages dont on doute.

Ce principe, François Guyet ne l'a pas appliqué seulement aux odes d'Horace.

Assez souvent le philologue angevin a écrit de tel ou
de tel vers, de telle ou telle ligne : *Hic versus spurius,*
ou bien *insiticius*, sans expliquer pourquoi il les efface;
ce sont des raisons purement esthétiques qui l'ont alors
guidé, et qui l'ont parfois déterminé à supprimer non
plus un ou deux vers, une ou deux lignes, mais des
scènes entières, un livre entier ou quelques parties de
poèmes.

Guyet a, par exemple, supprimé comme étrangères au *Phormion* de Térence les scènes III, V, VII, VIII, IX du cinquième acte.

Il écrit à ce sujet :

« Nihil opus erat hac scena et sequentibus aliis qua-
« tuor, *quinta* scilicet, *septima, octava* et *nona* quæ additi-
« tiæ sunt et spuriæ : sufficiebat enim res proposita supra
« sc. V, act IV :

« *Transito ad uxorem meam, ut conveniat hanc prius*
« *quam hinc abit, etc.*

« Cetera intus sine spectatoris fastidio in aliis fabulis
« transigi solent, et postrema scena uno verbo facta insi-
« nuantur, ut infra scena sexta factum reperies. Ineptus
« homo quispiam, reclamante frustra ordine Terentii co-
« mico hanc caudam huic comœdiæ assuit.

« Hæc autem confingendi ansam dedit locus, act. V,
« sc. II. *Ita fugias, etc.* . . . .
« . . . . Nonne id sat erat?

« Accipere ab illo injuriam? etiam argentum ultro objec-
« tum.

« Hic enim Demipho traditam stulte pecuniam Phor-
« mioni queritur, quasi qui rem infectam vellet. Quod
« arripiens interpolator, has quinque scenas, pecuniæ illius
« recuperandæ caussa fabricatus est, quæ quidem ineptæ
« videbuntur, si ad Terentianas comparentur.

On connaît le sujet du *Phormion*.

Un Athénien, Chrémès, mari de Nausistrata, dont il a un fils nommé Phédria, est parti pour Lemnos sous prétexte de s'occuper d'affaires commerciales. Durant son voyage, il s'est engagé dans des relations d'une nature toute différente, dont l'héroïne a été une jeune femme qu'il a épousée secrètement en prenant le faux nom de Stilpon et qui lui a donné une fille appelée Phanium.

Personne ne connaît cet incident de son voyage, sauf son frère Démiphon. Que fera-t-on de cette fille? On la donnera comme femme au jeune Antiphon, neveu de Chrémès. C'est le désir d'amener cette union qui pousse Démiphon à s'embarquer pour la Cilicie et Chrémès pour Lemnos, afin d'en ramener Phanium avec sa mère.

Mais ni Phanium ni sa mère ne sont plus retrouvées. Celle-ci est morte à Athènes et la fille a passé entre les mains d'une nourrice, Sophrona. Sur ces entrefaites, le hasard a amené Antiphon chez Phanium, et il s'en est épris. C'est Géta, un esclave, devenu le surveillant d'Antiphon, qui doit procurer à ce jeune homme les moyens de faire ce mariage. A ce moment intervient le parasite Phormion, avec qui Géta met son pupille en rapport. Habile inventeur d'intrigues, Phormion ajuste le mariage d'Antiphon avec Phanium, lorsqu'arrivent Démiphon et Chrémès. Ce mariage semble les déranger dans leurs projets. Que faire pour le rompre?

Le fils de Chrémès, Phédria, jeune débauché, s'est épris d'une joueuse de cithare. Mais point d'amour sans argent. Il faut payer le marchand d'esclaves. Géta essaye de soutirer de l'argent aux deux vieillards, les persuadant que cet argent permettra à Phormion de rompre l'union dont les deux frères sont inquiets. L'argent est donné, mais c'est Phédria qui le reçoit pour le passer au marchand d'esclaves.

Le hasard fait que Chrémès est rencontré par Sophrona, la nourrice de Phanium. Le faux Stilpon est reconnu, et bientôt il apprend la vérité. L'union qu'Antiphon était sur le point de contracter est l'union tant désirée. Démiphon, mis au courant de cette découverte, si heureuse, se propose de traiter Phormion comme il le mérite.

« Rendez l'argent! » tel est le cri que poussent ensemble
Démiphon et Chrémès.

C'est ici que Guyet voudrait que la pièce finît. Dans le
texte que nous possédons, et que nous adoptons, disons-
le de suite, elle ne s'arrête pas là.

Géta sait tout, il sait que la jeune fille dont Antiphon
s'est épris est la fille de Chrémès, par conséquent sa
cousine, et il en avertit son pupille. Phormion apprend la
chose, et quand Chrémès et Démiphon veulent le rouer
de coups, parce qu'il les a dupés, parce qu'il en a fait ses
victimes, il crie, il crie bien fort. Il crie tellement que
l'épouse trompée de Chrémès, Nausistrata, l'entend. Il lui
dit tout, malgré les protestations de Chrémès; la pauvre
Nausistrata en est désolée; elle avait cru naïvement que
son mari ne s'occuperait à Lemnos que du commerce
des denrées. Cette révélation assure le triomphe du parasite Phormion. Phédria épousera la joueuse de cithare, son escroquerie lui sera pardonnée, et Phormion,
loin de recevoir des coups, prendra place à la table de
Chrémès.

Comme nous l'avons dit, c'est cette dernière partie de
la comédie dont Guyet nie l'authenticité.

Elle est, suivant lui, l'œuvre d'un interpolateur, qui a
trouvé la matière et l'occasion de ces scènes dans les paroles que Démiphon fait entendre au sujet de la conduite
de Phormion.

« Nous faisons, dit-il (act. V, ii), la partie trop belle
aux méchants, en affectant de passer pour des hommes
larges, généreux. Quand nous fuyons, dit le proverbe, ne
perdons pas de vue le logis. N'est-ce pas assez qu'il
m'ait joué un vilain tour? Il va falloir encore que j'aille
lui offrir de l'argent pour l'aider à vivre jusqu'au moment
où il recommencera quelque fredaine. »

Pour nous, nous ne partageons pas, sur ce sujet, les idées de Guyet.

Guyet trouve qu'il y a une certaine analogie entre ces dernières scènes du *Phormion* et le second dénouement de l'*Andrienne,* dont il a reconnu, avec raison et avec beaucoup de sagacité, la non-authenticité. Parlant de ce second dénouement, il dit :

« Il est utile de citer ces vers, parce qu'ils nous montrent ce que peut être une œuvre apocryphe, et nous pourrons nous appuyer sur eux lorsqu'il sera question des dernières scènes du *Phormion,* que nous prétendons être « supposées ». Il reconnaît dans cette fin du *Phormion* la marque de cette propension de certains interpolateurs à ajouter des scènes aux comédies de Plaute et de Térence, à les allonger, à les développer, comme cela s'est produit pour la *Cistellaria,* le *Curculio,* le *Pœnulus.* Mais si sur ces différents points Guyet a eu raison, si son avis a été accepté par tous ceux qui ont étudié Plaute ou Térence, ici la question n'est plus la même.

Loin de croire que cette fin du *Phormion* soit une interpolation, nous estimons que sans elle la comédie serait incomplète, qu'elle serait, à proprement parler, mutilée. Elle serait privée de scènes tout à fait dignes du talent de Térence. Pourquoi supprimerait-on ces scènes que nous appellerons les scènes de la « révélation »? Ne faut-il pas que Nausistrata soit instruite de tout ce qui s'est passé? Pourquoi voudrait-on que la faute de Chrémès restât cachée? Il a péché; sa fredaine ne doit pas être passée sous silence.

D'autre part, le rôle du parasite serait incomplet. Qu'aurait-il fait dans toute cette pièce? Il aurait rendu service à Chrémès et à Démiphon, sans le savoir. Le parasite, né malin et malicieux, ne doit pas s'en tenir là. Il

faut qu'il triomphe, il faut qu'il ait (qu'on nous permette
de parler ainsi) sa part du gâteau; ce gâteau, il le goûtera
à la table de Chrémès.

A ces raisons morales, qui nous paraissent prouver
l'authenticité de cette fin du *Phormion*, s'ajoutent des
raisons matérielles que Bœcler a fort bien mises en
lumière [1].

Nous ne voyons donc pas pour quel motif Guyet supprime cette fin du *Phormion*. Elle nous paraît faire partie
intégrante de la pièce.

Toutes ces suppressions sont les effets de la critique
subjective. Ce ne sont pas de pareils résultats que Gruppe
signale, lorsqu'il montre en quoi consiste l'œuvre de cette
critique. A l'entendre, ce n'est plus de mutilations, de
suppressions qu'il s'agit; c'est simplement « d'embellissements » (Verschönerungen) [2].

---

1. Bœcler (p. 355 de son édition) dit : « Fr. Guyetus delet hanc scenam.
Sed quomodo potest Demipho relinqui in domo Chremetis, quam modo
ingressus erat, et tamen postea *scena sexta*, quam genuinam agnoscit
Guyetus, agnitioni Phanii in sua domo factæ interesse? Nihil potest res-
ponderi quo explicetur hæc difficultas. Jam quis non videt, Getam prop-
terea in scena detineri a Poeta, et consultare donec Demipho egrediatur?
Ita enim solet poeta. Non dicam quam videatur parum ad seriem rerum
opportune Antipho in scenam venire, cum illa loquitur, quæ scena iv
habentur : cujus sex priores versus admittit Guyetus. Illud autem prorsus
est invicti roboris, quod in scena vi, quæ itidem genuina est Guyeto,
Phormio adesse non posset, cum Antiphone, nisi *scena præcedente*, quam
rejicit Guyetus, adductus esset a Poeta. Qui norunt in Terentio persona-
rum συνέλευσιν καὶ ἐπέλευσιν facile intelligunt, aliter fieri non potuisse.
An Phormio cum Antiphone statim sc. iv advenit, et illius sermonen
adstans tacitus audivit? cui hoc videatur verisimile? an tum intervenit
Phormio, cum Geta lætum nuntium theatro inferret? at, tanquam cum
eo, qui dudum aderat, Antipho familiariter loquitur : et, *num tu intelli-
gis*, inquit, *hic quid narret?* atque, ubi ita tacitæ coeunt personæ, ut
nulla congressus significatio fiat? »

2. Gruppe, *Æacus*, p. 34 : « *Verschönerung* ist nun auch keinesweges
der leitende Gesichtspunkt, sondern vielmehr das *Resultat*, und dies
meistens in durchaus überraschender Weise. Es sind Anstösse, die man
entfernen will, die Schönheit ergiebt sich von selbst, sie kann nicht
gesucht, nicht hinzugebracht werden. In vielen Fällen sind es Merkmale
ganz anderer und sehr bestimmter Art, welche den Ausschluss von Zeilen
und Strophen nothwendig machen : es kommen Dinge vor die nicht

« Embellir, dit-il, n'est pas le point de vue qui dirige cette méthode; c'en est bien plutôt le résultat, et cela le plus souvent d'une façon tout à fait surprenante. Ce sont des imperfections choquantes, qu'on veut élaguer; la beauté apparaît d'elle-même; on ne peut pas la chercher, on ne peut pas la créer. Dans beaucoup de cas, ce sont des indices, d'une espèce toute différente et bien déterminée, qui rendent nécessaire la suppression de lignes et de strophes (il parle d'Horace, il en est de même pour tous les écrivains dont s'occupent les critiques de son école). Il se présente des choses qui sont contraires non seulement au goût et à l'esthétique, mais aussi à la logique, au bon sens des hommes, et qui ne peuvent se trouver ensemble. Il s'agit souvent de défauts que tout jugement doit répudier, qui ne peuvent pas être imputés au poète, et au sujet desquels on peut se demander seulement de quel côté on doit les éloigner. »

Nous croyons avoir suffisamment montré en quoi consistent ces « embellissements » dont parle Gruppe, comment ils « embellissent » Horace ceux qui en suppriment les plus beaux vers, comment ils « embellissent » Térence ceux qui en effacent des scènes charmantes. Markland a dit que, si les écrivains anciens revenaient à la vie et relisaient leurs œuvres dans l'état où elles nous sont parvenues, ils ne les reconnaîtraient plus, tant elles ont été défigurées par les interpolateurs. Ils ne les reconnaîtraient pas non plus, croyons-nous, s'ils voyaient ce qu'elles sont devenues sous la plume des partisans de la critique subjective.

bloss gegen die Æsthetik u. den Geschmack, sondern gegen die prosaische Logik und den gesunden Menschenverstand verstossen und die schlechterdings nicht neben einander bestehen können, es handelt sich oft um Anstösse, die für jedes Urtheil unleugbar dastehen, die nicht vom Dichter selbst kommen können und von denen nur fraglich ist, auf welchem man sie entfernen soll. »

Est-ce à dire pour cela qu'il faille considérer cette critique, dont Guyet est le premier représentant, comme une critique de fantaisie pure, comme une critique qui dépend entièrement de l'imagination, de « cette maîtresse d'erreur et de fausseté dont parle Pascal, cette superbe puissance ennemie de la raison »? Nous ne le croyons pas. Sans doute, et quoi que prétende Gruppe, la critique subjective est parfois arbitraire; son principe, nous l'avons montré, est variable; les conséquences qui découlent de son application sont graves, car elle ne résout pas les difficultés; supprimer ce qu'on ne comprend pas, ce n'est pas expliquer. Mais on irait trop loin, on imiterait ces philologues dans leurs injustes attaques contre ceux qu'ils appellent des « conservateurs » (Conservativen), si l'on n'avouait pas que, sous leurs jugements, sous leurs appréciations des œuvres des anciens, est cachée une connaissance profonde de l'antiquité (connaissance dont nous avons donné des preuves pour Guyet), et il y a une très grande part de vérité dans ces mots de M. Benoist sur Peerlkamp et son école à propos du *Plaute* de Guyet :

« On a chez nous un peu tort quand on se moque d'Hofman Peerlkamp, de Lehrs et des autres, et quand on croit que cette critique à outrance est antipathique à l'esprit français. La vérité est que c'est une connaissance profonde des textes qui fait naître ces doutes, et si nous sommes plus assurés de l'authenticité de toutes les parties de l'œuvre qui nous est parvenue sous le nom d'Horace, que ne l'étaient Lambin, Guyet, Tanneguy Le Febvre, Dacier, c'est peut-être parce que nous les avons lues avec une attention moins pénétrante. »

La véritable explication de cette critique, nous la trouvons, en effet, dans cet examen de conscience que Peerlkamp s'était fait subir et qu'il expose dans la préface de son édition d'Horace, examen de conscience que nous citons, si connu qu'il puisse être, parce que, si Guyet avait jamais cherché à se rendre compte de cette exagération que nous lui reprochons, il aurait tenu absolument le même langage, et il aurait compris que, si le doute est le commencement de la science, il est aussi parfois la fin à laquelle elle aboutit.

On y voit qu'à un certain moment de la vie d'Hofman Peerlkamp Horace est devenu en quelque sorte son livre de chevet. Il s'est nourri de ses vers. « Il a, dit-il, connu Horace comme ses doigts, il l'a fait passer dans son sang. » Et plus il l'a lu, plus ce texte lui a présenté des difficultés qu'il n'a pas pu résoudre. « Là, dit-il, où les autres passaient comme dans une route unie et ombragée, de son côté, il s'aventurait au milieu de rochers et de broussailles ; là où les autres se sentaient comme éclairés par le soleil du midi, il s'enfonçait dans d'épaisses ténèbres ; là où lui-même ne retrouvait plus la couleur latine, ne remarquait qu'une pure affectation, que des répétitions ineptes, qu'un style bas, qu'un manque complet de lien entre les idées et beaucoup d'autres défauts, les autres voyaient absolument le contraire. » Peerlkamp croit que toutes les difficultés se trouvent résolues, si l'on reconnaît qu'Horace a été interpolé.

Nous croyons (notre opinion peut paraître paradoxale), nous croyons, dis-je, qu'elles l'eussent été, s'il avait moins lu les vers du grand poète lyrique. Il ne lisait plus qu'Horace. Qu'en est-il résulté ? C'est qu'alors son imagination lui a présenté un poète idéal, en qui toutes les perfections sont réalisées, à qui rien ne manque, auquel on ne devrait rien ajouter, rien retrancher. Il s'est figuré Horace plus grand, plus beau qu'il n'est, ses œuvres plus parfaites qu'elles ne sont ; il n'a plus trouvé le véritable Horace dans Horace, pourquoi? parce que, suivant l'expression d'Orelli, il avait fini par l'en chasser. Il a fait comme ceux dont parle Madvig, qui rêvent un Cicéron parfait, *summa arte perfectum*, et qui, par suite, ne peuvent le juger ni avec sincérité ni avec liberté d'esprit.

Avant Peerlkamp, Guyet n'avait pas agi autrement; il a lu les textes d'une façon tellement approfondie; il a étudié les monuments de la littérature ancienne avec tant de conscience, avec un tel amour qu'il n'a plus songé à l'état où doit être toute littérature, mélangée de défauts et de perfections. Il a voulu partout retrouver un idéal que son imagination avait forgé; il a déclaré interpolé ce qui ne l'était pas; c'est pourquoi bien souvent il a failli supprimer ce que des écrivains anciens n'auraient pas rougi d'avoir écrit.

Guyet n'a pas retrouvé seulement des interpolations; il ne s'est pas contenté de supprimer, d'effacer; il a aussi beaucoup corrigé en proposant des conjectures fort ingénieuses qui ont été adoptées. Nous avons rappelé dans la première partie de ce chapitre quelle influence il a exercée sur la constitution des textes, et combien il a attiré l'attention des philologues par les qualités de son esprit. Comme nous l'avons dit, c'est la partie la plus belle et la plus durable de son œuvre. Mais, de ce côté aussi, il y a eu excès. Cet excès peut s'expliquer.

Le nombre exagéré de corrections que Guyet a voulu introduire dans les textes, dans Plaute ou Térence, par exemple, provient d'une connaissance incomplète de certaines sciences, connaissance qu'il ne pouvait pas posséder parce que les lois fondamentales, les principes essentiels de ces sciences étaient ignorés et devaient l'être longtemps encore. Nous voulons parler de ce qu'on savait au XVIIe siècle au sujet de la métrique des anciens.

Si Guyet a été excessif parfois, en corrigeant, par exemple, les comiques latins, c'est qu'il est certains faits dont il n'a pas pu se rendre compte, certaines vues fausses avec lesquelles ne concordaient pas les textes qu'il lisait, et auxquelles il se sentait obligé de les approprier.

D'une part, Guyet n'admettait pas l'hiatus dans les vers de Plaute et de Térence.

D'un autre côté, il est une loi de métrique qu'il n'a pas pu connaître. C'est la loi qu'on est convenu d'appeler la loi des mots ïambiques ou des *brèves abrégeantes*.

Ce sont là les deux sources des nombreuses corrections, des nombreuses transpositions que Guyet a opérées dans le texte de Plaute et de Térence.

Il n'admettait pas l'hiatus. Il n'admettait pas, par exemple, qu'on pût lire *me* ou *te* devant un mot commençant par une voyelle, qu'on pût lire *cum* devant un mot comme *ille*, l'interjection *o* devant un mot commençant par une *h* muette. Il a donc été obligé d'inventer toutes sortes de procédés pour éviter ces hiatus qui le gênaient. Il déplace les mots; il lira *illa* ou *illo cum* au lieu de *cum illa* ou *illo;* il fera grand usage du *d* paragogique. Persuadé que *d* dans *med* et *ted* est ajouté après coup, il agira de même pour des mots comme *da. Med, ted, dad, tud, od* lui deviendront des formes familières. A-t-il eu raison de bannir l'hiatus? C'est là une question très complexe qui ne nous paraît pas facile à résoudre.

Il suffit de lire les nombreuses pages que C.-F.-W. Müller, dans son remarquable ouvrage *Plautinische Prosodie*, a consacrées à cette question, pour voir qu'elle est à peu près insoluble, et qu'il est difficile de s'arrêter sur ce sujet à une opinion bien déterminée, reposant sur des principes sûrs et incontestables.

Qu'il examine l'hiatus dans les sénaires, dans les octonaires ïambiques, dans les trochaïques septénaires, dans les trochaïques octonaires, dans les crétiques tétramètres, les recherches approfondies de Müller aboutissent toujours à la même conclusion.

L'état dans lequel nous sont parvenus les manuscrits de Plaute, en particulier, ne nous permet pas d'affirmer si Plaute a ou n'a pas employé l'hiatus. Le plus sûr est de déclarer les hiatus ou faux ou suspects.

Telle a été aussi la pensée de Guyet.

Précurseur sur ce point de Ritschl et de Müller, il a banni l'hiatus des vers de Plaute, et, chaque fois qu'il s'est trouvé en présence d'un hiatus, il a corrigé le vers, de quelque façon que ce soit. Nous ne pouvons ni nous rallier à son opinion, ni la combattre. Ceux qui admettent l'hiatus dans les vers des comiques peuvent s'appuyer sur le texte suivant de Cicéron :

Orator, 45, 152 : « Sed Græci viderint : nobis ne si cupiamus quidem distrahere voces conceditur. Indicant orationes illæ ipsæ horridulæ Catonis, *indicant omnes poetæ præter eos qui ut versum facerent sæpe hiabant, ut Nævius :* Vos *qui* accolitis Histrum fluvium atque algidam, *et ibidem :* Quam nusquam vobis *Graji atque* barbari. *At Ennius semel :* Scipio invicte Et quidem nos. Hoc motu radiantis *Etesiæ in* vada ponti. »

Mais ceux qui n'admettent pas que Plaute ait pu introduire des hiatus dans ses vers peuvent contester à Cicéron la valeur des manuscrits dont il s'est servi, et rappeler qu'il ne parle pas de Plaute.

Nous nous bornons à faire connaître les deux façons de poser la question, sans choisir l'une plutôt que l'autre. Il ne faudrait peut-être pas repousser absolument l'hiatus. Entre deux hémistiches il peut être à sa place, sans nuire à l'harmonie du vers. Mais il ne faudrait pas l'admettre davantage, surtout dans l'intérieur d'un hémistiche.

Quelle que soit l'opinion qu'il faille adopter (et pour arriver à ce résultat il faudrait avoir étudié tous les passages de Plaute et de Térence où les manuscrits nous mettent en présence d'un hiatus, ce qui même ne fournirait peut-être pas une solution rigoureuse), il n'en est pas moins vrai que la manière de voir de Guyet sur cette question est une des sources des nombreuses corrections qu'il a introduites dans le texte de Plaute et dans celui de Térence.

Une autre raison qui rend compte de ces corrections, c'est, disions-nous plus haut, qu'à l'époque où Guyet a vécu la loi des mots ïambiques n'était pas encore établie.

Cette loi, que C.-F.-W. Müller a exposée dans sa *Plautinische Prosodie*, a été formulée avec autorité et netteté par M. Louis Havet dans sa thèse si remarquée sur le vers saturnien (p. 31) :

« Une syllabe brève, placée au commencement d'un mot, quel qu'il soit, rend la syllabe suivante, soit par nature, soit par position, *commune*, c'est-à-dire tantôt longue, tantôt brève. En d'autres termes, une brève abrège la syllabe suivante, ou lui laisse sa quantité longue au gré du poète. »

Tel est le cas pour des mots comme *bene, male, cito, modo, quasi, nisi, viden, puta, cave, vale, ego, mihi, ibi, sibi, ubi, duo, volo, scio, homo, magis, cedo, cinis, palus, genu, putrefactus, diuturnus, utinam, utique, here, enimvero, voluptas, tamen*, et beaucoup d'autres mots, et cela s'explique par ce fait que la prononciation portait tout entière sur la première syllabe, au détriment de la suivante.

C'est cette loi des mots ïambiques ou des brèves abrégeantes que Guyet n'a pas pu connaître. Aussi n'a-t-il pas pu expliquer certains faits dont cette loi rend parfaitement compte. Il a été obligé de recourir à des moyens purement factices, supprimant certains mots, en supprimant souvent lorsqu'ils lui paraissaient gêner le vers qu'il étudiait, *impedire versum*, comme il le dit tant de fois, rejetant à un vers précédent un mot qui lui paraissait pouvoir combler une lacune, coupant, à la fin d'un vers, un mot en deux, pour en renvoyer la deuxième partie au vers suivant. Ce sont là autant de modifications que la loi des mots ïambiques permet d'éviter.

Telles sont les raisons fondamentales des changements que Guyet a introduits dans le texte de Plaute et de Térence.

D'ailleurs, s'il faut juger les vues de Guyet en prosodie et en métrique, remarquons qu'elles étaient en partie justes, mais bien souvent fausses, comme l'étaient celles de Scaliger.

Sur les vers ïambiques, il s'est rarement trompé, comme l'a constaté Ritschl [1]; ce n'est que dans le système des septénaires et des octonaires ïambiques ou trochaïques que les erreurs ou parfois des différences d'appréciation ont trouvé leur place.

1. Rapprochant Bothe et Guyet, RITSCHL (*Prolegomena*, p. 314) dit : In quibus ingenium et acumen, ars non fuit et disciplina. Præcipuæ autem eis fraudi metricum genus omne fuit : cujus etsi laudandum est quod raro inter criticos Plautinos exemplo omnino rationem esse habendam intellexerunt, quædam autem in senariis potissimum, perspexerunt rectissime, tamen modo in concedendo modo in improbando nimiis falsisque quibusdam opinionibus præpediti sæpe eorum ipsorum versuum, quorum reconcinnare mensuram vellent, numeros miserrimum in modum corruperunt, ac non multum afuit quin Plautum ex Plauto expellerent.

De Guyeto documento esse cantica Trinummi possunt, prorsus incredibili libidine lacerata... Præterea aliud est genus, in quo temeritatis tamquam principatum Guyetus sibi... vindicat. Quantumvis enim glossematum in Plautina verba irrepsisse certum sit, tamen prorsus ille modum excessit multitudine versuum aut sine ulla aut levissima de caussa a Plauto abjudicatorum. Qualium in una Trinummo demirari hunc numerum licet : v. 85, 220, 304, 397, 495, 496, 507, 675-677, 679, 707, 708, 766, 767, 770, 818, 824, 828, 830 a *tractare* et 831, 890, 957, 997, 1046-1049, 1054, 1087, 1110-1114, 1115-1118. — Voici, par exemple, comment il procède pour les *Adelphes* de Térence. Par ignorance de la loi des mots ïambiques, il corrige *Adelphes*, prol. 4, 36, 72, 73, 145, 154, 170, 175, 189, 198, 202, 237, 306, 311, 540, etc. N'admettant pas l'hiatus, il corrige v. 111, 118, 129, 284, 304, 320, etc. Il se trompe sur la nature du vers, v. 165, 166, 170, 517, 518, 519, 520, 521, 522, 523, etc.

Il lui est arrivé de prendre pour septénaires trochaïques des octonaires ïambiques, d'appeler octonaires des septénaires trochaïques. L'erreur est manifeste et incontestable pour les *Cantica*, et, comme le dit M. Benoist, Guyet a une façon quelquefois assez singulière de scander les vers des *Cantica* qu'il appelle *mixti senarii* ou *septenarii mixti*.

Mais faut-il demander à Guyet d'être plus avancé que son siècle, de renouveler et de rendre parfaite une science où se rencontrent des problèmes si nombreux et si difficiles, une science qui, plus qu'aucune autre, a soulevé les discussions les plus vives et quelquefois les plus stériles? En métrique, Guyet a eu l'avantage d'avoir été sur un point important le précurseur de Ritschl et de C.-F.-W. Müller; il a su bien des fois tirer des règles de la métrique des raisons en faveur des corrections qu'il a introduites dans les textes, corrections qui ont été accueillies par ceux qui sont venus après lui. N'est-ce pas un nouveau titre s'ajoutant à tous ceux qui lui assurent un bon rang parmi les philologues?

Nous avons montré ainsi pourquoi Guyet a trop souvent corrigé le texte de Plaute et celui de Térence.

Cherchant, à un point de vue plus général, à rendre compte du nombre considérable de conjectures qu'il a proposées sur les textes des écrivains grecs et latins, nous en trouvons l'origine dans l'emploi de la critique conjecturale elle-même. L'usage de la conjecture est légitime, nous l'avons proclamé dans les premières pages de ce chapitre. On ne peut pas ne pas y recourir. Mais y recourt-on toujours avec prudence et modération? Se conforme-t-on toujours à ces règles que Madvig a posées avec tant d'autorité dans ses *Adversaria*, et ne fait-on de conjectures que lorsque la nécessité l'impose? Ici, nous ne pouvons

nous empêcher de répondre négativement. Tel grand philologue a fait un millier de conjectures sur Xénophon.
Combien peu sont justes et doivent être admises! Tel
autre a fait un nombre égal de conjectures sur Lucrèce.
Combien méritent d'être accueillies! Il est dans la nature
même de ce genre de critique d'être excessif. Une conjecture est souvent ingénieuse. Quel est le philologue qui,
après s'être imposé de la rigueur dans l'usage de la conjecture, n'est pas aveuglé par le caractère ingénieux des
hypothèses qu'il fait, au point d'en hasarder de nouvelles?
Guyet a succombé à ce danger comme beaucoup d'autres.

En résumé, nous avons présenté le philologue angevin
sous deux aspects différents. D'une part, nous l'avons vu
faisant grand profit des manuscrits et des éditions,
sachant distinguer dans les textes ce qui est authentique
et ce qui ne l'est pas, les lisant avec la sagacité du latiniste
ou de l'helléniste qui connaît la valeur de la langue qu'il
étudie, et sait rétablir le lien des idées là où ce lien a
disparu, attirant ainsi l'attention de tous les philologues de
son temps et de tous ceux qui, après lui, se sont adonnés
à l'étude de l'antiquité. C'est là ce qu'il y a de plus remarquable dans son œuvre. C'est là ce qui atteste le plus
souvent la pénétration de son esprit.

Mais, d'un autre côté, il a donné des preuves de témérité,
lorsque dans la critique des textes il s'est placé à un point
de vue purement subjectif. A ce titre, il mérite encore
d'être apprécié, car c'est ainsi qu'il est devenu, comme
nous l'avons dit, le précurseur des Peerlkamp, des Lehrs,
des Meineke, des Gruppe, de ces philologues dont nous
avons pu critiquer la méthode, mais dont la science, la
connaissance des langues anciennes est incontestable.
C'est quelque chose assurément que de les avoir guidés et
inspirés plus d'une fois, d'avoir été leur maître, en un mot.

CHAPITRE III

GUYET LINGUISTE

La linguistique au xviie et au xviiie siècles. — Passion de Guyet pour
l'étymologie. — Doctrine de Guyet en matière d'étymologie. — Exem-
ples. — Influence qu'il a exercée.

Guyet ne fut pas seulement philologue; il fut aussi linguiste, qualités qui ne sont pas toujours unies ensemble.
Mais qu'est-ce qu'un linguiste au xviie siècle?

Il est fort délicat de vouloir montrer quelle est la valeur
d'un savant de ce genre à cette époque.

Peu de sciences en effet ont été aussi lentes à se former
que la linguistique. Deux siècles et demi se sont écoulés
avant que la véritable méthode de cette science ait été
dévoilée, et si, pendant cette longue période, les efforts
n'ont pas été ménagés, du moins ils sont restés vains.

Sans profit pour la linguistique, on a recherché l'origine
du grec et du latin, jusqu'au moment où, pour la pre·
mière fois, William Jones, de la Société de Calcutta, a eu,
comme le dit M. Bréal[1], l'honneur « de mettre en lumière
ce fait qui est devenu l'axiome fondamental de la philologie indo-européenne, l'idée d'une parenté reliant les
idiomes de l'Europe à celui de l'Inde. » Jusqu'au jour où
l'on eut découvert l'union qui existe entre la langue sans-

____

1. *Introduction à la traduction de la Grammaire comparée de Bopp*,
p. xvi.

crite et les langues classiques, où l'on eut démontré nettement que ces trois langues sœurs dérivaient d'une même
source, les erreurs ont été entassées sur les erreurs. On a
d'abord voulu faire de la langue hébraïque la mère de
toutes les langues, car, disait-on, elle est la plus ancienne ;
ou bien, se bornant à l'étude des langues classiques, on a
considéré la langue grecque comme la mère de la langue
latine, et reproduit ainsi les doctrines de Varron et de
Macrobe.

Tels sont les principes sur lesquels ont reposé les travaux des linguistes au xvie et au xviie siècle.

Quand nous voudrons juger Guyet à ce point de vue,
nous n'aurons pas le droit, et personne ne l'aura, d'être
sévère à son égard. Il nous faudra l'apprécier non par
rapport à notre époque, mais par rapport au temps où il
a vécu ; il faudra le comparer non pas aux savants du
xixe siècle, mais à ceux qui ont vécu en même temps
que lui, et peut-être verrons-nous qu'il a approfondi des
questions que d'autres passent pour avoir les premiers véritablement comprises. Ce que nous ne devons pas oublier,
c'est qu'au xviiie siècle on admettait encore les erreurs
que l'on peut imputer aux savants du xvie.

C'est en 1768 que David Ruhnken, par exemple, faisant
l'éloge de Tibère Hemsterhuys [1], écrivait :

« Si la valeur d'un génie ne dépend que de la nouveauté
et de l'originalité de ses idées, Hemsterhuys nous présente
cette mesure, car il est le premier qui ait trouvé la véritable
méthode pour découvrir les origines grecques. Disons
franchement notre pensée, et, suivant nous, ce sera la
vérité. Personne, avant Hemsterhuys, n'a bien connu les
origines de la langue latine. Varron et d'autres Romains

---

1. *Elogium Tiberii* HEMSTERHUSII, Teubner, 1875, p. 16.

avaient vu que bien des éléments de la langue grecque avaient passé dans la leur. Scaliger et Saumaise ont retrouvé dans cette même langue encore un plus grand nombre de mots dont l'origine avait échappé aux anciens. Mais c'était une lumière encore indécise. En même temps qu'Hemsterhuys découvrit l'analogie de la langue grecque, le système pour connaître la langue latine brilla au grand jour, *et ce devint une vérité évidente* (vérité que quelques-uns avaient plutôt soupçonnée que comprise), *à savoir que presque toute la langue latine était sortie de l'éolien.* Il reste, je l'avoue, une partie qui semble avoir été importée d'ailleurs. Mais ou je me trompe, ou bien un jour viendra où un homme savant et ingénieux, s'appuyant sur les principes établis par Hemsterhuys, ramènera aussi cette partie à une origine grecque et démontrera clairement que toute la langue latine est une fille belle d'une mère grecque aussi belle. »

Et, en 1790, Everard Scheide, dans ses Prolégomènes à l'*Etymologicum linguæ græcæ* de Jo. Daniel à Lennep, s'exprime ainsi : « *Quant à moi, je suis d'avis que presque toute la langue latine est constituée de telle façon que non seulement ses mots, presque tous, rappellent manifestement des origines grecques, mais que même la conjugaison du verbe latin tout entière, dont la portée est grande, peut s'expliquer le mieux par la conjugaison grecque.* »

Au début même de ses « Prolégomènes », Everard Scheide a appelé la langue latine « un dialecte de la langue grecque » (linguam græcam hujusque dialectum potius quam diversam inde linguam latinam).

Ruhnken a loué Hemsterhuys d'avoir été le premier qui eût véritablement retrouvé dans le grec l'origine du latin, et Everard Scheide, de son côté, a proclamé ce fait comme une vérité, qu'il avait été le premier à décou-

vrir; mais Guyet n'avait-il pas pensé tout cela avant eux?
Considérée à ce point de vue, son œuvre peut paraître
intéressante.

Notons tout d'abord que Guyet avait, à vrai dire, la
passion de l'étymologie.

Il ne s'est pas contenté d'exposer ses idées sur ce
point dans les travaux où il traitait exclusivement ce
genre de question. A ses commentaires sur les écrivains
anciens, il mêlait toujours des étymologies.

Ainsi, que de fois n'a-t-il pas recherché des étymologies à propos de Térence!

Rencontre-t-il par exemple le mot *circitio* ou *circuitio*,
ce mot éveille en lui une foule d'idées qui se rattachent
toutes à son origine.

Il dit [1] : « Circitio nomen verbale est a *circeo* quod idem
est τῷ *circo*, id est κυκλεύω, circumeo, lustro. *Gl. Phil.
Circitat et circat* κυκλεύει. A *circeo*, circui, circitus, circitio,
circito, circitor et circitura ducta sunt. *Gl. Græcol.* περιο-
δεύτης *circitor lustrator. Onom. Circitores* περίπολοι. *Pria-
peia :* circitor molestus. Excerpta vetera latino græca.
Circitura περιοδία. *Gl. Græcol.* περιοδία, circitus, circitura.
Vulgo scriptum, *circuitus* pro *circitus*. Sed mendose ut
videtur. Idem ibidem περινοστῶ *circito. Gl. Phil.* Circuitio,
ἐφοδεία, περίοδος, et hic fortasse legendum, *circitio,* ἐφοδεία, περίοδος, ut superius. *Circus et circitus,* κύκλος ἐν ᾧ
ἱπποδρομίαι γίνονται, ubi vulgo scriptum; *circuitus* pro
circitus, idque mendose, ut dictum est. Item supra *circitat et circat,* κυκλεύει. A κρίκος autem id est δακτύλιος,
anulus, trajectione κίρκος, unde *circus, circulus, circo,
circeo,* etc., derivata sunt. *Circitione usor es.* Ἑλληνισμὸς
est pro *circitione uteris.* »

<hr>

Ou bien sur le sens du mot *proficiscor* il se livre à un travail aussi curieux que celui-ci.

Il veut démontrer que ce mot renferme une idée de *convention*. Il cherche donc à le rapprocher du mot *paciscor*.

« *Paciscor,* dit-il [1], id est statuo, constituo. *Cicero : pacisci et constituere diem.* A paciscor compositum *depeciscor* idem. *Onomast. Depeciscor.* Συντίθεμαι. A depeciscor *depectus.* Idem *Onomast. Depectus* συνθέμενος. Item compositum *propaciscor* τροπῇ *propiciscor* et rursus τροπῇ τοῦ p in f *proficiscor,* id est paciscor, a *propeciscor, propectus* et τροπῇ *profectus,* id est *pactus. Proficiscor Romam,* ἐλλείψει dictum est : pro *proficiscor ire Romam,* id est paciscor ire Romam. A *pago, pepigi, paxi, pagor et pacor.* Unde *pactus et paciscor, depeciscor,* etc. A *proficiscor* seu *profeciscor, profectus,* id est pactus, constitutus, certus. Unde adverbium *profecto,* id est certo, quasi pacte. »

Les exemples pourraient être multipliés.

Guyet semble rechercher beaucoup ces études de mots, et il aime à s'appuyer sur les lexicographes anciens, sur Hésychius surtout.

Du reste, qu'est-ce qui pourrait prouver plus nettement l'existence d'un pareil sentiment chez Guyet, que son œuvre même, et que la réputation qu'il s'est acquise à ce titre parmi ses contemporains?

Quelle est la nature de cette œuvre? Nous l'avons à peu près indiquée ailleurs. Elle consiste en notes éparses, jetées presque au hasard sur le papier, sans lien, sans ordre, ne formant aucun groupe, et disposées de telle façon que les classer serait un travail presque impossible

---

1. Ouvr. cit., p. 69.

et surtout stérile. Il n'est même pas facile de dégager de
cette œuvre, qui ne constitue pas un ensemble métho-
dique et rigoureux, d'en dégager, dis-je, une idée générale, bien nette, bien précise. Le temps a manqué à
François Guyet pour relier entre elles ces notes si multiples et éparpillées sur un millier de feuillets. Il n'a pas
pu mettre la dernière main à une œuvre à laquelle il
attachait une importance considérable.

Il faut donc se borner à faire quelques remarques que
suggère l'examen de ces notes, et quelques citations
montreront ce qu'était la linguistique au xviie siècle, au
moyen de quels procédés on retrouvait l'origine des
mots grecs et latins. Elles montreront aussi quelle peine
Guyet s'était donnée pour mener à bien ces recherches,
et quel travail exigeait une œuvre pareille, dont les résultats devaient être nécessairement si médiocres.

La première remarque qu'il est possible de faire au
sujet de ces notes étymologiques de Guyet, c'est que,
comme tous les linguistes qui l'ont précédé et comme
ceux même qui ont vécu un siècle après lui, il estimait
que la langue latine était sortie de la langue grecque. Il
s'attache donc, par une phonétique dont les lois apparaî-
tront dans la suite de ce chapitre, à faire sortir le latin du
grec.

Ce que valait cette méthode, et surtout ce qu'elle pouvait produire, Benfey, dans son *Histoire de la linguistique*, l'a dit clairement à propos d'Hemsterhuys, dans un
jugement qui ne convient pas seulement au savant
hollandais et à ses disciples, mais aussi à tous ceux qui,
dans leurs recherches étymologiques, ont employé la
méthode que nous venons d'indiquer.

Benfey déclare que le résultat auquel ces savants sont
arrivés est purement négatif. Ils ont prouvé par là, dit-il,

que se maintenir dans le domaine exclusif du latin et du grec, lorsqu'on les étudie au point de vue de la linguistique, c'est se condamner à « une banqueroute décisive » (entschiedender Bankerutt). Ce que Benfey dit de Hemsterhuys et de ses imitateurs est vrai de Guyet.

Vouloir faire sortir le latin du grec, c'est se condamner à ne pas aboutir.

En voici la preuve :

Ouvrons le manuscrit 11 271 du fonds latin de la Bibliothèque nationale, manuscrit qui renferme une partie des notes étymologiques de Guyet, nous y lisons les observations suivantes :

Fol. 13. **Purus, hostia, hostio, hostimentum, redhostire**.

Ὅσιος, ὅσος, posus, pusus, purus, ὁσία, ὁστία ἐπενθέσει τοῦ τ. Ut ἔστι pro ἔσι seu ἧσι tertia persona τοῦ εἰμι ab ἔω. Ὁσιώτηρ dictus apud Delphos qui hostiam immolabat ab ὁσιόω dico, consecro cujus composita ἀροσιόω et καθοσιόω. *Plutarch. in Hellenicis*. Ab ὁσίη seu ὅσιον quod est fas, δίκη, ὁσίζω; ut a λέσβιος, λεσβίζω; Θέσπιος, Θεσπίζω. ὁσίζω, ὁσίω, ἐπενθέσει τοῦ τ. hostio ·|· justum, seu æquum retribuo, rependo, repono. Refero gratiam, par pari refero, vices refero. *Festus* : hostimentum beneficii compensatio. Idem, redhostire, referre gratiam nam et hostire pro æquare posuerunt. Ubi τὸ æquare pro æquum rependere positum notabis. Τοῖς ἴσοις ἀμείψασθαι. *Vetus poeta Hectoris lytris :* quem mea cominus machæra atque hasta hostivit eminus ·|· ἠμείψατο, ἠμύνατο. *Pacuvius apud Nonium :* nisi, coerceo protervitatem atque hostio ferociam. ἀμείβωμαι, ἀμύνωμαι. Sed locus alius ex vet. poeta apud eumdem Nonium negotium facescit. *Nunc quod meum admissum nocens hostit voluntatem tuam.* Nonius hic τὸ hostire ostendere, seu lædere exponit. An τὸ hostire hic ab hostis,

ut ab inimicus inimicare apud Flaccum ? inimicat urbes.
An hostit voluntatem tuam pro voluntati tuæ resistit. Con-
trecarre ta volonté. Ἰσοφαρίζει.

Ἀφοσιοῦμαι τὸ χρέος debitum remitto. Ἀφοσιωσαμένη τῷ
θεῷ solutis primitiis et exhibito honore, apud Herodotum.

Prosper, proceres.

Πρόσφορος Æolice πρόσφερος prosper ·|· Commodus, felix.
Τὸ πρόσφορον ἔχειν commode tractari, prospere habere.
Cicero commoditatem cum prosperitate conjungit quasi
συνωνύμως. 3 *De Nat. Deo.* commoditatem prosperitatemque
vitæ a diis habemus. Virtutem deo acceptam nemo refert.

Πρόφορος, πρόφερος, πρόκερος, procer, proceres. idem quod
προφερής, inde προφερέστερος. Πρόφερος, πρόκερος, πρόκρος,
procer, ἔριφος ἔρρος ἕρκος hircus *et sim.*

Fol. 14. **Columna, lamna, columen, culmen, culmus.**
Ἐρύμων, ὀρύμων, ὀλύμων, ὀλύμονα, κολύμονα, κόλυμνα,
Columna. Ἔλαμα, pro quo ἔλασμα, ἐλάμων, ἐλάμονα,
λάμονα, lamina, lamna. Ἔρυμα ἔρυμεν Æol. ὄρυμεν,
ὄλυμεν Columen et syncope culmen. Calamus, Columus
obsoletum apud Martinium, Colmus, Culmus.

Sepelio, hospes, sospes, asper.

Κτέρος, κτέρεα, κτερίζω, κσερίζω, ψερίζω, πτύω, ψύω.
Ψερίζω, ψερίω, σπελίω, sepelio, ut σχάω, σχῶ, seco. Ξένος
ξόνος Æolice ξόναξ, ψόναξ, νόσπαξ, hospes. Ξύνωρ, νύξωρ, uxor.
Φύξος, φύξαξ, σύψαξ, σύσπαξ, sospes. Ὄξυρ, ὀψὺρ, ὀσπὺρ,
Asper. Ὄξυρ λίθος, Asper.

Fol. 18. **Procul, facul, simul, simitu, semel, vel.**

Ah Ἑκὰς, ἑκάεργος, ἑκα, ἑκῆ, ἑκηβόλος, ἕκατος, ἑκατηβε-
λέτης, etc. Ἑκαλὸς, Ἑκαλὴ, vetula Thesei hospitio nobilis,
ἑκάλιος unde ἑκαλία πόρρωθεν. Hesychio. Ἑκαλος ὀκαλος
πρόκαλος, proculus *Julius Proculus,* procule adver. et
ἀποκοπῇ procul ut facule facul, famulus, famul, vigilis,
vigil, pugilis, pugil, præsulus, præsul et cet.

Ab ὁμὸς, ὁμὰς, ὁμοῦ, ὁμοῦλ, simul, ut ἤ, ἤλ, vel, ἀμῖ, ἀμῖλ, semel. vel sic ἤ, ἄ, ἄλ, *vel a in e* breve ἀμῖ, ἀμᾶ, ἀμᾶλ. ἀμὲλ semel, ὁμόθεν, ὁμόθες, similus et ἀποκοπῇ simitu. Πέρα, περόθεν, pro quo πέρηθεν, seu πέραθεν, περόθες πένοθες, penitus. An ab ὁμὸς unde ὁμὰς ὁμαλὸς in unum coactus, coacervatus, unde ὁμαλῆ, ὁμοῦ apud Hesych. Ὁμαλὸς ὁμυλὸς, simulus, simule, simul, ut procule procul, facule, facul. placet.

Ὁμόθεν, ὁμόθες, simitus, simitu πρόμος, πρόμοθεν, προμόθες, primitus et primitu apocope. Lucill. *et fructus dat primitu fuucos.* Quærendus *Lucilii* locus. Hesiod. ἔργων. ὡς ὁμόθεν γεγάασι θεοὶ θνητοί τε ἄνθρωποι.

Fol. 27. **Spes, spero.**

Ἐλπὶς, ἔλψ, σέλψ, seps, spes metath. genitivo speris, sperum, sperib. A speris, spero, as. Speris autem ἀρχαϊκῶς.

Fol. 34. **Obscurus.**

Ἐπίσκιος, ἐπίσκιρος ἐπίσκυρος, obscurus ἐπενθέσει τοῦ ρ. Sic a σκία, σκίον, σκίρον τὸ seu σκίῤῥον, vulpeculum; umbella. unde schol. Theocriti an ab ἐπισκίερος ut supra. pl. prius ι *in* υ ut ἰλάω ἰλῶ ὑλῶ solor et sexcenta supra.

Fol. 35. **Ingens, cliens.** Aς *in* **ens.**

Μέγας, μεγάνς, νέγανς ἐνγανς, ingens. Vel sic μεγάνς, νεγάνς, nigens, ingens. Πέλας, πελὰς πελάνς. κελάνς, κλάνς, clens, et ἐπενθέσει τοῦ ι, cliens.

Μεγιστὰν, **magister, minister, sinister.**

Μέγας, μέγιστος, μεγίστερος, μέγιστρος, magister ut a μεῖος unde μείων, μειόω, et μεῖστος, μεῖνος, ut μείων, μείνων, minor, μένιστος, μενίστερος ut μέγιστος μεγίστερος, ἄριστος, ἀρίστερος vel μεῖος, μεῖστος, μεῖστος μένιστος, μενίστερος, minister. Ἀρίστερος, sinister μεγιστάων, μεγισταν, μεγιστᾶνες.

Fol. 122. **Niger.**

Λιβρός, λιγρός, νιγρός, niger. Etym. λιβρὸς ὁ σκοτεινὸς,

καὶ λιβρὴν τὴν λιάν ἐρεβεννὴν, etc. Hesych. λιβρὸν σκοτεινὸν, μέλαν, etc.

Fol. 146. **Robur.**

An a ῥώμη, ῥῶμος, ῥῶμορ, ῥῶβορ robor seu robur, roboris. Vel ῥωμός, ῥωμὺρ ῥωβὺρ robor et robur, roboris, an a κράτος κρατορ, κραβορ κρωβορ robur. Sic æquus, æquor, æquoris.

Fol. 149. **Torvus.**

Στρέφω, στροφὸς, στροβὸς, τορβὸς, torvus.

Fol. 151. Ὠγέω, ἀνωγέω, ἐγείρω, **jubeo.**

An ab ὠγέω, ὠγείρω, ἐγείρω ω in ε ut ab ἄγω, ἀγέω unde ἄγημα et ἡγέομαι ἡγοῦμαι ἀγείρω, ab ὠγέω ὠβέω jubeo ὠγέω, ὠγείρω, ἐγείρω.

Fol. 239. χῶρος, χώρα, **locus.**

Ψάω, ψόω, ψῶρος, χῶρος, ψώρα, χώρα, χωρέω, ψόω, ψόχος, βλόχος, λόχος, locus, loculus, locellus, loculus, loculamentum.

C'est la même méthode que nous retrouvons dans les notes de Guyet qui nous sont restées sous les numéros 835 et 888 du Supplément grec de la Bibliothèque nationale.

Mais ce qu'il faut y signaler surtout, c'est le soin jaloux avec lequel le savant Angevin étudie les mêmes mots à des reprises différentes ; il semble qu'il veuille en quelque sorte vérifier à chaque instant les résultats auxquels ont abouti des recherches antérieures.

Il faut remarquer aussi comment, par une série de transformations que la phonétique moderne n'autoriserait pas toutes, il fait découler d'un même mot de très longues séries d'autres mots dont celui-là est l'origine.

C'est ainsi que nous lisons dans ces notes de Guyet (nous sommes obligé d'entrer dans le détail, parce que, il convient de le redire, les détails seuls constituent l'œuvre de ce savant considéré comme linguiste) :

Suppl. grec 835, fol. 120 :

Α ψάω, ψάπω, σάπω, σάπος, sapor, sapo, sapere, σαπίω, sapio, sapiens, etc.

Α ψάω, γνάω, γνάρω, γνάρος, gnarus, ignarus, gnaruris, etc.; gnaro, naro, narro, etc.

Fol. 135 :

Α ψάω, κάω.

Fol. 137 :

Α ψάω, 6λάω, 6λάττω, 6λαστὸς, 6λαστὴ, 6λαστάνω, 6λάγω, 6λαχάω, 6λαγάνω, λαχάνω, λάχανον, etc.

Α ψάω, πλάω, πλάνω, πλάντος, πλάντα, planta, planto, plantare...

Α ψάω, μάω, μέμαα, μεμάως.

Fol. 145 :

Α ψάω, ψάχω, ψήχω, ψώχω, ράγω, frago, fractus, frango. Σάγω, σώγρω, σωγρὶς. Var. σαγρὶς πέλεκυς. Σάκρα κύριόν. Var. σάγρα, ποταμὸς Λοκρίδος.

Fol. 149 :

An a ψάω, ψάμω, ψαμάθω, ψάμαθος.

Fol. 152 :

Α ψάω, κάω, κάλω, καλὸς, κάλος, κάλως, κόμος, κάμος, κάμακος, κάμαξ.

Α ψάω, κάω, κάπω, κάπος et κάπων, τὸ capum unde vulgaria capo, cubo, etc. Capulus seu capulum, capul et τροπῇ caput, capitis, capito.

Fol. 158 :

Α ψάω, σκάω, σκάμβω, σκαμβός, σκαύω, σκαύρω, σκαυρὸς, scaurus.

Fol. 200 :

Α ψάω, ψάνω, κάνω, cano, caneo, canui, canitus, canto, occaneo, *occanuere tubæ*. Sall.

Fol. 230 :

Α ψάω, δάω δάπω, δάπος seu δάπον τὸ ·|· solum, unde

ποδαπὸς, etc., δάπεδον τὸ ἐκ δαπόπεδον· contractum.

Fol. 238 :

A ψάω, φάω, φάος...

Fol. 239 :

A ψάω, φράω, φρὴν, φράζω, φράζομαι, etc. βράω, βράβω, βραβέω, βραβεὺς, βραβὺς, βραβύτερος ut πρεσβὺς, πρεσβύτερος. A βραβύτερος, βραβύτερ Laconice adempto β fit ράβυτερ, μεταθέσει ἄρβυτερ, arbiter, arbitri, arbitro, arbitror, arbitrium, etc.

Fol. 240 :

A ψάω, ψάω, σκάλω, σκάλις, σκαλεύω, etc. Κάλω, καίλω, καῖλον, cœlum, καιλάω, καιλῶ, cœlo, etc.

Item a ψάλω, σκάλω, σκάλπω, scalpo.

Ψέω n'est pas pour Guyet l'origine d'un moins grand nombre de mots.

On lit :

Fol. 133 :

A ψέω, σέω, σέπω, σεπάω, σεπέλω, σεπελίω, sepelio, sepelitus, sepeltus, sepultus, σεπέλιτρον, sepelicrum, sepelcrum, sepulcrum sive a pello, pulsus, vello, vulsus.

Fol. 153 :

A ψέω, ἔω, ἔβω, ἐβέω, hebeo, ἐβέσκω, hebescit.... ἔβαξ, hebes, hebetis, hebeto, etc.

Fol. 235 :

A ψέω, ψέγω, ψόγος, ψένω, μένω, τεμένω, redupl. τοῦ τ et syncope τέμνω.

De même il tire du mot ψόω les mots suivants :

Fol. 154 :

A ψόω, ψόρω, ὄρω, ὄρος, ὀρίζω, etc. Ὄρμω, ὄρμος, ὀρμέω, ὀρμίζω, ὀρμέω, πόρω, πόρτυς, portus, portitor, portuosus item πόρτυς, seu πόρτυν, πόρτυνος, portunus.

Fol. 233 :

A ψόω, ψόλω, σόλω, σολέω, soleo, σωλέω, σώλεμνος, σώλεμνις, solemnis, solennis, etc.

Il est évident que nous rencontrons dans ces notes bien des explications bizarres, ou qui nous paraissent être telles. Elles sont la conséquence naturelle de cette méthode qui consiste à faire sortir directement le latin du grec. Parfois le rapprochement entre les deux langues est juste; mais l'erreur commence lorsqu'on considère qu'un mot est sorti de l'autre.

Une autre erreur, dans laquelle tombaient les linguistes du xviiᵉ siècle, était de croire que la conjugaison latine est sortie tout entière d'un dialecte de la Grèce. Cette pensée qu'Everard Scheide (nous l'avons indiqué au commencement de ce chapitre) croyait avoir eue le premier, et qu'il était bien près de prendre pour une pensée de génie, Guyet l'a conçue avant lui et l'a développée dans ce travail intitulé : « *Demonstratio conjugationum verborum latinæ linguæ ex Græcis Doricis derivatarum* [1]. » Il a étudié tout d'abord le verbe *sum*, comme cela était naturel. On verra, en lisant ce travail, que nous publions à la suite de notre thèse quelles erreurs peut engendrer un principe faux, mais aussi quelle puissance d'esprit et d'invention Guyet employait dans les questions étymologiques.

Nous n'avons pas eu jusqu'à présent beaucoup à le louer comme linguiste; mais n'oublions pas qu'il faut se contenter de le juger par rapport à ses contemporains.

Or il semble, comme linguiste, s'être distingué parmi eux. Faut-il rappeler encore l'hommage que Ménage a rendu à sa science, dans « l'Advertissement » de ses *Origines de la langue française?*

« Celuy qui m'a davantage aydé en ce travail, c'est M. Guyet : car non seulement il m'a appris un nombre

____

1. Voir plus haut, p. 135.

infini d'origines, mais encore la façon de les chercher et
de les trouver par le moyen de l'analogie ; et je puis dire
qu'il est le principal auteur de cet ouvrage. »

Guyet passait même pour être le véritable auteur de ce
traité de la *conversion des lettres* qui était placé en tête de
la première édition du « Dictionnaire étymologique » de
Ménage.

Or, s'il en est ainsi, ce travail donne une idée très haute
de sa science.

On l'y voit s'appuyant sans cesse sur les écrivains anciens, comme sur les grammairiens. Il les a lus, on peut
dire qu'il les a dépouillés avec un soin extrême.

On y remarque aussi que ni l'espagnol ni l'italien ne
lui étaient étrangers ; il les a étudiés, et bien souvent il y
trouve des termes de comparaison. Plus d'une fois aussi
il arrive à la vérité. Il voit quels rapports unissent des
mots comme ἰτάλος et vitulus, *racemus* et raisin, χάω et
hio, χαμαὶ et humi, χάμαλος et humilis, χόρτος et hortus,
Ὀδυσσεὺς et Ulysses, ἔκυρος et socer, πυγμὴ et pugna,
πάχυς et pinguis, ἄροτρον et aratrum, monasterium et mous-
tier, μελετᾶν et meditari, σταδίον et spatium, et mille autres
mots qu'il serait trop long d'énumérer.

On peut lire aussi dans ce travail une courte étude sur
le rhotacisme. Une série de textes y sont cités, qui servent à démontrer et à expliquer ce changement de l'*s* en *r*
entre deux voyelles :

Ces pages méritent d'être mentionnées :

S changé en *R :*

« GR. Σκληρότης, σκληρότηρ. Platon dans le *Cratyle :* οἶσθα
« οὖν ὅτι ἐπὶ τὸ αὐτὸ ἡμεῖς μὲν φάμεν σκληρότης, Ἐρετριεῖς
« δὲ σκληρότηρ, etc. Strabon, livre X : ἐποίκους δὲ ἔσχον ἀπ᾽
« Ἤλιδος (il parle des Erétriens) ἀφ᾽ οὗ καὶ τῷ γράμματι τῷ ρ
« πολλῷ χρήσμενοι, οὐκ ἐπὶ τέλε μόνον τῶν ῥημάτων, ἀλλὰ καὶ

« ἐν μέσῳ, κεκωμῴδηνται. Voy. M. de Saumaise, *de Hellenis-*
« *tica,* pag. 286. Les Éoliens et les Lacédémoniens fai-
« saient le même changement : Παῖς ποίρ, d'où les Latins
« ont fait *por*, qu'on a depuis prononcé *puer*. Quinti-
« lien, 1, 4 : in servis jam intercidit illud genus quod duce-
« batur a domino, unde *Marcipores*, *Pubiporesque* σίος, σίορ.
« Hesychius : Σίορ, θέος. Λάκωνες. κέλης, κέληρ, d'où vient
« *celer*. Νόμος, νόμορ, d'où vient *numerus*. Voyez soigneu-
« sement Casaubon sur *Athénée*, livre VIII, ch. xi. Comme
« aussi les Athéniens : ἄρσην, ἄρρην. θαρσος, θάρρος. Τύρσις,
« τυρρίς, d'où vient turris. Hésychius : τύρσις, πύργος,
« ἔπαλξις, προμάχων. Les musiciens changeaient pareil-
« lement l'S qu'ils trouvaient rude en R qu'ils trouvaient
« plus douce. Athénée : τὸ δὲ σαν ἄντι τοῦ Σ Δωρικῶς εἰ-
« ρήκασιν, οἱ γὰρ Μουσίκοι, κάθαπερ Ἀριστόξενος φήσιν, τὸ
« σίγμα λέγειν παρῃτοῦντο, διὰ τὸ σκληρόστομον εἶναι καὶ
« ἀνεπιτηδείον αὐλῷ τὸ δὲ ρ πολλάκις παραλαμβάνουσι. Et
« c'est pour cette raison que Pindare fit une ode sans
« sigma. — Lᴀᴛ. Cicéron dans une épître à Papirius Pæ-
« tus : Sed tamen, mi Pæte, qui tibi venit in mentem
« negare Papirium quemquam unquam nisi plebeium
« fuisse? fuerunt enim Patritii minorum gentium, quorum
« princeps L. Papirius Mugillanus, qui consul cum L. Sem-
« pronio Atratino fuit, cum antea censor cum eodem fuis-
« set, annis post R. C. CCCXII. Sed tum Papisii dicebamini
« qui primus Papisius est vocari desitus. Quintilien, 1, 4 :
« Nam ut *Valesii et Fusii* in *Valerios Furiosque* venerunt :
« ita *arbos, labos, vapos,* etiam et *clamos* ac *laces* ætatis fue-
« runt. Et hæc ipsa S. litera ab his nominibus exclusa in
« quibusdam ipsa alteri successit. Nam *mertare* et *pultare*
« dicebant. Pomponius en la loy 2, au Digeste, *De Orig.*
« *Jur.* : Appius Claudius R. literam invenit, ut pro Valesiis
« Valerii essent, et pro Fusiis Furii. Et à ce propos il est à

« remarquer que la loy *Furia Caninia* est appelée Fusia par
« Ulpien. Festus, au mot Aureliam : Auselii dicebantur, ut
« Valesii, Papisii, pro co quod est Valesii, Papisii. Et ail-
« leurs : S pro R litera Antiqui posuerunt : ut *majosibus,*
« *meliosibus, lasibus, fesiis,* pro *majoribus, melioribus, lari-*
« *bus, feriis.* Et encore ailleurs : *Aurum* Sabini *ausum*
« dicebant. Varron, liv. IV, de lingua lat. : Casmenarum
« priscum vocabulum, ita natum atque scriptum est : alibi
« Carmenæ ab eadem origine sunt declinatæ, ut in multis
« verbis. In quo antiqui dicebant S postea dicunt R etc.
« *Melios, melior; fœdesum, fœderum; plusima, plurima;*
« *asena, arena; janitos, janitor.* Quare *Casmena, carmena;*
« inde *carmina.* R postea extrito *camena* factum. μουσάων,
« νυμφάων, Æol. μουσάσων, νυμφάσων. *Musasum, nympha-*
« *sum, musarum, nympharum.* »

Ces quelques pages sont, à coup sûr, intéressantes. Il en
est ainsi de tout ce travail; des conversions de lettres
étranges y sont parfois admises; mais, si nous pouvons
le comparer au traité du même genre qu'Isaac Vossius
a mis en tête de son *Etymologicon linguæ latinæ,* nous
trouvons que l'auteur du travail qui nous occupe a su
répandre sur ces questions beaucoup plus de vie, beaucoup plus d'intérêt, et qu'il a plus souvent atteint la vérité.

Quelle que soit la part que Guyet ait prise à la rédaction
de ce traité, qu'il en soit l'auteur (ce qui est notre avis), ou
qu'il n'ait été que le collaborateur et le guide de Ménage,
il est évident que cette étude intitulée : « Exemples de la
conversion des lettres, » dénote de la part de ceux à qui
elle est due une connaissance approfondie des langues
grecque, latine, italienne, espagnole; il faut reconnaître
surtout que ce travail est l'application d'une méthode
qui repose sur une étude sérieuse des textes.

Ce qu'il faut retenir de tout ce qui précède, c'est donc

que Guyet s'est attaché, on peut dire avec amour, à l'étude des origines du latin. Vouloir faire sortir directement le latin du grec, c'était assurément partir d'un principe faux ; c'était vouloir se condamner à l'erreur ; mais cette critique s'applique aussi bien au savant Angevin qu'à ceux qui l'avaient précédé et qu'à ceux qui devaient s'occuper des mêmes questions au xviiᵉ siècle et pendant la plus grande partie du xviiiᵉ siècle.

D'ailleurs si Guyet s'est trompé comme tous ceux qui, soit avant, soit même longtemps après lui, ont recherché des étymologies, il a parfois pressenti la vérité, et, quelle que soit la valeur du travail qu'il a accompli, il n'en a pas moins essayé de faire avancer une science dont les progrès devaient être si lents, et, de l'avis de ses contemporains, il était un linguiste digne d'être remarqué.

CHAPITRE IV

GUYET POÈTE

L'abbé Lambert disait au xviiie siècle, à la fin d'un discours sur la poésie du règne de Louis XIV[1] : « Une chose
qui mérite d'être ajoutée à tout ce que nous venons de
dire regarde la poésie latine, peu étudiée aujourd'hui et
cultivée dans le dernier siècle avec le plus heureux succès :
quels hommes que Commire, Huet, Rapin, Santeuil, La
Rue ! » — Et Boileau, dans un dialogue contre les
Français qui font des vers latins, met dans la bouche
d'Horace, chargé d'introduire ces poètes devant Apollon,
ces paroles : « Dieu ! quelle foule épouvantable ! Nous serions accablés si je les recevais tous. Messieurs, retirez-
vous ; en voilà déjà plus qu'il n'en faut [2] ! »

« En voilà déjà plus qu'il n'en faut » est peut-être une
expression excessive, mais elle montre bien jusqu'à quel
point la poésie latine a été cultivée au xviie siècle.

1. *Histoire littéraire du règne de Louis XIV*, 1751, in-4°, t. II. — Voir,
sur l'histoire de la poésie latine au xviie siècle, *De la poésie latine en
France au siècle de Louis XIV*, thèse de M. l'abbé Vissac, Paris, 1862.
— Article de Sainte-Beuve sur Santeuil dans les *Causeries du lundi*. —
De hymnis Santolii, thèse de M. Gazier, 1875.
2. Fragment d'un dialogue de Boileau. — *Œuvres de Boileau*, t. III,
233, éd. Gidel, 1873.

François Guyet, qui connaissait mieux que personne
l'antiquité, ne pouvait manquer de prendre part à ces véritables luttes poétiques qui se livraient dans les assemblées littéraires du xvii° siècle. Il devait aussi y acquérir
un brillant renom. Ménage [1] et Huet le mettent au nombre des poètes à qui la muse latine était le plus familière.

Guyet a en effet essayé tous les genres. Nous avons déjà
vu comment il rédigeait des épitaphes, comment il lan-
çait des épigrammes [2]. Tantôt aussi il déplore son propre
sort, tantôt il traite un sujet historique, tantôt enfin il met
ses forces à l'épreuve dans un sujet épique.

Se plaint-il de sa condition, il sait intéresser celui qui
lira son élégie par la finesse de sa pensée et par le ton
d'ironie amère qu'il adopte dans ses vers; c'est ainsi qu'il
parlera dans une fort belle et très touchante requête qu'il
présenta au chancelier Séguier [3], au moment où, comme
le dit Balzac, il « gueusait dans le collège » :

O cui legiferam potente dextra
Donat sacra Themis tenere libram,
Segheri inclyte, prima Gallicani
Juris gloria, juriumque vindex,
Ad te confugio, tuisque supplex
Advolvor genibus. Premunt iniqui
Hinc mensarius, inde publicanus
Et falsa socii fide dolosi.
Fraudatus male debitum reposco,
Ad patrum cito noxios tribunal.
Declinant fugitantque vafra turba
Mutatoque foro dolos tegentes
Vestras, proh pudor ! indecenter aures

---

1. *Menagiana*. I. p. 316. — Huet. *Commentarius de rebus ad eum pertinentibus*. p. 62. Guyet est appelé un « *priscorum vatum æmulus, nec iis sane
multum inferior*. »

2. Voir plus haut, p. 104. 109.

3. Cette requête se trouve dans les *Adversaria* de Boulliau que nous
avons signalés comme étant au British Museum. — Voir plus haut. p. 137.

Pravis litibus improbi fatigant.
Segheri inclyte, prima Gallicani
Juris gloria, juriumque vindex,
Si te Castalidum novem sororum
Tangant otia ; si pios alumnos
Phœbi diligis, et foves benignus,
Jam nos respice, jam foris duobus
Hoc te Calliope rogat, sed instans
Fessos redde patrum foro priori.
Hoc jus postulat ; hoc requirit æquum.

Traite-il un sujet historique, il fait parler ainsi Jeanne
d'Arc avant sa mort :

« Rustica sum, sed plena deo, sed pectore forti ;
Sed micat eximio regius ore decor.
Castra virum, sed casta sequor ; duce Virgine fatum
Vertitur, et cantant Virginis arma viri.
Redditus hoc sceptris testabere, Galle, paternis ;
Tuque nec id pulsus, sæve Britanne, neges.
Quod vici, pereo, flammas cur objicis, Hostis ?
Et nos herculea scandimus astra via. »

Mais ce ne sont là, en somme, que des bluettes, d'une
forme agréable et souvent élégante.

Les qualités de Guyet comme versificateur apparaissent
surtout dans le poème qu'il consacre à la mort de Henri IV,
mort qui est l'œuvre de la superstition en délire, de la
superstition, ennemie de ce cher pays de France, toujours si envié de ses voisins, quand par hasard il jouit
de la paix et de la tranquillité. Plus d'une fois le ton de
cette œuvre est épique. Le merveilleux y occupe une
grande place. Le vers est quelquefois lourd, gêné par la
trop grande abondance d'expressions que la lecture des
poètes anciens a gravées dans la mémoire de Guyet. Plus
d'une fois, on voudrait quelque chose de plus sobre, de
plus serré et de plus clair ; mais on ne peut s'empêcher

de signaler le mérite de vers comme ceux où Guyet
célèbre la situation de la France après la victoire de
Henri IV.

Après une dédicace au cardinal Du Perron, il invoque
les Muses :

. . . .

              ......Vos o cælestia, Musæ,
Numina, queis rerum causas penetrare latentes
Et reserare datum est, faciles audite vocantem,
Et mecum ingentis secreta recludite fati.

Et il continue :

    Alma quiescebat, positis feliciter armis,
    Gallia, civilis post longa incendia flammæ.
    Ipsa videbatur superis Astræa relictis,
    Aurea compositæ jam reddere sæcula genti.
    Pax opibus stupet ipsa suis ; sceptrique beati
    Suspicit Europe moderantem pondera dextram.
    Hinc concussæ Alpes, illinc pulsata Pyrene
    Victorem agnoscunt, et toto vertice nutant.
    Parte alia, gemino descendens gurgite Rhenus
    Littus in Arctoum demissis cornibus ibat :
    Stant Germanæ acies ad prœlia dira paratæ.
    In medio trepidans incerto Clivia vultu,
    Gallorum exspectat cui se Mars arbiter addet.

. . . .

    Ergo regifico late spectanda paratu
    Fulget, et effusos geminat Lutetia plausus.
    Undique solemnes certatim visere pompas
    Adfuerant regni proceres ; lætusque vetustæ
    Nobilitatis honos. Illos Sequana pinguis, at illos
    Misit arenosus Ligeris, pluvioque Garumna
    Fonte tumens, Rhodanique minacior unda nivosi
    Alpinis devexa jugis ; gens omnis in unum
    Cogitur ; heu lætos inter flctura triumphos !

Il s'élève alors des enfers comme une sorte de Némésis
qui, enviant à la France son bonheur, arme son bras contre
celui qui lui a rendu la paix.

Viderat hæc, rapidis tum terras pervolat alis
Tartareus serpens miseris mortalibus asper.

. . . .

Viderat et glauca vibrantia lumina flamma
Intorquens, rabido secum sic pectore fatur :
« Heu terram invisam, et regnis contraria semper
Gallica regna meis ? tantisque oppressa vicinis
Surgere vos rursum, et fastigia condere cælo
Adspiciam his oculis, post duros mile labores
Turpiter elusos, exhaustaque Tartara monstris ! »

Et voici quelle œuvre elle va accomplir; voici en même
temps quels sentiments ce malheur, qui frappe la France,
inspire à François Guyet :

Cædis amore furit ; strictoque in funera ferro,
Urbe vagus tota fertur, regemque requirit
Immeritum. Sic sæpe lupus rabieque fameque
Saucius erumpit silvis, camposque pererrans
Innocuam petit, armento pascente, juvencam.
Et jam Atlantiacas prona tendebat in undas
Luce dies ; raraque manu stipante suorum
(Sic fors læva tulit) fati securior heros,
Eductas cælo moles, clarasque trophæis
Marmoribusque vias, pompæ decora alta futuræ,
Lustrabat, repetens oculis quæ gesserat olim
Ipse, triumphatos dum finibus arcet Iberos ;
Et conjuratas premit acri Marte phalanges.
Est Urbis medio callis, qua porticus ingens
Squallet ; et aggestis circum cumulata fatiscit
Ossibus, exiguæ plebi commune sepulchrum ;
Infelix locus, et tristi domus omine sæva!
Hic regem incautum, lentis ut forte quadrigis
Substiterat ; nullique patet non pervius ictu,
Excipit immiti scelerata insania cultro ;
Et patriæ patrem non uno vulnere sternit.
Ille ruens oculos ad sidera vertit, et inter
Nequicquam adstantes vitam exhalavit amicos.
Vidit, et averso properavit in æquora vultu
Sol pater ; humentique polum subtexuit umbra.

> At fletu gemituque, et femineis lamentis
> Consonuit late tellus. Te, Magne, cadentem,
> Planxerunt urbesque tuæ vicinaque regna ;
> Te maris angusto divisa Britannia tractu
> Attonitis luxit populis. Te Rhenus et Ister,
> Te Padus, infenso te limite flevit Iberus ;
> Et potuit nostro Tagus ingemuisse dolore.
>
> . . . .
>
> Et quis te propter non mœreat, optime regum?
> Quis nisi te vivo pulsum scelus : et fera belli
> Immani ditis rabies damnata barathro ?
> Tu paces orbi condis, tu fœdere sancto
> Concilias actas animis in mutua gentes
> Exitia ; et lentis iras moderaris habenis.
> Tu dono superum missus, tu maximus ille es
> Infandas post tot caedes et praelia dira
> Unus qui nobis collapsas restituis res ;
> Atque iterum pulsis Francum decus inseris astris,
> Te primum domitis experti Santones arvis
> Agnovere ducem........

Et Guyet termine son poëme en rappelant les victoires de Henri IV, victoires qui assurent à ce roi l'immortalité.

S'il y a parfois quelque banalité dans la forme, on y rencontre aussi une certaine facilité. L'imitation d'un poète latin est çà et là évidente ; mais ce qui est le propre de Guyet, ce qui le caractérise ici, c'est une imagination puissante et une très grande abondance d'expressions.

Guyet avait déploré la mort de Henri « le Grand ».

Comme par contraste, il célèbre dans un poëme de plus de cent vers la naissance de Louis XIII et lui consacre un véritable hymne [1]. La 4e églogue de Virgile où le poète de Mantoue prédit un nouvel âge d'or a fourni à Guyet

---

1. Voir sur les *Genethliaca* ce que dit l'abbé Vissac dans son *Étude sur la poésie latine au siècle de Louis le Grand*, p. 105.

plus d'un vers, plus d'une pensée au début de ce long
poème :

Hactenus immiti memorentur pectora ferro,
Invisumque scelus ; securaque numinis ætas.
Ecce nova surgunt felicia sidera luce
Atque iterum sanctis flavescet Lentibus orbis.
Et jam indulgentis secundo munere cæli
Terra parit ; jam sidereo delapsus Olympo est
Qui regat æterno coeuntes fœdere Gallos.
Fortunate puer, magni spes una parentis
Præsidium dudum populis optantibus orte,
Solamenque mali ; tibi sacro prodiga tellus
Summittit flores, passim tua lilia crescunt
Nascentique viret pacatus ramus olivæ.
Tu simul ac puras invisis luminis oras,
Pax oritur comes, et fecunda messe beata
Exsultant segetes, lætumque exercet in agris
Agricolum labor, atque alternis otia ludis.

Et dans la suite Guyet prédit à cet enfant naissant
d'abord la paix et les joies domestiques, puis la gloire que
procurent les armes :

O quæ regna manent te, maxime, quotque trophæa
Parta manu, et quantis nova gloria surgit in armis !
Jam porrecta jugis immanibus alta Pyrene
Pulsa tremit, fatis tremuere minantibus Alpes,
Et superum monstris late horruit Itala tellus,
Victorem expectans, et non indebita sceptra
Gallorum ?...

Tel est Guyet poète : plein d'imagination, il traite tous
les genres. Nulle part sa pensée n'est aride ; la langue
dans laquelle il l'exprime est pure et élégante. Il y a
parfois de la redondance dans ses vers ; mais on sent partout qu'il a lu et relu Horace et Virgile, et faut-il s'étonner
que Balzac, par excès d'enthousiasme, ait pu lui écrire :

« Bien que vos trois favoris, je veux dire Térence, Horace
et Virgile, soient aussi mes trois plus anciennes inclinations, je vous confesse que je ne les ai jamais trouvés si
honnêtes gens que quand ils me parlaient par votre
bouche [1] ? » Balzac songeait à ces « admirables vers »,
comme il le dit lui-même, qu'il lui avait « vu composer
et réciter [2] ».

1. Balzac, *Lettres*, 28 octobre 1644.
2. *Ibidem*.

CONCLUSION

Résumons rapidement les résultats de notre étude.

Nous avons vu un cercle savant, où gens de lettres, gens de robe et d'épée, mathématiciens, philosophes, jurisconsultes, théologiens et philologues ressentent une même passion, la passion du travail et de l'érudition, où quelques-uns même, imitant les grands savants du xvi° siècle, étudient cette antiquité qui longtemps était restée dans l'oubli; où accourent enfin les philologues étrangers, qui cessent d'être les savants d'un pays pour devenir ceux de l'Europe entière! Dans ce cercle, au premier rang parmi les travailleurs, nous avons rencontré un enfant de l'Anjou, ingénieux, vif et naturellement sceptique, aimé et recherché de tous, vrai bénédictin de la philologie, lecteur assidu des écrivains grecs comme des écrivains latins, commentateur de leurs œuvres, sévère pour les autres comme pour lui-même, ne publiant rien de ce qu'il écrit, et se reposant de ses études philologiques dans des délassements poétiques ou des travaux d'étymologie. De cet homme un savant étranger a pu dire qu'il faisait honneur à son pays. Les philologues qui l'ont suivi lui ont emprunté plus d'une note, plus d'une observation; il a dépassé parfois la mesure, mais par cela même il a souvent fait entrevoir la vérité ; aussi son autorité a-t-elle été acceptée par les Bentley, les Bothe, les Ritschl, et est-elle invoquée encore par les disciples d'Hofmann Peerlkamp.

Mais, il faut le dire, le travail auquel se livrent Guyet et ceux qui l'entourent est en ce genre, pour longtemps du moins, le dernier effort de la philologie en France.

Après Guyet, après 1655, on sait ce qu'elle deviendra. Il y aura toujours des érudits en France ; mais l'Angleterre, la Hollande, l'Allemagne seront la patrie des vrais philologues, le centre de ces études que la France reprendra vigoureusement au xixe siècle. Toutefois, si la philologie est restée chez nous si longtemps dans l'ombre, il convient de ne pas oublier qu'elle y a trouvé sa véritable méthode ; il convient surtout de ne pas laisser périr les noms de ceux qui la lui ont donnée. Faire revivre les philologues d'autrefois, faire revivre ces savants dont les œuvres ont plus d'une fois passé dans le travail de leurs successeurs, c'est remplir un devoir scientifique. C'est prouver qu'on peut appliquer à la philologie ce mot de Scaliger : « Nostre France en a bien sa part, et en moustre le chemin aux aultres païs. »

APPENDICE

1° **PIÉCES DIVERSES.**

— A —

Lettre d'Ismael Boulliau a Portner
après la mort de Jacques Du Puy.

Bibl. Nat., Fonds fr., vol. 13041, fol. 330. Jo. Alb. Portnero Ismael Bullialdus.

..... Nuncque ad Jacobum Puteanum redeo, erga quem pietas tua studiumque omnem laudem superant; ejus heredis, consanguineorum, amicorum denique cunctorum benevolentiam tibi amoremque concilias. Ut vitam ejus nobis posterisque describas memorias a me petis; at paucissimas tibi mittere possum, quandoquidem ipsa unius ejusdemque tenoris semper fuit; et præter illa quæ a Nicolao Rigaltio scripta sunt, quicquam vix habeo. Omnia communia cum fratre habuit : individui comites fuerunt. iisdem studiis conjuncti easdem amicitias coluerunt. Quædam ab obitu fratris ejus Petri adnotanda sunt; imprimis vero dolore tam vehementi affectum fuisse, ut hilaritas morumque suavitas innatæ ipsi integræ amplius non constarent : adeo ut morosus plerumque evaserit ex mærore scilicet temperamenti ad bilem vergentis perturbata crasi. Quodque limen senectutis supergressus melancholia abundaret remediorumque impatiens esset. morbis valetudinem ipsius tentatam fuisse; qua hactenus firma multisque ægritudinibus convulsa usus fuerat. Corrupta igitur humorum harmonia, febris interna ex bile putrida orta mortem ipsi attulit.

Quos libros frater ipsius Petrus diligentia studioque indefessis, ex acerrimo judicio composuerat, accurate ut ederentur

operam assiduam navavit ; non solum ut fratris charissimi votis
et famæ, sed ut publico commodo etiam consuleret. Bibliothecam præterea privatam suam impressis libris, et manuscriptis auxit. Chartas et monumenta pari ac antea studio
conquisivit amicorum frequentia, qui domi ipsum convenie-
bant, postquam frater e vivis excessit, rarior facta non est,
quin etiam novi accesserunt amici.

Apud regis ministros in pretio fuit, qui honore et officiis eum
prosecuti sunt : et quotiescumque res rationesque suas eis
commendavit, benigne ac benevole curarunt. Eminentissimus
tandem Cardinalis Mazzarinus sponte, non rogatus non am-
bienti aut prensanti Jacobo Puteano beneficium ecclesiasticum
cessit et pecuniam largitus est.

Commercium literarum cum amicis varia per loca moran-
tibus exercere non destitit. Observari quoque possunt illa quæ
statim subjiciam. Ab excessu fratris, ita domi se continuit, ut
raro ab ea per dies aliquot continuos abesse voluerit, nec ultro
etiam ut animum recrearet deambulatum ivit. Apud amicos ad
convivium et epulas etiam vocatus ægre se conferebat, nullum-
que invitabat. Suos etiam sanguine sibi junctos cum ad ejus
mensam pransuri accedebant, parce ac tenuiter excipiebat ac
habebat. Unum eundemque vitæ tenorem semperque æqualem
ille observavit cum fratribus Augustino et Petro, atque etiam
mecum quandiu per quinquennium cum ipso vixi. Hac de
causa inter familiaria colloquia vitæ nostræ institutum sæpius
examinantes affirmabamus, non æquabiliorem, non constan-
tiorem vitæ modum monachos, vel severiori disciplinæ adscrip-
tos, tenere nec diei horas exercitiis certis tributas accuratius
quam nos observare. Procul ambitione, luxu, fastuque vixit,
nec divitiarum accessione haud mediocri in illa vitia lapsus
est ; imo ad rem aliquantisper est factus attentior. Angebatur
animo quoties animum subibat cogitatio de Bibliothecæ suæ
futura fortuna ubi e vivis excessisset, utque caveret ne aliquando
distraheretur, Regi sub certis conditionibus eam donavit. Mo-
numentorumque manuscriptorum divitem gazam Illustriss.
Jac. Augusto Thuano ut gratiam acceptorum beneficiorum
referret et amicitiæ mutuæ testimonium daret, testamento
legavit. Mihi pecuniæ summam cum honorificis partim verbis,
quam cum utilitate conjunctam donavit ; et in postrema cera

illi legato Harmonicum cœleste Vietæ accrescere voluit: opus
magnum equidem et nobile, sed informe fere ac confusum
quod perexcellens ab autore, si tempus vitæ longius pro-
ductum fuisset, edendum dubio procul erat. Inter præcipua
famæ hujus viri ornamenta, Christinæ Succorum Reginæ ad
Bibliothecam Regiam, cujus ipse custos erat, memorandus est
aditus; ubi Bibliothecam ejus privatam quoque invisit, ac mi-
rifice laudavit, ejusque nitore ac splendore invitata inde discedens in Thuanam Bibliothecam, cujus mentio injecta erat,
sese contulit, cujus amplitudinem ac magnificentiam suspexit,
librorumque compactionem superbam mirata est. Hæc sunt
præcipua in Jacobi Puteani vita ab obitu fratris notanda capita; quibus hoc unum addam, testamento me rogavisse, ut
epitaphium suo monumento inscriberem quod his verbis com-
posui.

Jacobus Puteanus Claudii Senatoris amplissimi filius ex
Claudia Sanguina filia Barbaræ Thuanæ quæ fuit Christophori
Thuani senatus Principis soror, Clementis Puteani juris ævo
suo peritissimi nepos Regi a consiliis et Bibliothecis, Prior
Sancti Salvatoris et Varangeuillæ Marchesii fratre suo Petro
orbatus, et ei quinquennio superstes, doloris sensum nunquam
amisit. Sic vero temperavit, ut officia sapientis viri nunquam
deseruerit. Totus fratri similis, regni res procurantibus charus,
ab amicis, quotidie ad ipsum convenientibus, eximie cultus,
universæ Galliæ viris bonis probatus, apud exteros nominis ac
variæ eruditionis fama clarus. Hic situs et fratris reliquiis appo-
situs XV Kal. decemb. anno Christi CIƆIƆCLVI Beatam spem
exspectat. Vixit annos LXV mensem I dies XX. Cæsar Puteanus
ex fratre Clemente nepos et heres Patrui virtutum ac beneficiorum memor hoc monumentum posuit Ismael Bulialdus qui
Puteanos assidue coluit, et cum Jacobo ad ipsius vitæ termi-
num habitavit, testamento rogatus, solatium sibi quærens, hæc
verba sua monumento mærens inscripsit.

— B —

Correspondance entre Portner, Bœcler, Bigot et Ismael Boulliau au sujet de la publication du Térence de Guyet.

Bibl. Nat., Fonds français, 13041, fol. 118. Portner à Boulliau, juillet 1655.

Quid de editione Terentii cum notis Fr. Guyeti nostri sperandum hæ binæ CL. Bœcleri nostri litteræ te docebunt, ubi simul cognosces, quam in judicio de domina sua ferendo hæreat ac sudet. Quid facias? Gratus est, et beneficii fidelis ac benefactorum memoriam servat.

Superest, ut Terentium illum bene tectum ac obvolutum tradas Henschio.

N. B. Si per Baussenum volumen illud Guyeti ad Bœclerum Argentoratum volueris transmittere, perinde duco; illa enim via brevior est, quia Bœclerus in posteriore Epistola de editione plane promisit (nam conditio quam de legendi caracteris ejus facilitate adjicit, cum lectu sit facillimus, ultro in fumum abit) non differendam esse censerem. Si autem per Henschium ad Joannem Ochsium Francofurtum eam mittere volueris, curabo ut inde tuto Argentoratum pervenire possit. Animi tui sententiam ut proxime significes oro.

Fonds français, 13041, fol. 120. Portner à Boulliau, juillet 1655.

Ipse Bœclerus mihi operam suam in edendo Guyeti Terentio pollicetur, litteras quas in hanc rem scripsit huic epistolæ inserui.

Fonds français, 13041, fol. 122. A Monsieur, Monsieur J. A. Portner, mon grand patron, Strasb.. 28 mai 1655.

Nobilissime amplissime domine,

Non possum nisi tribus verbis respondere. Literas Illustrissimi Domini Puteani propediem remittam Bibliopolæ nostro. Ante omnia de modo operis Guyeti interroganti si non plane rusticus est offert suam operam Bockenhoferus; cetera ergo diligentissime curabo. Vale et fave

Argentorati, 28 maij 1655.

Tuo,

J.-H. Bœclero.

Fonds français, 13041, fol. 123. Bœcler à Portner.

Fr. Guyeti Terentius bene apud nos curabitur si litera sit quæ legi possit. Ei, qui mandata tua feret, totam molem nugarum mearum tradam, non munus, sed testimonium obsequii.

Argentorati, 7 junii 1655.

Fonds français, 13041, fol. 131. Portner à Boulliau.

Interea Bœclerus et ego impatienter exspectamus quando Terentium Cl. viri ut Argentorati excudatur sitis transmissuri. Nondum quatriduum elapsum est cum ei Bœclero ejusce negotii causa literas accepi, quibus, dum sententiam vestram opperior, quid respondeam incertus plane sum. In mentem mihi venit forte non inutile fore vitæ ejus brevem tantummodo Historiam confici, et editioni præmitti, ut non a doctrina tantum sed et a moribus totus innotescat Germanis Guyetus, quorum plerisque, nihil enim unquam sui se vivo in publicum emisit, fuit ignotissimus. Si ab hæredibus suis, aut ab amico quodam Parisiensi vobisve ipsis qui cum familiariter cognovistis impetrari posset, ut Gallice saltem de natalibus ejus, Parentibus, patria, et toto vitæ cursu deque morte ejus aliquid in chartas vel schedulam duntaxat conjiceretis, et ad me tua opera mitteretis, ego meum in vita ejus posteritati, sed breviter, et sine ulla ambitione, tradenda studium vobis promitterem, et præfationis loco libro ejus præfigendam descriptionem illam curarem. Faciet hoc tum ad celebritatem doctissimi viri, cui lubens inserviam, augendam, librum vendibiliorem suspensa hac hedera reddendum. Paucos enim ignotarum rerum cupido tenet, et plerique licet egregia monumenta fastidiunt, si de autorum eorum nihil ante intellexerint. Hoc certe beneficio, transmissis uti dixi commentariolis qui ad βιογραφίαν optimi Guyeti usui mihi sint, non solum institutum meum magnopere adjuvabis, sed ad alios et majora in posterum auspiciis tuis aggrediunda calcar currenti subjicies. Nolim enim ut tota servati ab oblivione Guyeti gloria penes solum Bœclerum resideat neque ipse me socium tum laboris, tum laudis aspernabitur. Utrum Francofurtum ad Ochsium, cum

quo jam hac de re egi, missurus sis, an Brisacum ad Ill. Baussanum deferri malis volumen Ms. Terentii, Tui arbitrii esto ;
alteram hanc videlicet « viam breviorem alteram, illam nimirum » tutiorem certioremque existimo, tu, ut voles, statues.

Vale, clarissime vir, et me ama. ὡς τάχιστα XII kal. Aug.
A. O. R. ∞ D. CLV.

Tuus omni studio et observantia.

A Monsieur, Monsieur Bouilliau,

Prieur de Magny, demeurant chez Monsieur Dupuy, abbé du
Saint-Sauveur, conseiller du roy en ses conseils et bibliothécaire
de Sa Majesté, logé rue de la Harpe proche la paroisse Saint-
Cosme dans la bibliothèque du Roy à Paris.

Recommandée à la faveur de M. Hensch.

Fonds français, 13041, fol. 134. Portner à Boulliau.

Nunc ad te hoc tantum ; serio me optare ut de Fr. Guyeti
Terentio (cui aliquid de vita ejus, quod ego deinceps Latino
sermone redditurus sum adjiciatis rogo) deque libris quos
pecunia transmissa ut mihi comparares petii, certi aliquid
statuere, et ad me perscribere velis.

Terentius elegantibus typis excudetur, Argentorati apud
Heredes Lazari Zezneri, et omni studio Cl. Bœclerus et ego
annitemur, ut circa nundinas vernales sequentis anni Francofurti prostet. Quot exemplaria ad vos mitti velitis, vestrum est
indicare. Ego mihi præter unum alterumve e tota editione non
deposcam.

Illustrissimos Puteanum Præsidem Thuanum Bignonios Amplissimos et Ill[mos] Sevæum, Rugealtium, Tronchet Martigny,
Genutium, Pellautium, Gassendum, Monmorium, Boardum,
Hullonium, Menagium, Fabrotium, Rivierum, Nubletium,
Sammarthanos, Gothofredum. R. P. Ludovicum Jacob, Salmonetum, Valesios fratres, Abbatem Columberium, omnesque
ceteros eximios viros amicos communes qui vos invisunt observanter salvere jubeo.

Août 1655.

Fonds français, 13041, fol. 138. Portner à Bouiliau.

De Guyeti V. C. Terentio priores literæ meæ te docuerunt, poterit autem breviore itinere ad Ill. Baussanum, et inde Argentoratum deferri, ita tamen ut vitæ ejus exsequendæ munus cum bona gratia vestra mihi committatur quam, ubi primum commentariolum, qui ad eam adornandam facere poterit, transmiseritis, componere aggrediar. Vale, clarissime vir, et a Parente ac affine meo plurimum salve. Nos omnes Ill^mos Præsidem Thuanum, Puteanum, Bignonios, Rugealtium, Genutium, Tronchet Martigny, Sevæum, Boardum, Pellautium, Milletærium, Abbatem Colomberium, Montmorium, d'Aubeum, CLL. viros, Nubletium, Gassendum, Launoyum, Menagium, Valesios Fratres, Salmonetum, Fabrotium, Rivierium, P. Ludovicum Jacob, Bigotium, Capellanum, omnesque ceteros amicos præstantissimos cum obsequio et fide veneramur.

       Août 1655.

               Clarissimo Nomini tuo,
                 Addictissimus.

Fonds français, 13041, fol. 141. Portner à Boulliau.

Quibus verbis eloquar liberalitatem Ill^mi Puteani muneribus munera addentis, et munificentia illa sua inopiam meam instruentis? Verum ad alium quam ipsummet scripta Epistola tanti meriti laudes non capit, ac hominem beneficii memorem dedecet gratitudinem suam alibi prius quam apud ipsum muneris autorem proferre. Fr. Guyeti Terentium Brisacum vos curasse gaudeo, sed de vita ejus denuo moneo ut quæ vel ipsi scitis, vel ab eo aut heredibus ejus accepistis, mecum communicetis qui deinceps brevi elogio ejus conscripto vitam ejus præfationis vice functuram editioni præmissurus sum. XVI Kal. VII br. An. MDCLV.

Clarissimo nomini tuo. Ex animo devotissimus quem nosti.

Fonds français, 13041, fol. 142. Boulliau à Portner.

Cæterum de Francisci Guyeti Terentio quid decreverimus ac etiam fecerimus nunc tibi cognitum esse existimo. Ad te enim me scribere memini Henschio creditum esse, ut ad Ochsium mitteret, qui Francofurto deinde Argentinam ad Cl. vir. Bœ-

clerum destinabit melius illius libri saluti a nobis consultum
sic est.

3 septembre 1655.

Fonds français, 13041, fol. 144. Portner à Boulliau.

..... Præterea magno me beneficio a te affectum reor quoad
Guyeti vita ea quæ petii adjumenta mitti tam benigne pollicitus es, sed quia sarcinæ jam in itinere sunt, festinato opus erit
quæ causa est, ut abs te omni studio contendam, ut, si fieri possit, certas ad hanc rem necessarias cum responso ad has litteras transmittas.

Lettre remise à M. Hensch, rue Quinquampoix.

Fonds français, 13041, fol. 146. Portner à Boulliau.

De Guyeti Terentio bonum te animum habere jubeo, prodi-
bit typis elegantibus, nitidis, ac quam minimis mendis scaten-
tibus, Clariss. enim Bœclerus nulli industriæ se in curanda ista
editione parciturum mihi sæpius per litteras pollicitus est. Vita
tantum optimi Guyeti ad me perferatur, ea enim, nisi valde fallor, editioni præmittenda erit, ut Autoris patriam mores ac
eruditionem lector prima statim fronte cognoscat, ac hac velut
illecebra ad emendum librum, qui in illa litteras ex vero æsti-
mantium paucitate alioquin « non multos forte inveniret emtores,
opportune trahatur. Nihil vero aliud desidero quam ut notulis
locus, tempus, domus, parentes, deinceps educatio, peregrina-
tiones quas obiit, studia quæ coluit, munera quæ gessit, amici,
quibus usus est, ac mortes et mortis denique genus in schedam
Gallico sermone conjecta huc transmittantur mei postera erit
officii latino stylo vitam ejus componere et præfationis loco
editioni præmittere. Sept. 1655.

Fonds français, 13041, fol. 150. Boulliau à Portner.

A Clariss. Menagio et aliis quibuscum familiariter vixit Franciscus Guyetus ex crebris flagitationibus exigam memorias, quæ
vitæ ipsius scribendæ servire possint.

Fonds français, 13041, fol. 154. Portner à Boulliau.

Quod Franc. Guyeti Terentium spectat Cl. Bœclerus suis IV
VIIbr. ad me perscriptis denuo mihi studium suum operamque

pollicitus est, nec dubitandum est eum in editione illa tum a voto vestro, tum e fama autoris curanda nulli industriæ aut labori parciturum esse. Cum Jo. Ochsio mercatore Franco-furtensi jam per literas egi ut nullo vel vestro vel Bœcleri sumtu Terentiana illa volumina Argentoratum pervehenda curaret, meque totum quod pro vectura solvendum fuerit, in solidum imputaret, quod et se facturum esse ipse per literas mihi promisit.

Tempus etiam instare atque urgere arbitror, ut eos quos a vobis ad conficiendum opt. amici Guyeti elogium posthumum petii commentarios aliquando accipiam, cum existimem intra pauculas septimanas redditum iri Cl. Bœclero volumina Te-rentiana quorum ille postea editioni statim incumbat, eamque maturabit ut si fieri possit ante K. Januarii totus Guyetus in celebri qui Argentorati eo tempore habetur mercatu prodire possit.

Fonds français, 13041, fol. 156. Portner à Boulliau.

Sed ubi commentarius de V. C. Francisci Guyeti vita? Jam aliquoties te ob hanc rem monui, nec quicquam responsi obti-nui; scribe quæso, Clar^mo vir, quid in mora sit, jam enim Cl. Bœclerus Terentium ejus accepit, et, nisi me fallit animus, jam opera fervent. Oct. 1655.

Fonds français, 13041, fol. 158. Johanni Alberto Portnero Ismael Bullialdus. S. P. D. 29 octobre 1655.

Literas, quas ad me dedisti, sept. 24 et octob. die 6 ambas accepi. Ex posteriori Guyeti Terentium Argentinam perlatum esse, et in C. V. Io. Henr. Bœcleri manus pervenisse, lætus hilarisque intellexi. Quamvis enim sponsor idoneus mihi sit Henschius, cujus fidem securus sequor, casus tamen fortuitos præstare his in rebus non tenetur. Neque etiam amissa vel cor-rupta si forent illa volumina damnum resarcire pecunia pos-set, aliosque in Terentium commentarios exhibere. Menagium quotidie hortamur, ut de Guieti parentibus et natalibus, quæ novit, uni aut alteri paginæ mandet : nondum tamen crebris flagitationibus viri desidiam expugnare potuimus. Non semel comperendinatus est, sed decies, ita ut vadimonium deserere jam videatur; instabimus tamen et urgebimus donec fidem

suam liberaverit. Illius hominis vitæ principia ac statum ab eo
nos edoceri sufficit : ætatis enim illius series, ex quo vir evasit,
Illmo Puteano satis nota est.

Fonds français, 13041, fol. 163. Portner à Boulliau.

..... De commentariis ad vitam Guyeti conscribendam neces-
sariis (qui si a Cl. et amicissimo Menagio in amicorum æque
ac suis negotiis lente admodum festinare solito exspectandi
sunt nimis tarde fortassis procedent, et circa ultima, cum ca-
pitaliter inter se ad mortem usque dissederint, plus aloes quam
mellis habebunt) ..... non potius interpellare te desinam, quam
voti compotem me effeceris.

Fonds français, 13041, fol. 166. Jo. Alberto Portnero I. Bullialdus.

..... Tandem dictante Clariss. Menagio quædam scripsi, quæ
Guieti vitæ breviter enarrandæ necessaria erant. Alia Ill^{mus} Puteanus additurus est quæ in ordinem digesta proxima septi-
mana ad te transmittentur.

Fonds français, 13041, fol. 170. Portner à Boulliau, nov. 1655.

P. S. Guyeti Terentius Argentoratum pervenit et jam imprimi
cœpit.

Fonds français, 13041, fol. 172. Boulliau à Portner.

Cum hacce vero mea epistola..... accipies..... conscriptam
de vita Guieti brevem historiam, quæ tota Ill^{mi} Puteani diligen-
tiæ debetur; pauca enim Menagius atque incondita dictaverat,
et præter illa quæ ad patruos Guieti spectant, cetera nullius
fere momenti erant. Nostri equidem homines tuum erga gentem
Gallicam animum non solum laudare, sed etiam mutuis bene-
ficiis gratias tibi referre debebunt, quod erga defuncti Guieti
memoriam adeo pius sis ut ipsam perire nullo modo pati velis.

Fonds français, 13041, fol. 174. Portner à Boulliau.

Clarissimum Menagium ipse per literas de Guyeti commen-
tario (nam Terentius ejus jam a tribus septimanis excudi cœpit)
monui, gratiasque tibi, vir eruditissime et humanissime, ingentes
habeo, quod meam hactenus causam apud hominem in amicorum pariter ac suis rebus testudineo gradu incedere solitum

tanta diligentia egeris. Mihi videtur totum hoc quod parentes
Guyeti familiamque et natales ac primos ejus pueritiæ annos
concernit unius colloquii semihora a Menagio vobis explicari
ac a te in pugillares conjici et deinceps literis ad me scriptis man-
dari posse. Hæc optima expugnandæ cunctationis Menagianæ
videtur esse ratio ut cum vos adierit injecta forte Fr. Guyeti
mentione a Menagio percunctemini quo die nasci contigerit
Guyetum, quibus parentibus genitus sit, quæ familia viri, quis
natalium locus, quæ pueritiæ adolescentiæque transactæ ratio,
neque gravabitur Menagius ad hæc interrogata respondere,
poteruntque, quæ dixerit a te aut alio colloquentium in pugillares obiter notari ac deinde ceteris quorum notitia egeo,
præmitti.

Fonds français, 13041, fol. 183. Portner à Boulliau, déc. 1655.

Guyeti Terentius jam Argentorati strenue excuditur, augetque
volumen clarissimus Bœclerus propriis in eundem comicum
notis.

Fonds français, 13041, fol. 184. Portner à Boulliau, 4 déc. 1655.

Jam Francisci Guyeti vitam manu et exactissima Ill^mi Jacobi
Puteani diligentia exaratam..... accepi.

Fonds français, 13041, fol. 186. Jo. Alb. Portnero Ismaël
Bullialdus S.P.D., 24 déc. 1655.

Guieti elogium contexere, ex commentatiunculis quas te
accepisse significas, horis succisivis si per negotia tibi eas nancisci licuerit, commode poteris. Pietatem erga virum illum
tuam satis laudare nemo queat. Ad Cl. Bœclerum hodie responsum dedi, is Terentii editionem alacriter se urgere nobis
significat.

Fonds français, 13041, fol. 207. Portner à Boulliau, fév. 1656.

Guyetanæ in Terentium notæ jam Argentorati excuduntur.

Fonds français, 13041, fol. 211. Portner à Boulliau, fév. 1656.

Nunc cl. Guyeti Terentius sub prælo Argentorati sudat, in
vita autoris scribenda ego nunc occupatus sum, eam intra
unam alteramve septimanam ad cl. Bœclerum mittam.

Fonds français, 13041, fol. 246. Portner à Boulliau.

..... Cl. Bullialdi epistolæ jam jam excuduntur cum tua præfatione. De Guyeti notis ita ad me idem : Guyeti notæ tertiam jam partem absolutæ sunt. Quod vitam tanti viri ad me scribere voluisti, in eo benevolentiam tuam agnosco singularem. Habes igitur de omnibus quæ ad studia nostra pertinent.

Fonds français, 13041, fol. 258. Boulliau à Portner.

Circa Guyeti Terentium operas typographicas etiam occupari lætor. Tibi equidem et clariss. Bœclero Galli nostri plurimum debent, quod tam officiosi erga nos sitis. Me utrique vestrum privato nomine obstrictissimum agnosco. Et nondum referre cum possim, gratias ingentes ago. Cæteri nostrates, si nullis officiis colere vos queant, laudibus saltem cumulabunt, nominaque vestra celebrabunt.

Fonds français, 13041, fol. 269. Portner à Boulliau, 12 juillet 1656.

P. S. Guyeti τοῦ μακαρίτου versus penes Ill^{mum} Puteanum esse Capellanus noster V. C. ad me nuper scripsit. Eos autem in umbra et pulvere interire minime ferendum est, quare rogo te, ut ab Illmo Puteano obtineas, ut illos in unum collectos vel Lutetiæ edendos curet, vel mihi transmittat, qui eos in Germania typis mandaturus sum.

Fonds français, 13041, fol. 290. Boulliau à Portner, 6 oct. 1656.

De Guyeti Terentio ab elapsis sex mensibus nihil omnino inaudivimus, neque de clariss. Bœclero quicquam.

Fonds français, 13024, fol. 1. Bigot à Boulliau 5me d'octobre 1657.

..... Je vous escrivis il y a huict jours que je donnerois à Mr Sallo les exemplaires du Térence de Mr Guyet que j'avois reçus du libraire de Mr Bœcler, pour vous les avoir à Paris. J'ay reconnu depuis que cette voie eust esté trop longue et que vous ne les auriez pu recevoir de plus de deux mois, je les ay donnés à Mr Hullot qui s'en retournoit en Hollande pour les mettre entre les mains de Mr du Launoy ou Mr Janot qui vous les

envoiront par la première commodité. On les adressera à
Dieppe (?) ou à Paris (?) à des marchands de connoissance qui
auront le soin de vous les faire tenir.

A Mr Boulliau, chez Mr de Thou, conseiller du Roy en ses
conseils et président au Parlement de Paris.

Fonds français, 13024, fol. 3. Bigot à Boulliau. De Strasbourg 11me de nov. 1657.

J'ay mis les exemplaires du Térence de Mr Guiet entre les
mains de Mr Elzévir qui m'a promis de vous les faire tenir au
plus tost, vous devez les avoir reçus sinon faites luy en dire un
mot en Hollande.

Fonds français, 13024, fol. 12. Bigot à Boulliau. De Francfort
ce 7me d'avril 1658.

Si vous n'avez point encore reçu les Térences de Mr Guiet,
faites-en parler à Mr Elzévir de Leide par Mr Janot, je luy ay
escrit deux fois, je n'en ay aucune response.

Fonds français, 13029, fol. 71. Clariss. viro Ismaeli Bullialdo
Johannes Henricus Bœclerus. S. P. D. 5 nov. 1655.

Ante dies paucos venerunt Guietanæ in Terentium notæ, eo
voluminum numero et ordine, quem literæ tuæ descripserunt.
Ingenium viri exquisita doctrina elegantiaque excultum admi-
ror ; atque erudito orbi de hoc thesauro gratulor. Etiam eæ
lectiones quas a Terentii manu profectas eruditi dubitabunt,
ejus tamen generis indicabuntur, ut melius fuerit is scripturus,
si ita scripsisset. Curabitur apud nos editio, summa fide et diligentia, Portnero nostro etiam elogium Guieti adornante.

Fonds français, 13029, fol. 72. Cl. v. J. B. J. Henricus Bœclerus 18/28 sept. 1657.

Guyeti τοῦ μαχαρίτου exquisitissimos in Terentium commentarios jampridem ad te curare debuit Bibliopola noster ; cujus
negligentia ne mihi fraudi sit, etiam atque etiam oro. Antequam
autem hæ litteræ ad te perveniant, vir clarissime, accipias spero
et Guyetani operis exemplaria : de meis annotationibus, quæ
ut pannus purpuræ comparantur, duo. Quamvis autem, antequam quicquam mihi de Guyeti curis auditum esset, edere necessarias pæne ob caussas Terentium destinaveram : serio tamen

cogitare cœpi, si mea vobis obsequia rectius approbare liceret, singulari et seorsum facta editione Terentii Guyetani; ut alio tempore libroque meo scilicet ederentur. Sed textum Terentii, ad eum modum, sicut voluit et designavit, Guyetus in suo codice, reformatum, ut publicaret nulla ratione induci Bibliopola potuit. De cetero, optima fide versatus sum in alienis curis; nihil addendo, nihil demendo; nisi quod aliquotiens adscripserat Guyetus Lexicorum, Nisoliani et aliorum, non auctoritatem, sed indicium; ut facile intelligi posset privatos in usus, nec ut ederentur, ista annotata esse. Tibi omnino existimationi tanti viri, quæ mihi semper erit venerabilis, consulendum existimavi. Elegantius et emendatius omnia exscribi typis optabam : sed genius sæculi et operarum expugnari non potuit.

2° TRAVAUX INÉDITS DE FRANÇOIS GUYET.

— A. —

Un spécimen du Commentaire inédit de François Guyet sur la Thébaïde de Stace.

Nous publions, d'après l'édition de Stace dont Guyet a couvert les marges de ses notes, les observations du savant philologue *que Michel de Marolles n'a pas reproduites ou a mal reproduites dans sa traduction.* Nous avons choisi les deux premiers livres de la *Thébaïde.*

Citons d'abord ce qu'on lit sur le revers intérieur au commencement du volume :

Arma pro scribo pag. 316, 313. Item, 355. Atalantæ duæ. Hippomenes. Parthenopæi mater. Vide lact. édition. Blas. pag. 324. Dircetis Nympha, pag. 315, pag. 189. Crebris arietib. urbis tribrachis in Hexam. præpositio *in* pro *per,* vel *cum,* pag. 208. Armantq, in nube manum... per nubem, et fulmen. pag. 327. Turbidus aeria Capaneus occurrit in hasta. Arare in bove et asino. Sedulii versus a Lactantio citatus, 368. édit. Bl. a pag. 342. Optimi versus. Ipsum pro me ipsum pag. 351. Peccare pro errare aberrare. pag. 355. Forte vero non alienum esset suspicari Statium locos imperfectos in suo Thebaidis poemate reliquisse quos inepti correctores replere volentes adulterina multa inseruerunt. — Pag. 364. Servant ostendere. alibi nubes volat signa dare nautis. Varietas lectionum falsitatem versuum indicat ut plurimum est hoc notandum, insigne pro signo, ex illa page 188. Tres comparationes insititiæ. Vide quæ notavimus, pag. 406, extrema. — Item quædam ex libidine addere volentes, nonnulla detraxerunt. Quæ si quis omnia extrudere velit multa imperfecta remaneant necesse est. pag. 423, exemplum versuum, qui spuriis detractis imperfecti remanent. Parenthesis parenthesei inclusa, page 449, ornitus hic socio, etc.

Sur le feuillet de garde de droite on lit :

P. 304. Quis fluere occultis rerum neget omina causis?
   Fata patent homini, piget inservare, peritq.;
   Venturi promissa fides. Sic omina casum
   Fecimus, et vires auxit fortuna nocendi.

Thébaïde.

Livre I.

1. Alternaque. G. Ex conventione.
3. Unde jubetis. G. πόθεν ἀρξόμεθα.
8. Agricolam. G. Cadmum. — Prœlia. G. Dentes serp.
11. Mœnia. G. Agave, Autonoe, Semele et Ino sorores fuerunt Thebanæ.
15. Ideo. G. Adeo.
22. Jovis. G. Capitolini.
33. Exorsa. G. Incepta.
28. Arcum. G. Corona radiata... θεοπρεπῆ.
31. Sidera dones. G. Patri fratri et aliis.
44. Protervi. G. Adolescentis Parthenopæi. miseratione digni.
55. Inane. G. ἄψυχον, ἀναίσθητον.
56. Pœnis. G. τῷ πλήθει τῶν τιμωρουμένων.
58. Quam video. G. Licet cæcus. quæ animo obversatur.
65. Implicui. G. ἡψάμην.
70. Tuli. G. Habui, obtinui.
74. Parentem. G. Carentem.
80. Totos. G. Pro *omnes.*
83. Arripui. G. Abripui. — Paternis. G. Meis.

85. Dissiliant. G. v. c. Lips. disjiciant an dissocient? ἐπέχω.
   Male Lact. dissentiant. Sed pro disjiciant forte.
87. Digna. G. Sceleribus instructa.
88. Jactanti. G. Al. dicenti.
89. Vultus. G. Suos.
93. Inane. G. Ἀσώματον.
98. Sensit. G. Illam. sup.
103. Cognataque. G. Τὸ neque hic repetendum.
105. Abactis. G. *Enfoncés*.
106. Phœbes. G. Luna laborans.
109. Una. G. Communis... pestilentia.
111. Novat. G. Novas rete... facit.
114. Plurimus. G. Longus. Plurima cernit. Virg.
118. Medius Cœli. G. Lut. et alii quod sit umbilicus terræ.
   An quod mediam aeris regionem seu potius medium
   spatium vertice attingit.
119. Dubiamque jugo. G. Quod Thessaliam et Thraciam diri-
   mat, inquit lact. ego vertice nutantem intelligo.
125. Motus. G. Perturbationes. Attoniti metus. Pro attonito
   sub pectore Virgo. Ibant obscuri, etc.
126. Gentileisque. G. Gentilis. An gentilis? placet ut ad fu-
   rorem τῶν σπαρτῶν referatur.
144. Fulta. G. Fulva. — Metallo. G. Auro laminis aureis.
145. Effulta. G. Al. suffulta.
154. Exulis. G. Cadmi.
155. Mortisq. G. Mutuis confossi vulneribus perierunt.
156. Ah miseri. G. Hac semper v. mes.
165. Sæve. G. Eteocles.
167. Respiceres. G. Cogitares. Considerares.
174. Timendos. G. Dominos.
176. Manuque. G. Sponte. Sen. Bern.
179. Sociis. G. An fratrib. regni sociis.
183. Hyanthæos. G. Hyantæos. ὕαντες. ὑανταῖος. Vid. Strab.
184. Fraternasq. G. Parta.
200. Effusa sub. G. Illuc omnes dei terræ et maris convenerant.
208. Templa. G. Tecta.
214. Divis. G. Furiis... vindicta mea.
223. G. Diluvium respicit.
225. Agros. G. Argos.

226. Hic. G. Hæc. — Thebas. G. Sup. ad.

229. Matrum. G. Agaves et Locastæ.

230. Feros. G. Vagos.

235. Monstro. G. Monstrum.

264. G. Nome ὥς. (?)

270. Emendare. G. Sufficiet abolevisse, emendasse.

275. Pecus. G. Equi.

281. Miseresce. G. Miserere al.

282. Generos. G. Polynicen et Tydeum.

302. Hinc causæ. G. Erunt.

309. Dissiluit. G. Pennæ seu plumæ inhorruerunt.

311. Designat. G. Describit... percurrit.

312. Olim. G. A tempore.

315. Signis. G. Zodiaci.

321. Superbum. G. Superbus. Ber. v. c.

322. Se. G. Tunc.

323. Consumit. G. De rebus inopinatis magis lætamur.

324. Daneiaque. G. Danaeiaque. — Regna. G. Arva.

325. Abrupto Sole. G. Subducto lumine.

339. Bacchæo. G. In honorem Bacchi effuso.

331. Lapsuque. G. Lapsum al.

333. Scyllæaque, G. Megaram.

334. Purpureo. G. Niso.

336. Emeriti. G. Occasi.

337. Titanis. G. Luna.

338. Tenuaverat aera. G. Nam diei aer crassior, tenuis noctis.

340. Inserpit. G. Irrepit al.

342. Puniceo. G. *Rouge noir*, etc.

344. Densior a terris. G. Nebula.

349. Axem. G. An postremum, nam quid hic axis facit?

350. Dum. G. Tum.

352. Hiatu. G. Flatu congelat.

355. Nemea. G. Nemee. Infra Midee.

356. Capita. G. Mentes.

359. G. Imis stagna refusa vadis.

377. Umbone. G. Clypeo.

382. Larissæus. G. Laryssa, ἡ τοῦ ἄργους ἀκρόπολις.

382. Spe. G. pede B.

400. Parentis. G. al. pauenti.

403. Eadem. G. lustra.

405. Uno. G. eodem.

413. Exertare. G. Nudare.

414. Ille. G. Polyn.

415. Infra. G. Impar.

416. G. Sic interpungo (un point après *animus*) corrigoque.

440. Manus. G. Pugnas. — In usque. G. Inusq. ut inante Bern.

441. Odiis. G. Pugna.

446. Signa. G. Degeneres animos timor ingruit.

455. Cælum. G. Pluvium.

458. Cyclopes. G. Cyclopas.

464. Marti. G. Mars Meleagri pater. Meleager OEnei, etc.

475. Partitum extrema. G. Ἐσχάτων κινδύνων κοινωνήσαντα.
   Esse fidem. G. Ab amore Proserpinæ.
   Protervo. G. Profuisse.

480. Laxatis. G. Vexatis.

485. Per quem. G. Quem per.
   Thermesia. G Θευμησὸς mons Bœotiæ.

487. Vestitur. G. Vestitus erat. Præsens pro præter.

490. Calydonis. G. Apri Calydonii pellis.

493. Obtutu. G. Fixo aspectu.

495. Affore. G. Adesse.

504. Omina. G. Ut nuptiarum beneficia compleas.

510. Deprendi fortuna. G. Agnosco oraculum.

512. Canis. G. Ob cineres.

518. Altos. G. Crassos vel duplicatos.

519. Levare. G. Virg. Levato lucida ferro.

531. Occultare. G. Ad occultandum pud.

536. Æqua. G. Similia.

538. Rediere. G. Conversi sunt.

541. Jasides. G. Adrastus.

545. Ales. G. Perseus.

570. Crotopi. G. Argivi Regis.

572. Servabat. G. Possidebat. Virg. Servantem ripas anguem.

585. Arbutei. G. Arborei species pro genere.

585. Tepent. G. Vestiuntur.

588. Patulo cœlum. G. Virg. patulis e narib. auras.

593. Vacuumque ferens. G. Scissis vestib.

594. At. G. Et.

602. Recentes. G. Recens natas.

606. Lectis juvenum. G. Juvenib. lectis se ducem obtulit.

608. Novos. G. νεογάμους.

616. Reddit habere. G. Iterum habere dat... reddit.

623. Potestas. G. Licentia, securitas.

626. Sicca. G. ἄγαυστα.

630. Cyclopum. G. Cyclopea ingentia. Lut. ἐπέχω.

633. Fert manibus. G. Αἴδη προιάπτει.

634. Duci. G. Crotopo.

649. Orbis. G. Orbi...ʃmundo... Quod si mors hominum vilior est orbi jactura quam monstrum.

652. Illud lene. G. An tibi magis cordi sunt monstra quam homines.

662. Reverentia. G. Pudor.

663. Summissus. G. Misericordia inclinatus.

669. Quoque. G. Quæ.

670. Parthaoniæ. G. Regionis Ætoliæ.

680. Cadmus. G. forte sic. C. o. p. tellus, Mavortia Thebe in sing.

682. Hospitiis. G. Hospitali affectu vel potius dignitate hospitis Polinicis.

684-688. G. Hæc adulterina et supposititia videntur. Forte et τὸ : « Nec sic aversum fama Mycenis voluit iter », ejusdem farinæ fuerit ut τὸ « scimus ait » connecti debeat cum τῷ « Ne perge queri »? ἐπέχω.

690. G. Tantalus Atreum et Thyestem innuit.

691. Secundis. G. Fave enim peccatis maxime.

693. Portitor. G. Bootes. Ductor. Anacreon : στρέφετ᾽ ὅτ᾽ ἄπλοι ἤδη κατὰ χεῖρα τοῦ βοώτεω. (?)

696. Pataræa. G. Patara urbs Lyciæ.

699. Thymbræus. G. Thymbra locus ad Trojam.

704. Parentes. G. c. parentis.

704. Sqq. G. Ordo constructionis : tela et arcus et æternum florere genas, tibi cessere ætherei p. dono.

709. Phryga. G. Marsyan.

710. Mater. G. Niobe.

712. Phlegyam. G. Qui apud Delphos templum Apollinis incendit Lut.

717. Achemeniæ ritu. G. Quæ gens Ach. rogo.

718. G. Ordo constr. Seu præstat vocari Mitram torquentem

cornua indignata sequi. Lutat : Simulacrum ejus (Mitræ), fingit reluctantis tauri cornua retentare. Hier.
ad lætam de specu antri : Nonne specum Mitræ et
omnia portentosa simulacra etc.

Livre II.

4. Rapuere gradum. G. Mercurii.

5. Styx inde. G. ὕστερον πρότερον.

10. Pertulit. G. Ille Laius sup.

14. Patuisse. G. Se sup.

17. G. > expuncto hoc inepto et inutili ipse sensus integer
remanet.

27. Atque. G. subito, Virg. atq; illum prono rapit alveus amni.

35-36. G. Optimi sunt hi duo versus at supposititii videntur.

37-47. G. Quo modo si solis insidit astris et ventos imbres-
que serenus respicit? Versus contra mentem authoris
inculcati videntur. Quatuor primi charactere diverso
editi in edit. Blasii.
Frangentia. G. Fugientia.

44. G. Magnos ut in alto mari liberos.
Audens. G. Ausus.

46. Clausit. G. Cavat. Excavat. Hi tres non omni suspicione
vacant, quamquam mali non sunt.

62. Volat umbra. G. Volat quæ tarde incedebat supra.
Præcepta. G. Prærepta Lut. non enim lege naturæ, inquit, sed ferro vita defunctus?

63. Principiumque suum. G. Juxta stoicorum dogma, qui
aiā ex *astris* deducunt B : principium a; sui.

67. Juga. G. Currus.

74. Ducere. G. Al. educere.

78. Taurinos. G. Tympanorum.

79. Sanas. G. Sine furore.

81. Rapido. G. Ob. Rabido.

88. Reponere. G. Eversas.

89. Nox ea. G.., Talis qualia sq. Thracum convivia.

94. Senior. G. Laius.

96. Vellera. G. Vittæ.

98-99. G. His atrum allinere placuit. ἐπέχω tamen.

101. Fatorum. G. futurorum.

113. Fraterno. G. Menalippi fr.

119. G. Thebis hic pro Argis ponitur.

121. Vellera. G. Vittas.

129. Maculas. G. Retia quæ imaginavit, somniavit.

130. Temperat. G. Calamum temperare.

133. Consumit. G. Peragit.

134. Mygdoniis. G. Titonus lydius fuit.

135. Impulerat. G. Leod. C. Ber. referente expulerat.

138. Alienum. G. Jam a sole illuminatum.

140. Sorori. G. Lunæ.

141. Talaonides. G. Adrastus Talai seu Talaonis fil.

146. Mente deos. G. Oracula deorum.

151. Dubios. G. Quid agere vellet.

154. Tonantem. G. Acrem.

155. Meus. G. Suo ipsius facto.

159. Æquo sidere. G. Ætate pares, utpote geminæ.

161. Et super. G. Inter mensas.

163. Æneus. G. Dejaniræ p͡r.

166. Socer. G. OEnomaus.

170. Stirpem. G. *Hellenismus.*

171. Responsa. G. Apollinis.

177. Ferentem. G. Faventem.

181. His. G. Tuis.

183. Summovet infra. G. Septentrionem versus alterno marg.
    utrinque; gentes quæ sunt intra et extra isthmum.

185. Eleæ. G. Ut Thyeste regnante OEnomai regis.

186. Eumenidesque. G. Sup. non essent.

187. Tu potior queri. G. Melius queri potes.

188. Exposuique animis. G. Al. expositiq. animis.

199. Aggerat. G. Auget, confirmat.

202. Ergo alacres. G. Hic ordo : ergo alacres Argi gaudia
    mente purant.

205. Tumida. G. ὀργώση. Catull. tumens cupida novos captat
    aure maritos.

208. Dea. G. Fama.

210. Consona nocti. G. Somnio conformis.

213. Diffuderat. G. Gaudio.

215. Species. G. Imagines, effigies.

218. Inachus. G. Fluvius.

219. Hunc tegit. G. Ad latus.

221. Caput. G. Caput monstri ensi infixum.

222. Facinus. G. Genero cædem.

223. Cum. G. Tum.

224. G. Virg. Vomit ædibus undam.

229. Fœdera conciliant. G. Gratulantur de nuptiis.

231. Ruborem. G. Pudorem.

232. Genas. G. Oculos.

233. Primæque modestia culpæ. G. Virginitatis amittendæ
cogitatio.

238. Genis. G. Aspectu.

239. Aracintho. G. Virg. Actæo Aracintho.

240. Si fas oculis. G. Non enim mortali fas est intueri deas.

242. De Jove. G. Communi illarum patre.
Velit. G. Velint.

245. Sacrique facultas. G. Sacri faciendi copia.

248. Thure deos. G. An Thura adolent? ut sic interpungatur
totus locus. Hi fibris animaque litant hic cespite nudo.
Nec minus auditi si mens accepta meret. Thura adolent, etc. Si mens accepta meret Thure deos. Sed dure.

251. Limine. G. Lumine... tædis.

254. Jasides. G. Argivi.

258. Euippi solium. G. Clypeus Euippi regis, de quo L.

259. Præmissasque faces. G. Supra lumine adibant.

275. Ipsi. G. Vulcano.

278. Orbes. G. Oculos. Vultus.

283. Ducem. G. Serpentem.

286. Sororum. G. Charitum.

289. Jacentem. G. Serpentem.

294. Deorum. G. Decorum.

299. Conjux. G. Eryphyle.

313. Soror. G. Antigone.
Producere. G. Prosequi.

327. Vires. G. Quercus obs.

331. Theumesius. G. Theumeso monte Bœotiæ.

336. Acuunt suspiria. G. Ordo : Suspiria acuunt q. p.

337. Nunquam in pace. G. Semper inquietaris curis, pax hic
pro nocte seu tempore quietis.

339. Fœdere. G. Vinculo conjugali.

341. Necdum post... G. Statim post nupt. diem.
358. Sciat hæc. G. Quod futurum sit noverit e cœlo despicere.
359. Si quos. G. Si qua.
378. Ncmea. G. Nemee.
Ausis. G. Cantare sup.
381. Curva. G. Vel ratione litoris curvati vel maris undosi.
382. G. Ob fruges a Cererc datas.
G. Megaram. Quidam montem Megarensium in quo sepultus cst Nisus.
393. Plena. G. Plana.
417. Quam. G. Qua.
449. Velle. G. Me sup.
458. Sanguinc viles. G. Ad mortem faciles. Virg. Viles animæ.
465. Solus. G. Non Polymas.
G. Sup. pœnas et captivitatem.
467. Regis. G. Rctro.
468. Impulsa. G. *Choquer*.
474. Ibi. G. Tibi. obs.
475. Ferrum laxavit. G. *Il le !fist bransler au manche.*
484. Pectora. G. Al. corpora.
505. Alitis. G. Sphingis.
515. Applausu. G. Alacri sonitu.
517. G. Æque callido, scelerato, parricidæ.
531. Laxant. G. Qua rarior sylva.
533. Tantum. G. An tractans.
534. Admovet. G. An amovet.
543. Viduo ligno. G. Ferro carente.
545. Iluc ferus atque ille. G. An sit : huc fert atque illuc a. p. q.; ira ora, fcrus; n., etc.
549. His. G. In his. — Subito e latebris erumpunt et aggrediuntur.
554. Vox. G. Venantium.
561. Sanguinc. G. Corporis nixu.
567. Sedunt. G. Oppressa, obtrita sunt.
573. Terrigcnas. G. Gigantes.
575. Æquo. G. Placato.
577. Vidit. G. Tydeus.
583. Noto. G. Apri Calyd.
589. Tela. G. Jacula.

592. Socias errare. G. An socios?... errabat.

595. Geticæ. G. Thraciæ.

599. At... lapso. G. Et lasso.

601. Manus. G. Suas sup.

603. Passum. G. Passus.

615. Choris. G. Ad bacchantum choros... thiasos.

619. Nodosa... clava. G. An nodosæ clavæ?

624. Theumesia. G. Thebana.

626. Prærupto. G. Cod leod. prorupto.

634. Exhaurit. G. Plenum et vacuum. Αντίθετα.
   Nec vincla coercent. G. Singultus laxant Thoraca qui
   angustus erat prius.

641. Complexus. G. Vivas. — Hæc. G. Similia.

643. Alterna clauserunt. G. Simul mortui sunt.

647. Manus distractus. G. extentis manib. ut rogaret.

648. Nitentem. G. ἐρειδομένην.

650. Tuam. G. Faventem.

658. G. Quid parcis vitæ tam brevi futuræ manente bello?

660. Redit. G. E vulnere sup.

666. Buxo. G. Tibiis a Marsya inventis.
   Fœda. G.-L. Stupra, ego potius corporis sectiones quæ
   fiebant a Gallis furentib. intelligo.

668. Paucique. G. Ad me.

669. Lassus. G. Spiritus deficiunt præ lassitudine.

671. Non sustinet umbo. G. An clypei nec sustinet orbem. m. sp?

673. Ardentia. G. Ira rubentia.

685. Caligine plenum. G. Felicitate occæcatus.

687. Thebas. G. Illos Thebanos.

693. Aeris. G. Augurii.

697. Vulnere. G. Munere.

704. Pallas. G. Pallas.

715. Ingenium. G. Non e cerebro nata fertur.

721. Ithone. G. Ithone est civitas Bœotiæ Minervæ sacra.

722. Tritone. G. Palude.

726. Parthaonis. G. Parthaon Ænei pater fuit.

730. Tollens. G. Impulsu undas faciens.

731. Exit. G. Præterit, egreditur.

737. Arbore. G. Oliva sive lauro sed vide Lact. de casta arbore.

Verbum ψάω facit omnium voca-
bulorum originem primitivam.
Ψ'άω, ψύω, σύω, σύμι.

★ "Εαν, ἔαν, ἔας, ἔα, ἔαμες, ἔατε, ἔαν.

† Ο A φύειν dempto ν φύει fui, a φύεις 2ª persona addito τι fit fuisti; sic ab ἤδειν fit ἤδεισθα ἦσθα, εἴπησθα, etc.
Itali: amares amaresti.

| Φύιμες.

| Φύεσαν, φύεραν, unde fuĕrunt, ut tulĕrunt ἀρχαικῶς, ut a fuerunt 3ª præt. perf. differret.

| A φύειν. φύεαν, et inserto ρ φυεραν φύερας, φύερα. Sic ab ἐτετύφειν Ionica διαλύσει ἐτετύφεα, ἐτετύφεας ἐτετύφεε, et ἐτετύφη, pro prima persona ἐτετύφεα, pro tertia ἐτετύφεε singularibus.

— B —
FRANCISCI GUYETI

DEMONSTRATIO CONJUGATIONUM VERBORUM LATINÆ LINGUÆ, EX GRÆCIS DORICIS DERIVATARUM.
(Tiré du *British Museum*, Addit. ms. 16912, fol. 91.)

Præs. ind.

Σύμ, εἶς, ἐσὶ, | Sum, es, est,
Σύμες, ἐστὲ, σύντι. | Sumus, estis, sunt.

Præs. imperfectum.

★ Ἔραν, ἔρας, ἔρα, | Eram, eras, erat,
Ἔραμες, ἔρατε, ἔραν. | Eramus, eratis, erant.

Præt. perf.

† Ο Φύειν, φύεις, φυεῖσι, φύει, | Fui, fuisti, fuit,
| Φύειμες, φυεῖσε, φύεισαν. | Fuimus, fuistis, fuĕrunt.
Attice φύεσαν |.

Plus q. perf.

| Φύεραν, φύερας, φύερα, | Fueram, fueras, fuĕrat,
Φυέραμες, φυέρατε, φύεραν. | Fueramus, fueratis, fuĕrant.

Ἔω, φύω, φυέω, ἐσέω.

| Φύεσαν attice pro φύεισαν, ut ἤδεσαν pro ἤδεισαν, ab ἤδειν quod ab εἴδω, etc., ἀκηκόεσαν pro ἀκηκόεισαν ab ἀκηκόειν. A φύεσαν τροπῇ factum est φύεσον et rursus τροπῇ φύερον ex quo demum fuerunt penult. corr. ut tulĕrunt. Longa decem matri tulerunt fastidia menses.

| Esit, esunt vetusta vocabula.
Si quoi esunt. Leges Numæ.

★ Α σύμι, σύς, σύντες, σύντων,

| Σύοιυ, σύιμ, siem, ῐ in ē ut navim, navem, non suem vitandæ homonymiæ causa.

Φύοιμι, φύοις, φύοι, fuim, fuis, fuit, et, fuam, fuas, fuat, etc., ut λέγοιμι, λέγοιμ, λέγιμ et τροπῇ τοῦ ῐ in a λέγαμ, legim, legam, legas, legat. Sic ab ἔδω, ἔδοιμι, ἔδοιμ, ἔδοις, ἔδαι, edim, edit. Horat. edit cicutis allium nocentius. Δέω, δίδωμι, δύω, duo, δύοιμι, δύοιμ, δύοις, δύοι, duim, duis, duit; δύσιεν, δύοιν, duint. A *duo* compositum *creduo, adduo, creduint, creduant, adduint, adduant.* Ab ἐσέω, circumflexo ἐσέοιμι, ἐσέροιμι, ἔσεροιμ, ἔσεριμ, eserem, ut legerem a λεγέω supra. A φυέω, φυέσιμι, φυέροιμι φυέροιμ, fuerem, fueres, fueret, τροπῇ τοῦ ῐ in e.

Fut.

| ῎Εσω, ἔσεις, ἔσει, | Ero, eris, erit, pro Eso, esis, esit,
| ῎Εσομες, ἔσετε, ἔσοντι. | Erimus, eritis, erunt, pro Esimus, esitis, esunt.

Imperat.

| ῎Εσο, ἔστω, ῎Εστε, * σύντων. | Es, esto, Este, estote, sunto.

Optat.

| Σύοιμ, σύοις, σύοι, Σύοιμεν, σύοιτε, συοῖντο. | Siem, sies, siet, Siemus, sietis, sient.

Imperf.

| ῎Εσεροιμ, ἔσεροις, ἔσεροι, ᾿Εσεροιμες, ἐσέροιτε, ἐσέροιν, vel ῎Εσεριμ, ἔσερις, ἔσερι. | ★ Esserem, esseres, esseret, Esseremus, esseretis, esserent (cum uno s).

Idem.

| Φύεροιμι, φυέροις, φυέροι, Φυερόιμες, φυέροιτε, φυέροιν. | | Fuerem, fueres, ♃ fueret, Fueremus, fueretis, fuerent.

★ Eserem syncope esrem metathesi ersem : τροπῇ essem, esses, esset, essemus, essetis, essent. Sic ab ἕλω, F̣ίλω, velo, velerem, verelem, verlem, veelem, unde mavellem, syncope mallem. Itali eserem, serei, vel sarei, saresti, etc., eserem etiam ut Ennius uter, esseret induperator.

| Φύερεμ, fuerem, furem, forem, fores, foret, foremus, etc., forem, fores, non furem fures ne caderet in furem fures a fur.

♃ Virgil. liv. 7. Quis Latio fueret status.

Plus q. perfect.

∷ Φυείσσαιμ, φυείσσαις, φυεισσαι, etc., ut supra,
Φυείσσαιμι, φυείσσαιμ., φυέισιμ et τροπῇ, Æolica,
Φυεισσεμ τοῦ ι in *e* fuissem.
∴ A φύεις 2ª persona præteriti addito σαιμι
Φυείσσαιμ.

Conjunctivus.

Σύοιμ, Siem, ut supra.

Plus‾q. perfect., ut supra.

Fuissem, etc.

Futurum.

Fuero, fueris, fuerit.

Infinitivus.

Ἔσερ, et παραγώγη τοῦ ε ἔσερε, ut supra,
esere, esre syncope, erse metathesi; esse τροπῇ.
Φύερ, φύερε, fuere, fure, fore, ne caderet
in fure a fur.
Φύεισσαι ut λυψὰι et rejecto α φύεισσι
Unde φύισσε Æolice, *e* in ι.

Particip.

Ἔνς, ens, entis, ἔω ἦμι, τιθέω, τίθημι·
Æolice ἔιμι particip. ἐὶς ut τιθεὶς; ἔνς ut τιθὲνς
Alcman, ἔσι παρέντωνμῦασιν ἐπιθέσθαι
Φύτος futus unde futare, sæpius fuisse, teste
Festo in futare ex Catone
Σύω, σύμι, σύτος, sutus, suto et Hispanice
Sido pro sudo vitandæ homonymiæ causa
Φύτυος, φυτυρος, futurus. Seu potius
A φύω, φύτω, φυτύω, φύτυος, φυτῦρος
Futurus.

Romanismi omnes τὸ essere retinuerunt. Itali essere, esser. Hispani ser. Galli estre ab esre inserto *t.*
Ab ἔσειν, ἔσεν Laconice ἐσεν, ἔσερ et paragoge esere. A φύειν, φύεν φύερ et paragoge φυέρε fuere, fure synæresi et trope fore ne in fure a fur incideret.

FAC-SIMILÉ DE L'ÉCRITURE DE GUYET.

russari. ~~Non~~ rimari, rogare etc.

Ab ἔρω, ἐρέω, ἐρεύω, ἐρεύνω, ἐρευνάω, ἐρευνῶ, ἐρύω ἐρύσω, ἐρύσσω, ἐρυσσάω, ἐρυσσῶ, ῥύσσῶ, russo, et russor. Non. Marc. russasi est scrutari. Accius vorlezecorū; Nunc lubet attentare; lubet nunc russari phrygas, idem Meleagro: Vagens russantes sylvas, sectantes feras. Sic ab eodem ἔρω, ἐρόω, ἐρώω, ἐρωῶ, ἐρωῶ item ἐρόω, ἐρόζω, ῥόζω, ῥοζάω, ῥοζῶ, rogo, rogas, rogare etc. Item a ἐρίω, ἐρίμω, ἐριμάω, ῥιμάω, ῥιμῶ, rimo, rimas, rimare et rimor, rimaris ἐρευνῶ, scrutor etc.

Ad supra notata de ἔρω, ἐρεινῶ etc

(Extrait du Ms. 888, fol. 11 [Suppl. grec de la Bibliothèque nationale] : *Notes étymologiques de François Guyet.*)

— D —

Lettre inédite de Guyet.

Bibl. nat., fonds Du Puy, vol. 699, fol. 180.

Cette lettre porte en suscription le nom de Guiet, *et paraît être la copie d'une lettre de ce philologue;* elle est écrite d'une façon trop peu lisible pour être l'original.

Etsi quæ sit humanitas tua perspectum habeo, vir illustrissime, nihilominus ad te amplius scribere importunum judicaveram, quod litteris quas ad te binas dedi responsum non acceperim; silentio n. tuo in tanta præsertim rerum quas geris occupatione, mihi otioso silentium indici facile reddiderat. Sed occasio oblata et quam prætermittere sine culpa non posse existimavi. Heri cum Borbonio eram ut soleo plerumque; venit ad eum Macarius qui pridem illi familiaritate conjunctus est. Hic discedens quia me tibi notum esse audiverat, numquid scribere vellem quæsivit, se enim cras ad te profecturum, libenterque literas si quas darem laturum esse dixit. Quid facerem? Conditionem acciperem? sed importunus essem. Hominem vacuum dimitterem? Sed officio deessem. Quidquid erit de meo hæsitatu, tandem silentium rumpere visum est, eoque libentius quod quidem cujus opera usurus es, et Borbonio familiarem, et mihi gratum esse, tibi gratum fore confido. Is, ut ex Borbonio didici, vir est multipliciter conditus et ingenio tractabili ac miti, minimeque si litteras excipias curioso. Mathematicarum disciplinarum quo nomine tibi commendatus est, quantum ex uno aut altero congressu licuit, peritum esse deprehendi. Hic desinerem nisi omnino importunus esse decrevissem. Ergo nugas meas narrare incipiam. Spes illa quæ me tandiu lætavit et a qua me toties pro benevolentia tua dehortatus es, inexpectato illo principis casu prorsus concidit. Scias a. rem omnino profligatam esse a Præside Thuano. Hic n. dum Puteanum, cognatum suum, in destinatam mihi provinciam intrudere conatur, intercedentibus jesuitis qui consilia omnia ponderant, et ipse frustra fuit ac me detrusit. Nam comitissa quæ alias me ut Theophrasti amicum aversabatur, hac occasione arrepta, ne me Thuani cognato prætulisse crederetur, honesto in speciem prætextu exclusit, senique qui pridem filio vice gubernatoris est, *præscriptiones* insuper onus imposuit. Itaque male admodum mecum fuisset nisi ultima synodo generali mihi ducentorum scutatorum pensio Ill^mi Card^lis Perronii suasu a patribus assignata fuisset; hanc proxime futura synodo auctum iri spero; et ad hoc favorem tuum non despero. Vale [1].

1. Le titre du Ms. de Guyet, nº 835 du Suppl. grec de la Bibliothèque nationale : « Étymologies conjecturales sur le grec et le latin présumées être de l'abbé Guyet, né à Angers en 1575, » est écrit sur le verso d'une lettre adressée

A Monsr

Monsr. Guyet, prieur de St-Andréas.

Paris.

et dont je ne puis lire ni la signature, ni un grand nombre de lignes. J'ai donc eu le regret de ne pas pouvoir la publier.

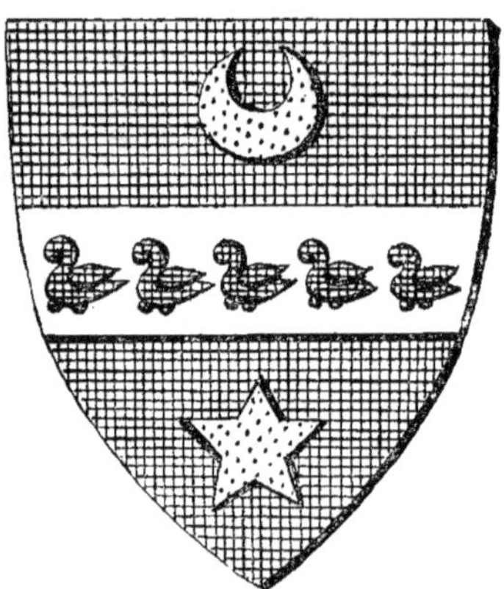

Armes de Guyet.

3° LES PRINCIPAUX TRAVAUX DE GUYET

et l'influence qu'il a exercée sur les autres philologues.

α. Comparaison entre l'Hésiode de Guyet et les éditions postérieures.

(D'après la 3ᵉ édition de Gœttling, revue par J. Flach. Leipzig, Teubner, 1878.)

Θεογονία.

V. 93. Οἷά τε Μουσάων. Scribe τοία Μουσάων vel τοίη Μουσάων. Etiam μουσέων legendum videtur. Sic ratio versus postulat. inf. νυμφέων αἱ ναίουσιν. *Guietus.* — Probaverunt Lennep ad Col., p. 51; Wolf, p. 75, quam conjecturam receperunt *Gaisford Dindorf* Gloss.

V. 189. Scribe Κάββαλ' ἀπ' ἠπείροιο. *Guyetus.* — Probavit Flach. Joannes Clericus (ed. Grævius) qui scripsit : Recte conjecit F. Guyetus, morosus ceteroqui criticus, legendum ἀπ' ἠπείροιο.

V. 193. Ἔπλετο ἔνθεν ἔπειτα. Scribo ἔπλητ' accessit, appulit, τὸ ἔπλετο mendosum. *Guietus.* — Prob. *Flach.*

V. 196. Ἀφρογενέα τε. Scribe Ἀφρογενῆ τε θεάν. *Guyetus.* — Prob. *Wolf.*

V. 203. Ἠδὲ λέλογχε. Scribo ἠδὲ. *Guyet.* Antea legebatur ἡ δὲ. — Prob. *Flach.*

V. 281. Ἐξέθορε χρυσάωρ. Scribe ἔχθορε χρυσάωρ. *Guyetus.* — Flach : Guyet. conjecit ἔχθορε quod unus codex (Par. 2678) secundum Lennepium præbet; probavit Hermann ad Orph., p. 429, receperunt Gaisf. Dind. Schœm. Flach.

V. 283. Γείνεθ᾽ ὁδ᾽ ἄορ. Scribe γένθ᾽ ὁ δ᾽ ἄορ. *Guietus*. — Probavit *Flach*.

V. 340. Scribendum videtur ἀχελῷόν τ᾽ ἀργυροδίνην. *Guietus*. — Cum Guieto Gaisf. Dind.

V. 387. Ἡγεμονεύῃ. An ἡγεμονεύοι? *Guietus*. — Quod prob. *Wolf*.

V. 408. Hic versus spurius est et delendus. *Guietus*. — Prob. *Heyn. Wolf*.

V. 465. Hic versus nothus videtur. *Guietus*. — Prob. *Heyn. Wolf. Gaisf. Dind. Paley Weise Flach*.

V. 642. Hic versus est insititius. *Guietus*. — Totum versum ejecerunt *Wolf. Pal. Fl.*

V. 731. Hic versus addititius videtur. *Guietus*. — Flach : Secluserunt uncinis hunc versum interpretes inde ab Guieto omnes.

V. 743. Δεινόν τε. Scribo δεινὸν δὲ. *Guietus*. — Probav. *Orelli*.

V. 744-745. Hæc supposititia sunt. *Guietus*. — Prob. *Flach*.

V. 807-810. Hic et tres sequentes versus... hinc fortasse tollendi. *Guietus*. — Omnes versus ejecerunt *Weis. Flach*.

V. 826. Λελειχμότος scribendum pro λελειχμότες. *Guietus*. — Cum *Guieto* Gaisf. et Dind.

V. 845. Πυρὸς ἀπὸ τοῖο πελώρου. Scribo et distinguo πυρός τ᾽ ἀπὸ τ. π. *Guietus*. — Prob. *Flach*.

V. 868. Ἀχαχὼν scrib. pro ἀχάχων *Guietus*. — Prob. *Flach*.

V. 872. Μαψαῦραι scribo. *Guietus*. — Prob. *Schœmann. Flach*.

V. 875. Ἄλλαι. Ἄλλη scribendum *Guietus*. — Prob. *Schœm. Flach*.

V. 909. Ἀγλαίην καὶ. Scrib. Ἀγλαίην τε καὶ. τε hic deesse videtur. *Guietus*. — Prob. *Flach*.

V. 989. Ἀπαλὰ. Scrib. ἀταλὰ. *Guietus*. — Prob. *Flach*.

V. 991. Νύχιον. Alias μύχιον. *Guietus*. — Prob. *Flach*.

Ἀσπὶς Ἡρακλέους.

V. 14. Παράχοιτι. Παραχοίτι. *Guyetus*. — Prob. *Flach*.

V. 32. Ἴξε. Scribo ἴξε. *Guyetus*. — Prob. *Flach*.

V. 59. Πατέρ᾽ ὅν. — Πατέρα ὅν. *Guyetus*. — Prob. *Flach*.

V. 91. Ἀλιτήμενον. — Ἀλιτήμερον placet. *Guyetus*. — Flach : fateor magnopere mihi placere conjecturam Guieti ἀλιτήμερον de quo v. *Herm*. add. ad Schæf. edit. Greg., p. 879.

V. 186. Οὐριόν τε. Οὔρειον τε scribendum videtur. *Guyetus.* —
Prob. *Flach.*

V. 239. Ἀπὸ placet. *Guyetus.* — Prob. *Ranke. Gœttl. Paley.*

V. 276. Δμώων. Scribo δμωῶν α δμωή. *Guietus.* — Cum Guieto
Hermannus Flach.

V. 280. Αἱ. Scribendum videtur οἱ. *Guietus.* — Flach : Sic
codd. οἱ e conjectura Guieti scripsit cum *Herm. Gœttlingius.*

V. 347. Delendum videtur τὸ θ. *Guyetus.* — Probb. cum *Her-
manno Flach.*

V. 364. Est versus supposititius. *Guyetus.* — Cum Guyeto,
Heinrich. Dind.

V. 373. Scribo divisim ὕπο σευομένων. *Guyetus.* — Prob. *Flach.*

V. 461. Hæc δία δὲ μέγα σάκος ἄραξεν Δούρατι νωμήσας insititia
videntur et delenda. *Guyetus.* — Cum Guyeto *Heinr. Gaisf.
Dind.* uncinis tanquam adulterinos inclusere.

Ἔργα καὶ Ἡμέραι.

V. 11. Sic incipit Hesiodi liber ἔργων καὶ ἡμέρων. Anteriora
addititia sunt, teste Plutarcho. *Guietus.* — Hos versus obelo
signavit *Kœchl.* ejecerunt *Spohn. Steitz. Schœm. Fl.*

V. 37. Ἀλλὰ τὰ. *Guiet.* — Prob. *Br. Gaisf. Boiss.*

V. 63. Παρθενικῆς. *Guietus.* — Prob. *Flach.*

V. 182. Οὐδὲ τι παῖδες. Hic distinguendum videtur, et τελεία
σιγμὴ ponenda post παῖδες. *Guietus.* — Prob. *Flach.*

V. 282. Pro ἐπίορκον legendum videtur ἐπί ὅρκον. *Guietus.* —
Probb. *Usenerus. Schœmann. Fl.*

V. 360. Ἦτορ placet. *Guietus.* — Prob. *Flach.*

V. 372. Ἄρ τοι. *Guiet.* — Probb. *Dind. Gœttl.*

V. 375. Φηλήτησιν. *Guiet.* — Prob. *Flach.*

V. 420. Scribe τῆμος, tunc. *Guiet.* — Prob. *Flach.*

V. 462. Εἴαρι. Ἔαρι scribendum videtur, ut fit συνίζησις. *Guietus.* — Prob. *Flach.*

V. 467. Leg. ἀρότου pro ἀρότρου. *Guietus.* — Prob. *Flach.*

V. 494. Εἶργον ἰχάνει. Scribendum videtur ἔργων ἰχάνει. *Guietus.* — Prob. *Flach.*

V. 530. Scribendum videtur ὀρία. *Guietus.* — Prob. *Flach.*

V. 542. Πυκάσας. An πυκάσσας?. *Guietus.* — Prob. *Flach.*

V. 575. Ὥρῃ ἐν ἀμητοῦ, ὅτε τ᾽ ἠελίου χρόα κάρφῃ. Hic versus sic legendus et distinguendus : Ὥρῃ ἐν ἀμήτου. *Guietus.* — Prob. *Flach.*

V. 594. Οὐκράεος. Scribendum ἀκραέος. *Guietus.* — Prob. *Flach.*

V. 646. Scribendum videtur τρέψας. *Guietus.* — Prob. *Flach.*

V. 647. Χρέα τε. Τὸ τε versum impedit et est inutile. *Guietus.* — Prob. *Hermann.*

β. *Le Plaute de Guyet.*

1° Leçons proposées par Guyet dans son commentaire des *Bacchides* de Plaute, admises par Bothe (d'après Ritschl, *Opuscula philologica*, II, p. 154).

Exemples tirés de la premiere scène.

V. 1. Quid sid hoc. — V. 3. Mage — defuat ne. — V. 4. Pol ego metuo — defuat ne. — V. 6. Consilio — bene. Pl. pol haud. — V. 8. Reperiam, ab. — V. 9. Istoc milite : ut ubi. — V. 10. Ted — istuc. — V. 11. Dederit. — V. 12. Hæc sid. — V. 14. Ibi sedens operibere. — V. 16. Vestra est blanditia. — V. 17. Unum duæ — perii, arundo verberat. — V. 18. Facinus, mulier. — V. 20. Quod metuis. — V. 24. Cum. — V. 25. Cum — huicque mihique aut. — V. 27. Et is adveniens. — V. 28. Obticuisti? Pl. istæc quia memoratui lepida sunt. — V. 30. Destimulant. — V. 32. Et quid — rogitas? adolescentulus. || Penetrem. — V. 36. Imponat. — V. 39. Equo pro. — V. 41. Pretiosa. — V. 42. Ego joco assimulem istuc. — V. 43. Meliust. — V. 44. Opus est — ille ut. — V. 46. Eveniat de subito. — V. 48. Accubem. — V. 50. Esse voles — rosa, tu mihi. — V. 53. Aliquid fluvium perdundum est. — V. 54. Da manum et sequere. Pl. minime — quia illecebrosius. — V. 55. Adolescentulo. — V. 56. Nihil hic facio. — V. 57. Abducet, nullus affueris. — V. 59. Nihil est, nunc ego, mulier. — V. 60. Lepidus. — V. 61. Dare. — V. 62. Ergo — jubebo — efferri. — V. 63. Opsonatum nobis — obnoxium. — V. 64. Opsonabo ego — sit meum. — V. 68. Med. — V. 71. Quidem est. — V. 72. Hic accipias potius aurum ut, quam. — V. 73. Ut nam navi. — V. 74. Hinc nescio qui turbat, qui huc it, decedamus hinc.

2° Leçons de Guyet admises par *Ritschl* dans le *Trinummus*.

V. 6. Igitur primum. — V. 18. Græce nomen. — V. 428. Esse aibas. — V. 601. Nostris. — V. 602. Dixti. — V. 635. Tunmi es melior quam ego mihi. — V. 829. Dites. — V. 833. Miserum. — V. 834. Item omnia. — V. 861. Mihi. — V. 916. Callias. — V. 928. Insula *del.* — V. 931. Mirimodis. — V. 962. Sit. — V. 965. Philippum. — V. 983. Properas ire. — V. 989. Abin hinc. — V. 1087. Periclo. — V. 1124. Moram mihi. — V. 1140. Aibat. — V. 1176. Excivit foras. — V. 1188. Optumumst.

3° Leçons de Guyet admises par *O. Ribbeck* dans le *Miles Gloriosus*. Leipzig, 1881.

V. 350. Trimenium. — V. 605. Illi. — V. 735. *Quique eos vituperet* etiam in A extat, ubi numeris eodem modo ut voluit Guietus curatum est : nam simplex *Nunc* ibi legit Lœwius. — V. 1422. Gratias.

4° Leçons de Guyet admises par J.-L. *Ussing* dans son édition de Plaute. 4 vol., 1875.

Amphitruo. V. 654. *Se aibat.* — Bacch. 151. Equidem cum Guieto spurium putavi. — V. 205. *Utemur.* — Curculio. 252. *Luna, sol.* — 469. *Esse eam.* — 673. *Nescibas.* — 789. *Exeo ad te.* — 935. *Nunc.*

Epidicus. V. 273. *Veniet.* — V. 341. *Ut* add. — V. 599. *Habe.* — Mostell. V. 237. *Locassem.* — V. 491. *Me hic.* — V. 520. *Mali.* — V. 992. *Quod sciam.* — V. 1148. *Te* add. — V. 1155. *Ted.* — Menæch. V. 149. *Med.* — V. 1015. *Ted.* — V. 1078. *Dixisti.* — Mil. glor. V. 153. *Sublinetur os.* — V. 298. *Dicam.* — V. 777. *Formæ.* — V. 831. *Exhibit.* — V. 951. *Circumspice dum.* — V. 1020. *Refero.* — V. 1193. *Ut volui.* — V. 1267. *Melius* om. — V. 1306. *Audin.* — Mercat. V. 71. *Item.* — V. 146. *Ut ne.* — V. 375. *Eam.* — V. 479. *Unde erit?* — V. 627. *Aibant.* — V. 704. *Eam* add. — V. 746. *Sane* del. — V. 771. *Te* del. — V. 886. *Me melius velle.* — V. 891. *Vidisti, an de audito nuntias?* — V. 978. *Sibi* del. — V. 979. *Copia.* — V. 984. *Ted.* — V. 985. *Me* del. — V. 1012. *Clam quam si.* — Pseudol. V. 586. *Vostrorum.* — V. 606. *Omnia* del. — V. 712. *Porge.* — V. 720. *Hanc modo.* — V. 799. *Ad se hunc.* — V. 997. *Mihi* om. — V. 1105. *Esse* del. — Pœnul. V. 169. *Qui id.* — V. 306. *Potin es.* — V. 489. *Æquom est.* — V. 520. *Tuos* del. — V. 873. *Modo.*

γ. *Le Térence de Guyet.*

1° Leçons de Guyet admises par Umpfenbach dans son édition de Térence. Berlin, 1870.

Andr. I, 1, 17 : *immemori.* I, 3, 9 : *præcipitem in pistrinum.* III, 4, 15 : *apparetur.* IV, 3, 23 : *ut tu.*

Eun. III, 5, 50 : *flabellulum.* IV, 4, 42 : *etiam non.* IV, 6, 3 : *usque adeo illius.*

Heaut. I, 1, 13 : *serui.* II, 3, 113 : *mea res minor.* III, 2, 29 : *huic jam.* III, 3, 35 : *an non?* IV, 3, 37 : *fors.* IV, 6, 6 : *di deæ.* V, 1, 24 : Ch. *Quamobrem nescio.* ME. V, 3, 12 SO : *sic erit.* 13. *Te obsecro.* V, 5, 6 : Ch. *Mea bona.*

Phorm. IV, 4, 26 : *in impluvium.* IV, 5, 12 : *id si non.*

Hec. III, 1, 9 : *hæc.* III, 4, 16 : *etiam tu hic stas.*

Adelph. III, 3, 88 : om. *homo*; 99 : om. *vah.* IV, 1, 8 : *esset.*

Umpfenbach ajoute : ... in multas emendationes a *Guyeto* primo prolatas incidit etiam *Bentleius.*

2° Leçons de Guyet admises par Bentley dans son édition de Térence. Amsterdam, 1727.

Andr. 1, 3, 22 : *at ipsis.* 4, 3, 23 : *ut tu plus vides.* — Eun. 3, 5, 40 : *anguis in impluvium.* Ibid., 50 : *flabellulum.* 4, 1, 13 : *meministin edicere.* 2, 3, 64 : *desinere* est intermittere. — Haut. 2, 3, 64, 3, 1, 59 : *ut ne scientem.* 4, 3, 37 : *fors* id ipsum quod *fortasse.* 4, 7, 10 : *hæ.* — Adelph. 3, 2, 21 : *funderem et prosternerem.* — Phorm. 4, 4, 26 : *in impluvium.* 5, 6, 8 : *institeris.*

δ. *Les Académiques de Cicéron.*

Leçons de Guyet sur les *Académiques* de Cicéron, admises par *Baiter* et *Kayser* dans leur édition. Tauchnitz, 1863.

Acad. post. I, 1, 6 : *autem.* — Acad. prior. II, 23, 72 : *sed.* II, 35, 113 : *Sed his minores.* II, 45, 139 : *labor eo.*

ε. *Phèdre.*

Leçons de Guyet sur le texte de *Phèdre*, admises par Fr. *Eyssenhardt* dans son édition. Berlin. Weidmann, 1867.

Livre IV. *Poeta ad Particulonem* 6 *illud ipsum cupiat*. 12 *del.*
Guyet.

ζ. *Properce.*

Leçons de Guyet sur *Properce,* admises par *J. Broukhuys*
dans son édition. Amsterdam, 1727.

I, 1, 17 *illas*. I, 1, 24 *Cytææis*. II, 7, 18 *in thecis*. IV, 6, 49
Centauros saxa minantes. IV, 10, 39 *Eridanum*. I, 17, 3 *Brouk.*
dit : Melius Guyetus : *nec ominor carinam id est nautas visuros*
Cassiopen, et alia sidera navium duces.

η. *Nonius Marcellus.*

Leçons de Guyet sur le texte de *Nonius Marcellus,* admises
par L. Quicherat dans son édition. Paris, Hachette, 1872.

M. Quicherat dit (Præf., p. xxiv) : « Ex *Francisci Guyeti* inte-
gro codice attentius perlecto multa decerpsi, quorum nec me
piget, nec lectorem pigebit. »
Nous en citons quelques exemples tirés des 159 premières
pages de l'édition Quicherat (avec les indications des 150 premières pages de l'édition Mercier) p. 3 M 26. *Depingebat.*
P. 4 M 15 *coleatum*. P. 6 M 17 *defloccare*. P. 16 M 11. *Pilum.*
P. 16 M 22 *et* omiss. P. 19 M 5 *Thurium*. P. 23 M 1 *feminæ* del.
P. 31 M 30 *Etrusci*. P. 36 M 15 *in me illis*. P. 40 M 25 *sciunt*
hoc. P. 48 M 6 *laute*. P. 48 M 11. *Lapidibus*. P. 55 M 19. *Erat*
culina. P. 56 M 23. *sarcinatrices*. P. 58 M 13 *mentis*. P. 59
M 1. *rerum humanarum*. P. 61 M 22. *Deruere*. P. 64 M 15
prolubium. P. 65 M 7 *claris*. P. 68 M 19 *in se* del. P. 68 M 22.
Balba. P. 69 M 22 *quas*. P. 80 M 29. *Baubari*. P. 82 M
10. *Cupiditati non imposui*. P. 83 M 10. *Clauda*. P. 84 M 4
conspicillum. P. 86 M 5 *tori*. P. 86 M 18 *casnares*. P. 87 M 8
commiscere. P. 88 M 2 *esse per gentes cluebat*. P. 88 M 4 *infidis-*
simi. P. 89 M 21 *atque*. P. 90 M 28 *catulire*. P. 92 M 6 *citra*.
P. 92 M 11. *Rerum humanarum*. P. 92 M 23 *laborare*. P. 94 M
4. *Coxendices*. P. 94 M 4 *sustinetur a* exp. P. 94 M 9 *pausiam*.
P. 95 M 15 *rador*. P. 99 M 23. *spectare*. P. 99 M 23 *currere*.
P. 103 M 27. *Eluviem*. P. 104 M 25 *Belonistria*. P. 105 M 11.
Coleatum. P. 106 M 7 *equulam*. P. 113 M 18 *fera vite*. P. 117
M 11 *nocentes*. P. 117 M 28 *gumiæ*. P. 119 M 3. *Recinebant.*

P. 120 M 18 *junctis.* P. 126 M 27 *infelicent.* P. 131 M 18 *sed.*
P. 134 M 17 *cœpsti.* P. 140 M 16 *ephebatum.* P. 143 M 26 *vafræ.*
P. 145 M 3 *nido.* P. 145 M 23 *conducta.* P. 148 M 10 *Orbicum.*
P. 148 M 11 *orbico.* P. 148 M 25 *psilothrum.* P. 149 M 1 *plebi-*
tatem. P. 150 M 4 *prognaviter.* P. 150 M 36 *perpetuassit.*

Vu et lu,
en Sorbonne, le 12 décembre 1885,
par le Doyen de la Faculté des Lettres de Paris.
A. Himly.

Vu
et permis d'imprimer,
le Vice-Recteur de l'Académie de Paris.
Gréard.

FIN

INDEX ALPHABÉTIQUE

DES NOMS PROPRES CITÉS DANS L'OUVRAGE

Estienne, 6, 119, 120, 121, 151.
Etienne de Byzance, 119, 120.
Eyssenhardt, 256.

Fabricius, 151.
Fabrot, 40, 41, 53.
Faerni, 151.
Félibien, 79.
Feugère (L.), 49.
Filelfo, 3.
Flach, 157, 165, 167, 251, 252, 253, 254.
Forstner, 56.
Francke, 170.
Fritzsche, 125, 147, 170.
Furetière, 28.

Gaisford, 167, 251, 252.
Gassendi, 29, 32, 33, 34, 36, 44, 86.
Gazier (A.), 209.
Genou, 53.
Geppert, 163.
Gerson (J.), 29.
Gesner, 120, 170.
Gevartius, 151.
Giovanni, 72, 73.
Godefroy (D.), 40.
Godran (O.), 135.
Gœttling, 251, 253.
Gouget, 77, 78.
Goveanus, 151.
Grævius, 24, 119, 120, 251.
Grandselve (abbé de), 76, 77, 97.
Grauert, 159.
Graux (C.), 127, 146.
Grentemesnil (de), 120.
Gronovius, 24, 39, 57, 58, 60, 61, 120, 135, 136.
Grotius, 24, 28, 40, 43, 55, 58, 111.
Gruppe, 148, 151, 166, 167, 168, 170, 172, 176, 181, 182, 183, 191.
Gruter, 6, 24, 59, 127, 132, 146.
Gui-Patin, 33, 45.
Guyet (Jan), 69.
Guyet (Lezin), 69, 87.
Guyet (René), 68, 69.

Habert, 74.
Hallé, 35.
Hardouin, 148, 151.
Haupt, 170.
Havet (L.), 188.
Heinsius (D.), 20, 25, 34, 39, 42, 43, 45, 56, 57, 119, 120.
Heinsius (N.), 24, 56, 57, 60, 136, 133, 165.
Hemsterhuys, 120, 193, 194, 197, 198.
Hennequin, 15.
Hérauld, 45, 52.
Hermann, 157, 165, 166, 253.
Hésiode, 118, 153, 154, 156, 166, 169, 251.
Hésychius, 118, 119, 120, 196, 206.

Heyne, 165, 167.
Hœfer, 68.
Holder, 147, 170.
Holstenius, 58.
Horace, 119, 125, 139, 141, 147, 148, 153, 166, 169, 170, 171, 173, 182, 184, 185, 209, 215, 216.
Huet, 2, 34, 35, 44, 67, 107, 118, 144, 209, 210.

Jacob (P. Louis), 11, 52, 53.
Jaillot, 79.
Jolly, 74, 85, 95.
Jones (W.), 192.
Jourdain (C.), 79.
Juvénal, 119, 125, 126, 127.

Kayser, 256.
Keller, 147, 170, 171.
Kœchly, 157, 253.

Labbé, 34.
Læto (P.), 3.
La Hoguette, 52, 53, 110.
Lambecius, 58, 60.
Lambert, 209.
Lambin, 4, 6, 9, 39, 44, 164, 183.
La Monnoye, 124.
La Rue, 209.
Launoi, 33, 52, 53.
Lebeuf, 89.
Le Clerc (J.), 119, 251.
Lefèvre (Pierre), 132.
Lefebvre (Tanneguy). V. Tanneguy.
Lehrs, 168, 172, 173, 183, 191.
Leibnitz, 49.
Lelong (P.), 79.
Lemaire, 79.
Lennep, 194, 251.
Lhuillier, 21, 23, 29, 33, 34, 53, 86, 94, ·104, 108, 109, 110.
Lili, 110.
Linière, 28.
Linker, 170.
Lobineau, 79.
Lopez, 77.
Louvois (abbé de), 123.
Lucain, 119, 134, 135, 149, 151, 153, 160.
Lucien, 118, 119, 120.

Mabillon, 44.
Macrobe, 193.
Madvig, 185, 190.
Manuce, 6.
Markland, 182.
Marolles (Michel de), 117, 118, 119, 124, 125, 126, 127, 129, 130, 144, 145, 146, 147, 148, 149, 168, 169, 174, 231.
Marre (de la), 45, 107, 144.
Martial, 119, 125, 134, 153.
Maury (A.), 62.
Medon (B.), 17.
Meineke, 168, 172, 191.
Ménage (Gilles), 15, 26, 27, 34, 35, 44, 56, 58, 68, 70,
77, 87, 88, 95, 96, 98, 109, 110, 116, 117, 118, 120, 121, 122, 124, 126, 128, 129, 130, 132, 134, 135, 136, 139, 140, 148, 207, 210.
Ménage (Guillaume), 95.
Ménage (Mathieu), 95.
Mersenne (P.), 36.
Michaud, 68.
Michault, 16, 36, 45, 134.
Moltken (de), 55.
Montaigne, 29.
Montchal (C.), 36, 52, 53.
Montmor, 17.
Morellus, 72.
Moreri, 67.
Morhof, 136.
Morin, 111.
Müller (C.-F.-W), 186, 188, 190.
Müller (Lucien), 6, 171, 187.
Muret, 151.

Nauck, 170.
Naudé (Gabriel), 20, 23, 34, 35, 38, 41, 44, 86, 108, 109, 150.
Naudet, 128.
Nicaise (abbé), 15, 60.
Nicandre, 118, 121.
Nicéron, 27, 30, 51.
Nodier (C.), 67, 84, 86, 111, 134.
Nonius Marcellus, 119, 125, 134, 135, 257.
Nublé, 52, 53.

Omont (H.), 139.
Oppien, 118, 121, 122.
Orelli, 185, 252.
Oudendorp, 134.
Oudin (P.), 61, 134.
Ovide, 119, 173.

Paldamus, 150.
Paley, 252, 253.
Paludanus, 12, 13.
Pareus, 56, 60.
Passerat, 6.
Peerlkamp, 147, 167, 168, 170, 171, 172, 173, 174, 175, 176, 183, 184, 185, 191, 218.
Peiresc (Nic.), 32, 33, 40, 41, 44, 46.
Pellaut, 52, 53, 88.
Pellisson, 28.
Perrault, 28.
Perse, 119, 125, 126, 127.
Pétau (P.), 34, 35, 45, 51, 107.
Pétrarque, 3.
Peyrarède, 126.
Phèdre, 119, 125, 133, 256.
Philoxène, 136.
Pindare, 173.
Pithou (François), 9.
Pithou (Pierre), 7, 9, 47, 126.
Plaute, 119, 125, 126, 127, 128, 145, 146, 147, 160, 166, 180, 183, 185, 186, 187, 189, 254.
Pocquet de Livonnière, 137.

TABLE DES MATIÈRES

INTRODUCTION. — Un cercle savant au xviie siècle

La société polie et la société savante au xviie siècle. — Les principaux
philologues jusqu'au xviie siècle, en Italie, en France. — Un cercle savant au xviie siècle. — Le Cabinet Du Puy. — Jacques de Thou. —
Claude Du Puy. — Les frères Du Puy. — La bibliothèque du président
de Thou. — La bibliothèque des frères Du Puy. — Une lettre de Rolandus Paludanus. — Personnes admises au Cabinet des frères Du
Puy. — Bossuet chez les Du Puy. — Les gens de lettres, les philosophes, les mathématiciens, les jurisconsultes, les philologues, les théologiens au Cabinet Du Puy. — Relations du Cabinet Du Puy avec les

PREMIÈRE PARTIE

Vie, caractère et relations de François Guyet.

CHAPITRE Ier. — Vie de François Guyet

François Guyet. — Sa naissance. — Sa famille. — Ses premières études.
— Son départ pour Paris. — Son voyage en Italie. — Son préceptorat
chez le duc d'Espernon. — Devient prieur de Saint-Andrade. — Son
séjour au collège de Bourgogne. — Ses amis de la bibliothèque du
Roi. — Sa physionomie. — Il subit l'opération de la taille. — Son

CHAPITRE II. — Guyet et ses amis

Caractère de Guyet. — Les amis de Guyet : Ménage, Balzac, Nicolas
Bourbon, Lhuillier, Saumaise, le P. Pétau et le P. Sirmond, Gabriel
Naudé. — Guyet et Grotius : leurs poèmes sur la bière. — Influence

DEUXIÈME PARTIE

L'œuvre de Guyet.

CHAPITRE II. — Guyet philologue

CHAPITRE III. — Guyet linguiste

CHAPITRE IV. — Guyet poète

APPENDICE

1º Pièces diverses.

2º Travaux inédits de François Guyet.

3º Les principaux travaux de Guyet, et l'influence qu'il a exercée sur les autres philologues.

Coulommiers. — Typ. P. BRODARD et GALLOIS.